民粹與政權的覆亡

如何擺脫重蹈覆轍的歷史

Sam Wilkin
山姆・魏爾金——著　孔思文——譯

Why Populists Rise and Governments Fall

HISTORY REPEATING

目次

Contents

導論

讓我們一起想像：如果你想改變現有體制；如果你是在華府或倫敦的菜鳥國會候選人；如果你身在極權的中國或古巴，想要熱血推動民主；如果你手握軍權，想要推翻這個腐敗又不公不義的政權。

再想想，你心中有一個清楚而強烈的圖像：你正引領全國人民，邁向更美好的未來；你身披潔白義袍，昂首闊步往前行，身旁則是青年們詠唱著讚揚你的詩章，沿途為你灑下玫瑰花瓣……

好吧，算我作夢。其實我要報告一個壞消息，請恕我直言：你的這些同胞們全都是一群沒用的羊咩咩！縱使你大聲疾呼：「讓我們使這個國家再度偉大！」他們只會虛應兩聲：「咩咩！」只要給他們垃圾食物和ＩＧ，他們就滿足了。他們根本不了解，也不在乎，整個體制會如何害死他們。就算有人闖進他們家壓制他們，把他們身上的羊毛全部剃光，他們也只會踉踉蹌蹌站起來，又跌回沙發繼續吃零食。這種安於現狀的羊腦思想，對於那些有意發動大規模運動、對抗現有體制的人來說，會是個大問題。沒錯，凡是渴望政治革新的領導人（包括在南非抵抗種族隔離的義士，及一九一七年推翻帝俄的革命黨人），都碰過羊腦思想的阻力——畢竟，平民百姓參與政治運動，很難獲得實質好處。你與現有體制衝撞，你自己必須犧牲很多，爭到的福利卻是社會全體共享。我們都想過好生活，但沒人願意放棄假日去爭取好生活。

不過也別絕望，因為人民是可以動員的。參加英國脫歐公投的投票者當中，約有兩百八十萬人並沒有參與上一次的選舉，更有很多人把一生首投就貢獻給脫歐。不管你喜不喜歡脫歐公投的結果，脫歐公投本身就是一場「人民大規模參與政治活動」的好例子。脫歐公投後的首次英國國會選舉，選民的參與度也毫不遜色；其中年齡層介於十八歲到二十四歲的選民，參與投票的比例就增加十六個百分點，而少數族群的選民人數也提升百分之六。究竟是什麼力量，促使長期以來對政治冷感的人，從沙發站起來出門參與政治呢？

這類「人民突然積極參與政治」的現象，我稱為動員政治（mobilisation politics）。動員政治帶出一種新的政治形態，與過往我們所熟悉的截然不同。脫歐就屬這種政治形態，而川普當選、反脫歐或反川普的相關活動、歷史上的大規模革命起義等等，也都屬於這種政治形態。本書就是嘗試解釋這種政治的騷動是怎麼發生的，並講述政治人物鼓動政治騷亂，激發大型抗爭，透過選舉推翻既有體制，最後終於成功的故事——有時成功來得太突然，連當事人自己都頗感意外呢。

想必大家都聽過蝴蝶效應：一個輕輕振翅，卻引發出颶風。然而在政治上，更常見的是颶風早已蓄勢待發，只是剛好被路過揮舞翅膀的蝴蝶高調搶功。政治人物常因政治事件而留名，可是大規模政治運動的真正力道，來自於看不見的社會、政治與經濟條件。引領過重要變革的政治領袖們容易往自己臉上貼金，虛誇著自己背上的那副翅膀多有影響力，殊不知只要所有條件都到位，就算僅是微幅拍翅，也能帶來狂風暴雨。

前提是，所有的條件都須具備。史上最性感革命家切．格瓦拉（Che Guevara）曾說：「革命可不像蘋果成熟自然掉落，而是必須出力讓它掉落！」二〇一七年間，許多人像是在唸魔咒似的整天詛咒美國總統川普，然而單靠魔咒真能解決政治這難題？以義大利為例，二十一世紀初期有位富商出任總理，但在義大利政治體系中未獲信任，最終在歐債危機期間因處理經濟困境不力，不得民心而黯然下台。怎知幾年後，一位曾經當過搞笑藝人的政治人物出任義大利最受歡迎的反對黨魁，接著主張舉辦脫歐公投。換句話說，除非我們正視政治背後的種種情況，否則老問題永遠都在相同的層面上打轉。

但又是哪些因素造成當前世界政局的混沌呢？最常受到討論的因素有兩種，不過都不足以解釋這些令人吃驚的政治事件。首先是經濟困境。本書稍後會提到，經濟問題和政治動盪之間的關係並不那麼單純。假若單純靠著經濟困境就可引發動亂，那麼領導一九一七年俄國革命的應該是農民，而非相較下還過得去的都市勞工階級。假若單純因為經濟困境就可引發動亂，那麼照理說北韓每天都會上演抗爭活動（考慮到北韓政府的極度高壓，就算有抗爭大概也不會成功）。稍後我們會讀到，僅憑極端的個人困境，尚不足以激發人民挺身而出對抗現有政治體制。

第二個就是心理因素。據說那些被激出來支持英國脫歐、支持川普的選民，有些是覺得自己的信念價值遭受挑戰，有些是覺得被少數族群或宗教勢力威脅，或者純粹只是想要選一個比較有魄力的領袖上台。不過如果個人「價值」的衝突是近期政治事件的肇因，那麼照理來說許多英國選民早就該在先前的國會選舉中站出來投票了，不會等到脫歐公投那次才突然集體出門投票。可以合理的斷言，「價值觀」不會在二〇一五年英國國會選舉和二〇一六年脫歐公投這短短的期間內就大幅改變。因此僅憑「價值」，也無法解釋為何二〇一六年對英國的政治會是如此異常的一年。

假使經濟困境、心理因素以及如英國首相強森（Borris Johnson）這種人物，都無法解釋當今令人吃驚的政治事件，那還可去哪裡找答案？

解讀當前政治現象

我想寫這本書的念頭，已經好一陣子了，因為就我分析政治危機的專業角度觀察，檯面上看似平淡無奇的現代政治（政黨不分外皮，其實立場、做法都類似），未來會逐漸失效。所以我認為，讀者應該會想要探討為何會發生這種現象。

舉金融雜誌《歐洲貨幣》（Euromoney）所做的國家風險評比為例：一九八〇到一九九〇年代之間，美國被評為全球風險最低的國家，這也不意外，畢竟美國的民主制度歷史悠久，政局穩定且生活均富。但到了二〇一二年，美國卻掉到第十五名，輸給不少地區和國家如香港和新加坡，目前智利在《歐洲貨幣》的評比已經緊緊跟在美國之後了。這對一九八九年才剛轉型為民主政治的智利來說是件好事。

全球最大資產管理公司「貝萊德投信」（BlackRock）所做的評比，結果更是讓人瞠目結舌：法國的風險程度，竟然高於受到軍政府統治的泰國。我們當然可以駁斥說，貝萊德裡面這些怪咖不知道在想什麼。然而這家公司年收益可以超過一百一十億美元，意味著這些怪咖對世界經濟還是略知一二。

當然，這樣的評比結果令人驚訝，但背後有許多原因，其中包括良性的因素，像是開發中國家經濟狀況的改善。但是主因乃是歐洲與美國政治局勢穩定度的惡化。二〇一一年，世界權威金融分析機構標準普爾（Standard & Poor's）將美國三星（AAA+）的頂級主權評比降級為二星（AA+）。標準普爾特別指出，降級有部分原因歸咎於美國立法與行政機關的惡鬥（當年國會利用主權債務違約為威脅，逼白宮做出讓步）。自標準普爾於一八六〇年成立以來，美國從未遭到降級，即使在兩次世界大戰的危機中，美國的頂級主權評比招牌也都不變，哪知現在卻因政治對立等等的原因而不幸破功。

本書大部分篇幅是關於穩定的政局為何會崩潰，及背後的歷史與科學。本書主旨不在究責，也不想評價那些觀點與我相左的人，更無意嘲笑英國首相強森。話雖如此，在本書最終章，我還是會稍微抒發己見。

本書主要內容

書中會介紹歷史上幾位特立獨行的政治領袖，有的大家耳熟能詳，有的可能聽都沒聽過；對於他們是如何微微振翅就引發蝴蝶效應，進而推翻政府，本書也會加以闡述。我主要以二〇一六年的政治事件當成參考點——政治在這一年所留下的歷史軌跡，我們一定記得，雖說也有很多人巴不得忘了這一年。❶我也會點出隱藏在歷史背後的運作模式，以及在不同時期、不同地點，為何出現相呼應的情況和事件。其中有些模式能提供線索，讓我們知道造成政局不穩的原因；有些模式就純粹是巧合，舉例來說，那些反體制的領導人都喜歡戴著專屬帽——最新的例子是川普的棒球帽，其他的案例還有毛澤東、卡斯楚或切．格瓦拉。這種趨勢據稱始於列寧，他不知為何老是喜歡戴著他在瑞典取得的畫家帽。我實在想不出任何理由可以解釋為何改革需要搭配一頂好帽子，也許正在讀此書的你想得到答案！

本書第一章介紹人物：充滿魅力的民粹主義者、守舊的政客，還有崛起的中產階級。我會敘述泰國的政治動亂和一隻名叫「福福」的貴賓狗。泰國選民為了懲罰處理金融危機失敗的政客，於是選出了一個民粹主義富豪當總理。後來曼谷的中產階級站出反抗他，但結局和大家的預期差很多。

第二章和第三章則說明引發政局不穩的原因。一開頭的重點先擺在歷史上一場意義極其重大、也極為出人意料之外的大規模群眾抗爭；在這場與政府的對抗中，一群俄國

① 按，二〇一六年的世界大事包含：蔡英文當選中華民國總統；英國通過脫歐公投；菲律賓贏得南海仲裁，海牙常設仲裁法庭裁定中國沒有「九段線」權利；夏季奧運在巴西里約舉行、巴西總統羅賽芙（Dilma Rousseff）被國會彈劾成功；川普當選第四十五任美國總統；聯合國安理會通過2334決議，認定一九六七年以來以色列佔領的巴勒斯坦土地及後續屯墾活動均屬非法。

勞工推翻了冷血無情的沙皇。這場抗爭也改變了世界，在接下來的幾十年中，全球將有三分之一的人活在共產政府統治之下。這群勞工的起義是因為太苦了嗎？是因為錢不夠嗎？還是集體理性失控？都不是。從這個歷史案例我想要指出的是，動員政治之所以能存在，背後的因素到底是什麼。

第三章則描述另一場重塑地緣政治的政治抗爭：伊朗的伊斯蘭革命。大多數人可能都忘了，這場革命的起因竟是誦詩。本章點出為何政權會覆亡（領導人瘋了只是原因之一），以及為何右派發起的暴動會成功。以前的社會科學家認為，革命是由一股極為強大的反抗力量醞釀而成。不過，這一章會提到，事情其實並沒有這麼單純。

當時的帝俄和伊朗都不是民主國家。所以一個富裕的民主政體要怎麼樣才會衰敗？這個問題將在第四章回答。本章的主題圍繞著阿根廷——當代唯一一個脫貧轉富、又再次陷入貧窮的國家；而本章的主角是胡安・裴隆（Juan Perón），他可能是史上最純粹的民粹主義者，是民粹主義的暗黑天才。如同《哈利波特》裡的「佛地魔」，他是個不能說出名字的人——裴隆曾經一度失勢，之後好幾年阿根廷的出版品上如果出現他的名字或肖像，就被視為犯罪。直到他像「佛地魔」一樣在一個邪惡共犯的幫助下捲土重來，情況就不同了。

第五章的故事則有個快樂的結局。一九三〇到四〇年代，美國克服了許多當今仍存在的挑戰，包括民粹主義和政治分歧。此章節的故事主角是脩義龍（Huey Long），他擁有超凡入聖的群眾魅力，也是一位天生的革命家，早在中學時期就發起他的首場大規模抗爭活動。當時美國的民主是否受到脩義龍這個民粹主義者的威脅？還是說，他反而在無意間拯救了美國民主？這是個至今還可研究的問題。

最終章是一份簡易判別指南，讓讀者去評量自己的國家，看看是否快要滅亡了。本章將解釋，為何社會科學預測，人類未來將活在一個如同電影《銀翼殺手》般的世界；我還會說明，現實情況只可能會更糟糕。最後，我也會點出幾個評估政治風險的方向，並且同場加映一段性愛情節。

第一章

皇家汪星人「福福」：泰國民粹傳奇

一間公司等同於一個國家……兩者有異曲同工之妙。管理方式也大同小異。

——泰國富豪總理塔克辛，1997 年 11 月

有關「福福」

泰國皇室熱愛養狗。已逝的泰皇蒲美蓬曾為他的愛犬「通丹」寫書，據說是泰國史上最暢銷的一本書。通丹原本是流浪狗，後來被泰皇收養，浦美蓬在書中是這麼介紹牠的：牠是一隻不平凡的普通狗。通丹總愛繞著樹追趕其他的狗（永遠是順時鐘方向），也很喜歡啃椰子（雖然很麻煩）；牠總是前腳交叉，乖乖待在泰皇的腳邊，而且還會用心電感應召喚她的小狗。泰國舉國無人不愛通丹。曾有人在臉書上貼文侮辱通丹，之後被以煽動的罪名遭到起訴，可能面臨三十七年的徒刑。

蒲美蓬的兒子，當時的王儲瓦吉拉隆功，同樣有隻愛犬，是一隻名叫「福福」的白

色貴賓狗。正當「通丹」享受著生活中樸實無華的美好，好命的「福福」則是活在奢華裡。二〇〇七年十一月，美國駐泰大使參加一場盛大晚宴，訝異地看見福福也赴宴，身上披著正式晚宴服，爪子上還戴著狗腳套。席間，福福跳上桌面盡情飲用貴賓玻璃杯中的水，成為全場焦點。後來，王儲冊封福福為泰國空軍上將，大家對這個消息都置之一笑。可是對於那些階級比福福低的泰國將領來說，可能需要一些時間適應。

之後，王儲為他第三任太太舉辦的生日趴影片在YouTube上流傳。這場生日趴看似再正常不過——身穿制服的員工、堆積如山的禮物、百花爭艷的裝飾、氣球和張燈結綵的樹木。除了一個小細節例外。那就是，王儲的妻子幾乎全裸。她頭頂著寬編草帽，腳穿著恨天高的高跟鞋，渾身上下除了一件丁字褲，其他什麼都沒穿。王子口哈著煙斗，一派自在，連他的太太看來也怡然自得。然後備受寵溺的福福登場，從近乎全裸的儲妃那裡收到一個吻，它還幫忙吹蠟燭。背景音樂傳來的是《無心快語》這首西洋歌曲。

平心而論，各國王子們在派對上失態的例子十有八九。絕大多數的泰國人對王儲的荒誕行徑視而不見，反而比較在意他們崇敬的泰皇對此事會有何明智的忠告。但事後看來，泰國人民應該更加關注福福多一點。

傳統信念：政黨堅守中間路線

大多數國家的政治，包括泰國，都平淡無奇，這是有道理的。一九五〇年代後期，經濟學家安東尼．唐斯（Anthony Downs）指出，在民主國家裡，勝選的致勝策略是：政黨應該用符合最大多數人的觀點，來爭取選民，即「中間選民」。想了解為什麼，就請想像一下現在有兩個政黨參與選舉，其中一個對中間選民來說是極端右派；此時另一個政黨只要比對手政黨稍微往左一點點，採取溫和右派的立場，那肯定會在任何選舉中贏得壓倒性的勝利。為什麼？極端右派的選民當然會死忠支持前述的極端右派政黨，而極端右派的政黨也當然會囊括這些支持者的選票。至於剩下的大多數選民（包括中間派、微左派和極左派），對極端右派的痛恨程度遠比溫和右派來的更大，所以他們即使含恨含淚也會將票投給溫和右派。壓倒性的勝利也就理所當然。

下一次選舉的時候，上述的極端右派政黨嘗試著往中間路線調整。對手政黨也會盡量往中間靠攏，直到兩黨都差不多中間到不能再中間了。這個過程就彷彿政治中心點有股引力牽引者，政黨都想要走上絕大多數選民反感程度最低的政治路線。因此，民主國家政府在制定政策時，最常受到毫不起眼、張三李四般的「普通人」左右。各國都有平凡到不行的張三和李四，無論是英國、澳洲還是德國。而普羅大眾則是社會進步的主要動力；泰國也少不了這樣的張三和李四。

當然，中間派政黨的政策立場，只會受到少數人的喜愛（亦即那些認同或至少不排斥「普通人」想法的人），其他的大多數人幾乎都不太滿意中間派的立場。只不過，假如政黨偏離中道，走向極端路線，這樣會更令人無法接受。也因為這樣的緣故，政黨都傾向往中間靠攏，至少採取對絕大多數民眾來說最沒有爭議的立場。這樣的政治情勢，實在是沒什麼新意。大家是否抱怨過，所有政黨和候選人看來看去都一樣？都一樣缺乏新意？沒錯，他們擺明就是要了無新意，因為這樣才能勝選。忽視中間選民的政黨，會在選戰上一再挫敗，最後不是黨內一線候選人出走，就是支持者流失，政黨再不偏向中間就只有滅黨一途。這就是平庸政治的鐵律。

其中扮演重要角色的普通選民，即中間選民，其實是「中庸」而非「平庸」。因此，這樣的選民不見得是普通人。以美國為例，二〇一六年總統大選中只有約百分之六十的合格選民出來投票，而參與投票的選民相較於那些不投票的選民，擁有一些很重要的差異，其中最顯著的差異就是年齡。在這場選舉中，十八至二十九歲之間的合格選民裡，有參與投票的選民比例為百分之四十再多一點；超過六十五歲以上的合格選民則有超過百分之七十的人出來投票。二〇一五年的英國國會大選也出現類似的情況，十八歲至二十四歲之間的選民只有百分之四十多一點出來投票，但是六十五歲以上的選民，則有百分之八十的人出來投票。這兩場選舉除了選民結構老化之外，那些出來投票的普通人也比較富裕，教育程度較高，而且至少在美國和英國是以白人居多。

經濟學家安東尼·唐斯的理論，也就是民主國家中的中間政黨策略，已在全球許多國家的無數個選舉和議題上，經過數千次的測試。然而這個理論充其量僅反映了現實的政治狀況，實際操作起來仍錯綜複雜，包括：政黨在策略上與聲譽上的考量、政治體制的本質（例如美國鄉村地帶的選票過度加權），以及金錢在政治中的影響力等等因素。儘管如此，現代民主國家的政治仍傾向打著平庸路線的安全牌。贏得政權的政黨多半採取中間路線，有的國家由聯合政府主政，普通選民所支持的政黨往往是聯合政府中的贏家，英國前首相布萊爾政權或是美國民主黨柯林頓政權皆是如此。他們是左派還是右派沒人知道，重點是他們的政黨贏得選戰。

不過情況也會變。

政治現狀：中間失效，民粹興起

一九九七年，泰國深陷可怕的金融危機。幾年之後，一位政治候選人如黑馬般異軍突起，他既是個富豪，也是一個民粹主義者。他說他已經夠有錢了，不會被貪瀆的政治制度所腐化。他誓言要讓飽受外資競爭摧殘的泰國企業重振雄風。他出乎意料之外贏得二〇〇一年的大選，尤其獲得鄉村地區選民壓倒性的支持。上任後沒多久，他很快就失去了都市中產階級的信賴，還成為多件司法調查的主嫌，更對批評他的聲浪大力回擊。此外，他的家族企業毫無利益迴避，他也內舉不避親任用家族成員擔任政府高層職務。

這一切聽來是不是很熟悉？

民粹主義者的輪廓

其中有些巧合真的純粹只是偶然。但是為何歷史事件總是出奇地在遙遠的時地反覆出現？本書的重點就在解釋這樣的歷史型態，以及這種重蹈覆轍的歷史型態為什麼會發生。一再重演的歷史軌跡其中很大的一個因素是「人」。的確，在泰國政治戲碼中出現的許多人物，會在本書以各種樣貌重現，所以現在先介紹這些人，是有必要的。

讓我們先從民粹主義者談起。泰國前總理塔克辛並非政治人物出身，他只是一位跟政治有瓜葛的富豪。塔克辛取得政府的授權執照，在泰國提供手機電信服務。到了一九九〇年代初期，他的公司成為泰國手機電信市場的龍頭老大，一九九二年獲利為四億四千五百萬泰銖（約等於今日的三千萬美元），到一九九五年，獲利則為三十億泰銖（折合現值約兩億美元）。這是多麼有賺頭的一張執照，不過因為是政府發照，當然與政治脫不了關係。在東南亞許多國家，類似這種執照通常不會發給像塔克辛這樣的商人，而是直接交給政治人物或他們的親屬。在緬甸，搶手的手機執照就給了該國一位高級領導階層的兒子。柬埔寨手機電信業界的領頭羊，老闆就是總理本身。果然，不久之後塔克辛手中那張金光閃閃的執照，就引起泰國政治界的覬覦。

一九九一年，泰國將領發動軍事政變，看來塔克辛的好運不再。這群將軍誓言根除貪汙，很快就調查出將手機電信執照發給塔克辛的政府官員，收取了約三億泰銖的回扣（折合現值約兩千一百萬美元），雖然回扣不見得是來自塔克辛。貪污事件爆發後，將領們宣布開放電信業的競爭。然而很快就證明，軍頭們心裡想的並不是徹底掃除政界貪腐，他們要的是釋出更多手機電信業經營權，好讓自己也能收取回扣。

這種態勢讓塔克辛感到頭大。因為更多業者取得經營權，代表更多的競爭，以及更少的獲利。一九九二年泰國爆發民主風潮，這群軍頭趁著自己下台之前，連忙發出十個、價值共約五十億泰銖的經營權（折合現值約三億三千七百萬美元）。

對塔可辛而言，很不幸地，新就任的民主政府也想要插手電信業界分一杯羹，塔克辛的競爭對手隨即跳上新興民主浪潮的順風車，與泰國各政黨稱兄道弟。旗下擁有亞洲電信（TelecomAsia）的泰國 CP 集團搭上新希望黨（New Aspiration Party）；第二大手機業者 Ucom 與民主黨（Democrat Party）關係緊密。而公司規模較小型的競爭者 Loxley

公司，一會兒與民主黨眉來眼去，有時又與泰國國民黨（Thai Nation）搞曖昧。

塔克辛於是決定，自己必須參政才行。他入門的方式頗令人訝異：他加入道德力量黨（Moral Force Party）——由佛教在家苦行居士所領導的政黨，也曾是泰國一九九二年民主抗爭運動的領導團體一。然而佛教苦行居士的宗教觀點，即使在其他的佛教徒眼中看來，也都很極端，想當然爾無法與塔克辛的「金錢」相處融洽。後來道德力量黨分裂，而黨領導人又退休，連動使得泰國政府垮台，必須重辦大選。選後接手上任的政府極其腐敗，可是塔克辛帶領著道德力量黨的殘餘勢力，與新政府組成聯合政府，塔克辛也替自己取得副總理一職。於是他的手機電信經營權年限又多延長五年。事情接著愈來愈順利，他的事業開始跨足有線電視、衛星電視和高速公路，這些都是需要政府發照的重要商業項目。

人在江湖飄，難免會挨刀。道德力量黨內許多黨員都討厭塔克辛，全黨很快就分崩離析。下一任政府是由希望黨所主導——塔克辛對手支持的政黨。新政府很快釋出更多電信經營權，意味著競爭更為激烈。塔克辛陷入危機，他因而決定加碼自組政黨，「泰愛泰黨（Thais Love Thais Party）」於一九九八年七月十四日成立。黨如其名，抱持著國家主義。創黨初期，塔克辛誓言採取反全球化政策，一定要讓泰國企業再度強大。他表示：「這是個經濟戰的年代。全球化與國際政治體制日趨無情。」這個政策一開始就沒有獲得太大的迴響，不少創黨黨員開始與黨漸行漸遠。

一九九九年和公元兩千年，泰國發生大型抗議。農夫團體攻佔曼谷市郊，警察封鎖道路防止農用卡車大舉進入市中心。這股純粹的群眾力量吸引了塔克辛的注意，於是他的團隊與農村領袖和協助策劃抗爭的慈善機構見面。二〇〇〇年三月，泰愛泰黨宣布一項新的農村政策，有三個重點：第一，小農的農業貸款可延期償付；第二，設立一百萬泰銖的基金（折合現值約三萬四千七百美元）以鼓勵農村走向企業化；第三，公共醫療看診每次補助三十泰銖（約一美元）。這是很棒的政策，立意很簡單：鄉村地區是個大票倉。在泰國約百分之八十的選區，鄉村地區選民所佔的比例最大。

塔克辛重新包裝自己，把他的人生故事形容成窮人大翻身。選前一個月所發行的文刊中，塔克辛寫道：「身為一個鄉下小孩，咖啡店之子，我在我爸的果園幫忙，也送報，還負責看管流動電影院，直到我開始有了自己的電腦事業。」（其實他是啣著金湯匙出生的，他的家族是富裕的絲綢業者，他父親一時興起就隨手開了一家咖啡店。）「我娶了警察的女兒。我倆胼手胝足從零開始打拚，同甘共苦，互相扶持，教養三個小孩長大。」塔克辛打出農村之子的形象牌，他繼續寫道：「親愛的鄉親父老，我生在農村長在農村，我希望農民能享有自給自足、沒有負債的生活，有足夠的錢教育下一代。我要讓農民朋友們在生病時享有醫療保障……如果在非產季的時候無工可做，也要讓農民們能有暫時的零工可做。」

民粹的本質

「民粹主義」這個概念在當時非常新穎，泰國甚至還沒有適當的名詞；而泰國的學者則出版了不少專書和期刊文章，解釋民粹的意涵與歷史淵源。塔克辛似乎天生就長於操作民粹，老早就脫下筆挺的西裝，滿嘴親民的大眾用語，襯衫的鈕扣故意打開幾顆，有時索性整排不扣。儘管有些矯情，但就是有效。吸引鄉村選票與塔克辛大量資金護航這兩個政策雙管齊下，在公元兩千年的大選中「泰愛泰黨」拿下兩百四十八個國會席位（國會總共五百席），只差三席就能成為絕對多數大黨。這是一場泰國前所未見的勝選。自從一九七九年以來，從未有一個政黨在國會中贏得超過三分之一的席次。順應著這股狂勝浪潮，其他政黨前仆後繼與塔克辛結盟。沒多久，塔克辛政權就掌握了國會三百六十四個席次。

塔克辛的民粹主義為何如此有成效？

「民粹」是政治藝術的專有名詞，用來形容政治活動。第一批民粹主義運動份子於一八七〇年代出現於俄羅斯，俄文稱為narodniki。他們試圖說服俄國農民起義反對沙皇，不過沒有成功。當時一位民粹主義者抱怨說：「農民不愛社會主義，猶如一把青豆灑到牆壁彈回來。」下一波的民粹主義運動則是獲得了美國農民支持的美國人民黨（American Populist Party）。他們的表現比俄國人好一點，但還是無法在美國政壇取得足夠影響力。

所有的民粹主義者都宣稱自己代表人民，對抗貪腐的高級菁英。川普在二〇一六年四月的一席話，就是標準的例子。他說：「每件影響美國的重大案件中，人民永遠是對的，主政的菁英都是錯的。」民粹主義者時常宣稱，貪腐的菁英之所以能夠玩弄主流民意於股掌之間，都是因為政治系統衰敗。川普就說：「我從政是想讓那些掌權者再也無法持續欺壓手無縛雞之力的人民。我比任何人都了解政治，所以只有我，才能把這個體制搞好。」

在民主政治裡，很少見到有人一直去強調「政治體系很衰敗」，因為絕大多數的政黨都認為民主是既定的條件，所以他們把心思花在政策上來彼此較量。套句政治科學專家卡斯．默德（Cas Mudde）時常受引用的名言，**民粹主義乃是一種「中心思想薄弱的意識型態」，因為民粹主義的主要攻擊對象是衰敗的政治體制和貪腐的政治菁英，自己卻拿不出有料的政策牛肉**。缺少穩固的政策作為基底，我們實在無法將民粹主義以左派或右派加以劃分。有的民粹主義者納入了一些比較有實質內容的意識形態立場，例如有些民粹社會主義以及偏右派的民粹主義政黨。手段最高明的民粹主義者能夠讓追隨者自行填空（本書會提到幾位這樣的角色），舉例來說，阿根廷的裴隆就有能耐同時獲得極右派和極左派的支持。這樣的政治表現確實厲害，但久而久之也就見怪不怪了。

上段提過，民粹主義鼓吹的重點是抨擊政治體制。極左派和極右派的人民彼此間的政策觀點可能大相逕庭，但兩方都能不約而同的同意：現實的政治很敗壞。藉由巧妙避開政策議題，厲害的民粹主義者有辦法能夠規避運用在普通選民身上的平庸政治鐵律。

就連那些功力遠不及裴隆的民粹主義者，亦能獲得出乎意料之外的支持。英國脫歐運動是由保守黨的政治人物如鮑利斯・強森與麥可・高維（Michael Gove）等人主導，卻也獲得傳統工黨選民的大力支持。川普代表共和黨競選總統，卻能夠在兩黨支持度不分軒輊的州，從不滿的民主黨選民那贏得支持。「中心思想薄弱」是民粹主義的本質，這也讓民粹主義者能夠視情況彈性調整。塔克辛就是最好的例子：他最初在經濟上採取國家主義立場，另外主打農村議題，到最後做了一百八十度的大轉變，開始尋求外資直接投資。塔克辛的政治表現的確令人刮目相看。然而如果不是泰國較為保守的政治人物支持，他也無法光憑自己的力量達成。

老派政客

另一種類型的政治人物，老是挑政治情勢不穩定之際跑出來露臉——例如民粹主義者成為全國鎂光燈焦點的時刻。這種人我稱之為「老派政客」。這類型的政治人物崛起於舊體系，給人的印象就是與過去脫不了關係，他們很清楚如何讓政治運作得更好。在塔克辛出現之前，如果隨便問一位曼谷的居民，誰最能代表泰國政治黑暗面的人物？你最可能聽到的答案是前泰國總理班漢（Banharn Silpa-archa）。跟塔克辛一樣，班漢也是商人起家。另外一個相同之處是，他也是受惠於政府的決策，也就是成為為期十年、壟斷全泰國水管建設的承包商。到了一九六〇年代中期，班漢變得非常有錢。

一九六六年一月，身著迷你裙的泰國小姐選美冠軍前往泰國的鄉村行政區素攀府。泰國小姐此行的目的，是參加趙菲拉雅·雅瑪拉特醫院新病房啟用典禮，她的來臨使現場增色不少。新病房的費用從何而來？答案是班漢的口袋。素攀的省長也出席這場盛會，現場人聲鼎沸，大概都是想一睹泰國小姐的風采。新病房以出資者班漢命名，那時的他正開始大手筆四處撒錢。一九六九年，他捐出五十萬泰銖（折合現值約兩萬四千美元）作為頓切迪鎮（Don Chedi）第一所中學的建校經費。之後不久，素攀府內有四座學校的新建大樓都是由班漢捐款建設。

班漢同時也大肆宣傳素攀府有多好，可是並不是每個素攀居民都深有同感。一名素攀地方公務員就說：「美國有多少人知道堪薩斯州在哪裡？肯定沒多少人知道。素攀府就類似這樣。」當年泰國如土匪強盜的軍事獨裁者沙里提將軍（Sarit）從素攀的一間佛寺偷走了一個價值連城的瓷碗。等到沙里提死後，泰國政府不但沒有歸還瓷碗，還宣布將拍賣這個磁碗換取現金。班漢一派輕鬆地現身拍賣場參與競標，得標後把碗送回寺廟。為了感謝班漢，素攀府居民敲鑼打鼓舉辦遊行，不過班漢謙卑地婉拒參與，並私底下把磁碗送回寺廟……嗯，其實也還不到完全不欲人知的地步：素攀地方報紙在頭版刊登了班漢夫妻的照片，兩人態度謙卑的跪在寺廟住持的跟前，將瓷碗奉還。照片一刊出沒多久，班漢成為素攀府的新聞風雲人物。班漢出錢興建的一所學校舉行落成典禮，泰皇與皇后出席，現場也約有五千人到場參加。素攀居民對班漢的慷慨留下深刻印象。一位銀行行員這麼說：「我讚揚班漢的善舉。誰會想在這種地方奉獻自己的錢財？」

班漢的捐款終見回報。一九七六年，在泰國曇花一現的民主政治中，班漢代表素攀府角逐國會選舉，壓倒性勝出，得票數是泰國所有選區中的最高票。政治前途似錦的他，很快就必須妥協。當時的泰國政治風氣下，買票很常見，不過政黨忠誠也存在。一位地方政黨官員指出：「這裡已經是民主黨的鐵票區，所以每張票的價錢不會超過一百泰銖（現值約兩塊半美金）。」不過，就算是死忠的選民，也會透過政黨卡的機制受到變相賄賂。一位地方政治運動者解釋：「如果你沒錢或迷路還是怎樣，只要你秀出政黨卡，就會獲得金援和幫忙。每個政黨都一樣。」

班漢當然也順理成章加入這場金錢政治。以他的財富規模，他有的是錢這麼做。不過他還做了除了錢以外的事情。社會學家良典西崎（Yoshinori Nishizaki）來到素攀進行以班漢為主的研究，他首次搭乘迷你小巴進城，感受在地的獨特氣息。司機跟他說：「我當然喜歡班漢，在這裡問這種問題跟廢話一樣。每個素攀在地人肯定喜歡他。」稍後另一位受訪的米農之子更是熱切表示：「班漢根本不用花錢，不管他給不給錢或是給多少錢，我們都全力支持他。」

地方建設要做到

班漢的秘訣是什麼？一座小村莊的一條新鋪好的柏油路旁，設有一塊大型看板，上頭寫著：「班塔典（Bang Tathen）區公所與谷節陸（Khok Jet Luuk）村民感謝大善人班漢為建設基金出錢出力。」良典西崎在好多地方都看見這類看板。有次他在一個看板前駐足觀看，一名農夫走上前說：「如果你對這種東西有興趣，附近還有其他的看板，隔壁村就有一個……班漢替那裡建了一座橋。」許多類似的看板，都是感謝班漢對地方基礎建設的貢獻。在素攀府人口最密集的地區，根據良典西崎的計算，就有超過一百六十個這樣的看板；差不多每三平方公里就有一個感恩看板，整個素攀府內有總共超過四百個感恩看板。也許在富有一點的省份，人民根本不會注意到，但是在素攀府這樣一個連路都鋪不好的地方，居民一定會記得學校、醫院與道路的興建，更不會忘了用看板表達謝意。許多基礎建設的竣工典禮，地方上的政商名流以及寺廟的和尚都會出席（泰國是佛教國家），其中穿插著煙火和午宴。從一九七六年到二〇〇二年之間，班漢參加以他為名所舉行的典禮，每年平均有二十七場，加起來總共七百場。

拿錢，總比殺人好

素攀的居民熱愛班漢。他在一九七六年到二〇〇八年這幾年間的每場選舉都大獲全勝，得票率介於百分之六十三到百分之九十四之間。當然，他也很貪腐，沒錯，隨著時間流逝，班漢在全國也贏得了貪腐政治暗黑教主的名聲，許多中產階級都唾棄他。他出手闊綽，報紙稱他為「會走路的提款機」，泰皇後來也批評班漢「心裡沒有人民」。然而素攀的居民對他卻有著完全不同的看法。一名警衛說：「班漢當然吃錢，不過他對我們也很慷慨，看看他蓋了多少建設。」一位國小老師為班漢護航：「至少他不像春武里府（Chonburi）和佛丕府（Petchaburi）那邊的政客會殺人，貪污總比殺人好。」在得知社會學家良典西崎是美國人後，另一位老師說：「柯林頓不也是利用權力和女人上床嗎？對我來說，這比小小的賄賂還糟糕。」沒錯，許多人不免俗認為班漢的貪腐是一種資產。一位商人說：「他必須依靠他在官僚制度裡面的客戶。為了回報這些客戶的支持，班漢肯定偶爾在檯面下給他們錢……這種腐敗是為了素攀好，那當然沒問題。」

收錢，可是有做事

我稱班漢的手段為「利益共生政治」，因為這包含將經濟利益與選區分享，除了鋪路、蓋醫院，還明目張膽的賄賂選民（學者稱之為「分贓政治」）。當選民不信任政治人物時，利益共生政治絕對有效。班漢這類領導人的支持度不會受到貪腐醜聞的影響，可能是因為選民從未信任過他們，選民純粹是看重班漢兌現競選支票的能力。巴西一位最具指標性的政治人物，其支持者最愛說：「他吃錢，但他也會做事。」祕魯利馬市現任市長在選舉期間推出的非官方口號是「有收錢，事情也有辦好」。在美國的路易斯安那州，也充斥著政治貪腐的問題。一九九一年州長選舉的汽車用競選貼紙印著：「重要的一票，投給騙子！」當然，不信任政治人物的選民，也較可能投給民粹主義者，因此，像班漢那樣的老派政客，以及後起之秀的民粹主義者塔克辛，兩人其實有異曲同工之妙。他們都激化選民對政治的不信任，然後以此為基石，一蹬而上出頭天。

班漢在一九九五年成為泰國總理。結果沒想到，像他這麼有政治天份的人，卻在錯誤的時間點掌握權力。

經濟危機：選民為何要用選票教訓政府

經濟危機會是本書反覆出現的主題，它是撼動政局的主因之一。美國前總統老布希競選連任失利那年，年度流行語是：「笨蛋，問題出在經濟！」這是有原因的，根據「經濟導向投票行為」的相關研究指出，經濟愈衰退，現任政府愈容易流失選票。

然而，原因並非如大家所想的那樣。相關的研究指出，選民的荷包厚薄並非影響投票意向的主要因素。**選民比較關心的議題是「國家近來的整體經濟表現如何？」而非「我最近生活還過得去嗎？」**有的研究顯示，荷包效應影響微弱，在許多的案例中，其實根本不存在。看來選民多半是因為執政當局在經濟問題上處理不力，想透過選票懲罰政府，而非本身經濟狀況慘淡而拿政府出氣。

行文至此，讀者可能在心中打了個問號，難道選民真的清楚經濟表現好壞？有沒有可能是選民認為他們用選票讓無能的政府下台，不過實際上是以個人的經濟狀況為衡量政體經濟表現的基準？若真如此，選民會不會是無意識地，基於本身的經濟問題而決定投票意向？其實不是這樣。總體來說，經過研究調查，絕大多數國家的選民（甚至包括那些沒有定期閱報習慣的選民）對國家經濟表現的評估，出乎意料的準確。選民對經濟健全與否的看法與整體經濟指標密不可分。在大多數的案例中，選民對經濟表現的觀感與經濟指標之間的關聯性較為密切，像是經濟成長率與失業率，與選民本身經濟與就業狀況的關係並不大。

這個研究結果，不太符合普遍的直覺，而媒體其實也常常搞不清楚狀況。英國脫歐公投後，評論家馬上將公投結果歸咎於選民「個人」的經濟壓力，反映出失業工人或薪資倒退選民的怒吼。川普贏得美國總統大選後，類似的評論也隨之而來。有研究指出，美國白人男性的預期壽命日益減短，部分原因是由於鴉片類藥物或其他藥物的濫用。媒體評論家認為這類的個人絕望與票投川普的決定脫不了關係。儘管個人經濟的不穩定，是有可能讓濫用鴉片類藥物的人口增加，然而，只因為個人經濟困頓就決定票投川普，或同意脫歐，是不太可能的。經濟導向投票意向的研究顯示，**選民是因為政府經濟處理無能，才以選票制裁，而非因為本身經濟的壓力而想找出口宣洩**。

沒錯，就算選民用選票把表現無能的政府換掉，實質上並改變不了什麼。當一個走中間路線的政治人物落選，說穿了不過就是被另一個平庸的政治人物取代罷了。然而有時候，若危機已醞釀多時，加上經濟困境深陷泥淖，這種雪上加霜的狀況能讓人民完全不信任整個政治體制。一項最近的研究發現，在經濟危機發生後，立場極端的政黨之得票率會激升至百分之三十之多。人民甚至會將疲軟的經濟狀況，完全歸咎於政府的領導無方，因而決定用選票換掉。歷史上有不少民主失敗的肇因，都是發生在經濟危機的期間（例如歐洲介於兩次世界大戰之間的民主政治），最有名的例子就是在德國發生的惡性通貨膨脹，連帶形成納粹主義興起。

節省開支與民粹的興起

令人慶幸的是，經濟危機並非永遠會導致民主失敗。可是政府常有辦法把「經濟危機帶來的政治衝擊」搞得更嚴重。最顯著的情況就是，若政府透過縮減國家開支來解決危機——即樽節——那簡直跟玩火沒兩樣。最近的研究發現，「樽節」與「政局動盪」的關係緊密，拉丁美洲和西歐的暴動、遊行示威與政治暗殺都是例證。當然，樽節正是當年泰國政府所祭出的政策。

容我再稍微把時間點往前推。班漢上任時，繁榮興盛的泰國經濟正好步入尾聲。一九八五年起的十年，泰國經濟成長超過二點五倍，因它有豐富的人力市場，受惠於國際化的潮流。當時日本的經濟發展是全球龍頭，泰國更是特別吸引來自日本的投資。然而泰國經濟榮景的背後，是高度的貧富不均。一九八一年到一九九四年間，全國一半的收入所得，是金字塔頂端百分之十的人口所有（泰國的政治歷史與美國出奇地雷同，原因就是來自高度類似的貧富差距）。

一九九〇年到一九九二年間，泰國鬆綁金融法規，對已旺到不行的經濟更是如虎添翼。光是在一九九一年，一年內來自各方流入泰國的國際投資，就超過一九八〇年到一九九〇年整整十年相加的總額。看來每個人都想購買泰國股票和融資給泰國公司。許多泰國公司也和一般人一樣，做了在景氣大好時會做的事：把錢投入房地產，房價因此不斷飆升。班漢的新政府剛上任的頭一天就打鐵趁熱將國家開支大舉增加百分之十，因他一向認為大撒幣是贏得民心的不二法門。班漢主政沒多久後，分配給素攀府的醫療經費就大幅躍升四點八九倍，教育經費提高五點三四倍，鄉村道路的建設費用則遽升超過十四倍。

泰國經濟盛況很快破滅，讀者大概能夠猜測接下來的發展。泰國版的「雷曼風波」發生於一間名為「金融一號」（Finance One）的公司，它不是銀行，但放款的額度比真正的銀行還多。當金融一號垮掉之際，房價開始暴跌，不少泰國的房地產債權隨著房價形成呆帳；這一切幾乎是同時發生的（這聽起來又很熟悉）。到了一九九七年，借貸者無法償還的款項達全泰國銀行總貸款額度百分之二十。不用說也知道接下來所發生的事：政府出手拯救。泰國政府分別對股票市場和金融一號投入六百億泰銖（三十億美元）和五百億泰銖；並為陷入財務困難的銀行設立一個四千億泰銖的基金。儘管政府對金融業紓困，一般泰國民眾卻苦不堪言。大量的泰國借貸人根本無法償還債務。泰國經濟產量以兩位數的態勢大幅下滑。（相較下，在全球發生金融風暴時，美國經濟總量下滑最嚴重的紀錄是百分之四，英國則是百分之六。）

隨之而來的是樽節措施。國際貨幣基金同意對泰國紓困，但前提是要求泰國政府縮減預算並增加稅收。泰國因此展開嚴峻的樽節方案，其中包括：占泰國所有經濟總量約百分之三的財政緊縮，大約同等於美國政府為了節約，而刪除國防部一整年的年度預算。班漢大可跟泰國政府說，這樣的手段會失去人民的支持。但在那個節骨眼，班漢也不在了：他領導的政府垮台，由所謂的「技術專家」政權所取代，他們熱切地想接受國際貨幣基金的要求。

泰國當然不是唯一犯下這種錯誤的國家。印尼受到經濟危機衝擊時，也厲行樽節，導致印尼腐敗獨裁的政府垮台，一千多人在隨後的暴動中喪生。在全球金融危機發生後，許多政府並沒有記取歷史的教訓，所以不斷在政治上犯一樣的錯。最厲行財政緊縮的政府有哪些？第一名是英國，再來是西班牙，美國則位居第三。這絕對不是民粹主義人士聲勢衝高的唯一因素，不過的確有推波助瀾的效用。

也可這麼說：實施樽節，確實幫助民粹主義者激起民眾不信任政府的意識，正如同泰國的危機與樽節措施無疑幫了塔克辛一把。

中產階級能扮演什麼角色

接著介紹另一個很快就在泰國政治戲碼中領銜主演的角色：受過教育的都市中產階級。

每當高級房車行經貧民區，車內的有錢人反射性的按下雙重中控鎖……其實，更容易給政治現況帶來傷害的，反而都是那些外表看似無害、朝九晚五、坐擁房子和日常座車（泰國常見的是皮卡）、為了自己表現平庸的孩子與寵物而深感自豪的一群人。這是一群受過良好教育、頗具能力的中產階級。他們行事有效率，具有組織動員能力（畢竟也有多年參與家長會的經驗）；他們深知政治與法律運作具有高風險。總體而言，這群中產階級具備參與政治活動的人格特質：勤奮努力、遠矚瞻高、充滿遠見。

一九九二年五月十七日，曼谷大約有五十萬人參與由佛教苦行居士所帶頭的示威活動，抗議當時軍政府。泰國社會科學協會在現場進行的調查顯示，其中絕大多數參與抗議的都是已婚、富裕的白領階級。後來軍隊開槍逮人，這群奉公守法的抗議人士並不死心，次日晚上他們重返街頭，軍隊照樣開槍逮人。經過第三個晚上的混亂，泰皇以戲劇化的方式介入。晚上九點三十分，電視上出現令人難忘的畫面：兩個男人跪在泰皇跟前聽訓，其中一個是軍政府的領導，另一位則是發動示威的佛教苦行居士。這場暴力活動迅速畫上句點，泰國重回民主。泰國中產階級在這次的示威遊行中展現他們的韌性。當天參與抗議的民眾當然也有其他階級的人，不過本書即將說明，歷史上不少的大型起義中，中產階級似乎都扮演著領導者的角色。

一個民粹的領袖

許多受過教育的泰國都市中產階級，看到塔克辛透過民粹式競選活動贏得政權時，感到相當震驚，但他們還沒有意識到泰國的民主即將受傷。塔克辛開始履行他的競選承諾，包括農民債務紓困與看診費用單次三十泰銖的醫療方案，讓窮人只要付出象徵費用就享有基本醫療服務。塔克辛隨後推動經濟振興計畫，而他那非典型卻成功的手段，被泰國人稱作「塔克辛經濟」。塔克辛則以標準的民粹口吻說：「對社會低階族群的經濟活動，我實行的是社會主義；而高端族群則是資本主義。」

不久後，政府反貪部門宣布將審議塔克辛刻意隱匿資產的指控。當然，塔克辛根本沒有企圖隱藏他的財富，但他的稅務手段實在太大膽（這還算客氣的說法）。一九九七、九八他首度從政的兩年間，他乖乖依法公布資產，不過對於他屋子裡其他人的資產卻略過不提——管家、女傭、司機、保全等等，其中有些人竟然名列泰國股票交易市場排名前十名的持股王。想要矇騙說這些不是塔克辛的資產，實在是侮辱了一般人的智商。

儘管如此，當時許多選民仍想再給塔克辛一次機會。所以，泰國憲法法庭以八比七的些微差距，撤銷了對塔克辛的多條指控。法官想藉由裁定來警告塔克辛，內容提到：「政治改革的核心乃是培養嚴守道德原則的政治人物，同時恪守佛教正法（佛教的教導），且必須比平常百姓做的更好。」但塔克辛看來是充耳不聞。判決宣布時，政府官員湧入他的辦公室狂聲道賀。手機響個不停，外頭聚集的支持民眾歡聲雷動。塔克辛的支持者回憶：「現場的氣氛簡直是史詩般場景。」

沒多久，塔克辛開始透過他的政治影響力圖利自己與家族成員的企業。他設法讓自家的手機電信王國免於競爭，採取的方式是不斷改變政府對電信網路市場自由化的策略，朝令夕改到沒有一項計畫有真正實行過。參與競爭的外國業者如 Verizon 和 Orange 在漫漫等待的過程中失去了耐性，決定撤離泰國市場。到了二〇〇四年，塔克辛的公司獲利幾乎占了全泰國手機電信業利潤總額的八成。塔克辛還說：「我的座右銘是『人必須發財，大大發財』。」他也呼籲大家「不要忌妒有錢人」。塔克辛更樂見他的後代傳承他的志業，二〇〇四年間強逼一間獲得政府特許承攬曼谷新地鐵廣告業務的公司，將其特許權均分給一間剛成立的公司。新公司的老闆是塔克辛的兒子，大學才剛畢業。

人民開始害怕塔克辛的獨裁傾向。他只要一聽到批評聲浪，就立刻強力反擊，他在一次電台訪問中表示：「我沒有做對一樣事情，連我的呼吸也是個錯誤。」媒體批判他時，他語帶恐嚇地說：「如果媒體不要這麼專注於政治議題，我保證國家會有驚人的進步。」塔克辛的發言狂妄，一旦受到質疑，他馬上加碼駁斥。有人指控警察為了執行塔克辛的反毒政策而過度使用暴力，對此塔克辛回答：「這就是壞人的下場，對壞人之死，大眾根本無需關注。」在面對反貪調查時，塔克辛則動手開除那些想要調查他的公務員，然後在政府主要機構內部安插他的支持者，包括憲法法庭、選務監督委員會還有反貪委員會。

然而，塔克辛給泰國帶來最大的危險是他可觀的財富。他名列富比士富豪榜，身價淨值約十二億美元。長久以來，泰國中產階級對政客如班漢所玩弄的金錢政治感到絕望，卻遲遲不見政府打擊金權政治。金權政治到底有多危險，塔克辛就是個最好的例子。他收買許多政治領袖獲得他們的支持，讓這些人心甘情願當牆頭草，跳槽到他的政黨。其中一人為自己的換黨護航：「我是個從善如流的人。」到公元兩千年八月，國會中約有一百名議員同意轉換立場，加入塔克辛的政黨。

太遲的中產覺醒

泰國受過教育的都市中產階級逐漸開始反對塔克辛，但太遲了。一百名泰國學者簽署一封抗議政府政策的抗議信。有份新成立的報紙，內容多對政府的政策口誅筆伐，發刊沒多久讀者量迅速躍居全泰國第三大。塔克辛卻一副事不關己的模樣，他說他的支持度可以讓他繼續安心掌權二十年。他語帶諷刺表示：「如果到時候我還活著，我會勸民眾同情其他的政黨，畢竟這些政黨也等了那麼久，也要同情一下沒有政治新聞好播報的記者朋友。」

塔克辛一語中的。二〇〇五年十月的選舉，塔克辛的泰愛泰黨再度在泰國歷史創下紀錄，贏得國會的主要多數席次。儘管這個政黨大獲全勝，泰國全國卻陷入對立：反對黨勝選的地區，都是以絕對多數獲勝。抗議政府的示威遊行如火如荼的計畫著。一位決定從政的銀行投顧表示：「我們的任務是決定我們想要傳達出何種訊息。難道我們還想再賦予塔克辛無上的權力？還是我們該表達的是『受過教育的曼谷人正監督著你的一舉一動』？」

塔克辛的鄉村鐵粉繼續不斷為他歡呼。塔克辛也繼續使出民粹主義手段，承諾創立更多鄉村基金，爭取小農的土地地契，推動新低價貸款制度，配送免費乳牛、訓練方案，還有給每位新手媽媽的福袋等等。塔克辛說著：「四年後，就不會再有任何窮苦人家。簡直太棒了！」

中產黃衫軍的崛起

塔克辛強迫停播了主持人松帝林通庫（Sondhi Limthongkul）的每週談話節目，這是政府管控媒體日益嚴格的手段之一。松帝林通庫是商業大亨出身，後來轉型成政治人物，曾是塔克辛的支持者。在那個時間點上，許多泰國中產階級都想找機會反抗政府，松帝於是成為反對勢力的要角。

松帝節目被停播，他就跑到街頭直接開節目，意外發現每次都有超過一萬多人現身觀看。到了十二月初，部分在曼谷舉行的示威遊行都會有八萬人或更多人參與。其中一位參與抗議的女商人，原本也是塔克辛的支持者，她抱怨道：「他太貪腐了……他修改法律只為了保護自己的事業和家族，泰國都快被他毀掉了！」

二〇〇六年，麻煩找上塔克辛。一個原本要凝聚中產階級反對勢力的事件，很諷刺地卻是以妥協為起點。塔克辛為了要平息針對他的「運用政治權力圖利自己企業」批評，於是先發制人宣布將自己的企業賣給一間新加坡公司。但是這場交易的進行方式，本質上卻令人憤怒。首先，需要極大的膽量才能把泰國的主要手機電信網路賣給境外公司，因為塔克辛向來反對全球化。為了避開法律規定（法律禁止這種交易），塔克辛得想辦法稍微修法，再加上複雜的金字塔持股結構。更誇張的是，他重新調整這筆交易的架構，好讓自己只要負擔少得可笑的稅金。表面一切看似依法行事，但卻是透過量身定做的法律。此舉引發人民勃然大怒。

驅逐民粹

結果造成泰國三十年來規模最大、持續最久的一系列政治抗議運動。中產階級的特性在此波示威活動中嶄露無遺：規劃仔細，風格獨特，有時很難分辨到底是抗議活動還是音樂節慶。現場有舞台、燈光和音響，活動透過松帝的媒體網絡每天放送，攤商販賣T恤、書籍、胸針及紀念品；此外還發放免費贈品如頭帶、襯衫、圍巾，全是以黃色為主，也就是泰國皇室的顏色。贈品上印著醒目的標語，像是「救國救民」、「為泰皇而戰」、「守護泰國」。主辦單位開始自稱為「人民民主聯盟」，之後也被稱為「黃衫軍」。有時候，參與抗議的人多達五萬人。到了這個節骨眼上的塔克辛愈來愈獨裁，一度想宣布全國進入緊急狀態，但是軍隊拒絕執行他的命令。

塔克辛手中還有一張王牌：金錢政治。他的政黨運用無人能比的資金，在全泰國各行政區的政界建立起史無前例的支持基礎。到了二〇〇四，塔克辛的政黨掌控四十七個行政區。而在政治核心的部分，有傳言繪聲繪影指出塔克辛加碼把給國會議員的收買金額，從每個月五萬泰銖（約一千六百美元）增加至二十萬泰銖（約六千四百美元）。於是小型政黨前仆後繼的併入泰愛泰黨。

示威抗議活動持續進行，泰國政治恐將陷入大混亂。塔克辛面臨重大的法律麻煩，許多獲他指派的選舉委員會成員也都是訴訟纏身。以中產階級為主的抗議群眾大聲疾呼，呼籲選民不要投票。這樣嚴重影響了二〇〇六年四月的大選，在許多反對塔克辛的區域，沒有候選人當選，因為參與投票的選民連百分之二十都不到，無法達到憲法規定的最低門檻。情況日益惡化之際，塔克辛政府兩位內閣成員無預警辭職。同年九月十六日，坦克車駛入曼谷街頭，電視台節目突然換成皇室成員輕鬆的生活風格影片。軍事將領宣布，他們正在恢復社會秩序，新選舉將會在沒有塔克辛的狀況下重新進行。塔克辛則逃到英國倫敦。他表示：「如果英國民眾能接受我的話，我想在英國成為大名鼎鼎的商人。」隨後他買下了英超聯賽中的曼聯足球隊。

塔克辛政府的下場難看。不過，把一位富豪從政府的最高位拉下台，卻是件不簡單的事。軍人戴上象徵皇室顏色的黃色臂章，對示威抗議者表達支持，戰車砲管上也繫了黃絲帶，使得很多抗議人士覺得好感動，還有人跟坦克車合影。有段時間在曼谷，外穿軍事迷彩衣內搭黃色T恤，成了流行的打扮。

鄉村選民的立場

有關泰國政治傳奇，在此還需介紹另一群人：塔克辛的鄉村支持者。《金融時報》記者訪問位於阿爾薩瑪特（Al Samat）的偏鄉村落，發現村民們都很憤怒，一位老婦人說：「塔克辛這麼努力幫忙窮苦人家，卻有人想竊取他的職位。」她邊說手中邊揮舞著菜刀，彷彿是在強調重點。「我們看到電視裡的那些抗議民眾，真是恨死他們了。」

中產階級很容易理所當然的以為，貧苦階層在政治上應該會站在他們這邊，畢竟不少中產階級人士都還記得，自己或親人以前也窮過。照理說，窮人應該不會同情一個啣金湯匙出生的貪腐富豪。所以，當貧窮選民將票投給塔克辛這樣的民粹主義者，跌破了大家眼鏡，此時中產階級自然而然認定事有蹊蹺：不是窮人太笨無法看穿民粹主義者的詐術，就是有人買票，再不然就是選民已無熱情。

沒錯，社會學家西崎走訪素攀府研究班漢現象的時候，他原本希望能證明「窮人恨班漢，可是被買票而不敢不投班漢；窮人被班漢愚弄，不知道他有多貪腐」。然而，西崎的兩項假設都不成立。相反地，西崎面訪的許多鄉村居民都清楚了解班漢很貪腐，卻照挺不誤，因為班漢給了窮苦選民看得到的好處。貧窮選民不是笨蛋，但他們寧願對貪汙視而不見，以求換取他們喜歡的政策。這與曼谷絕大多數中產階級的觀點完全不同。

塔克辛也造成類似的現象。在阿爾薩瑪特村一位受訪的農人說：「我們知道抗議民眾指控塔克辛貪腐，可是我們這群草根人民的生活改善很多了。」軍隊將領推翻了塔克辛政府，然後如民所願，在二〇〇七年十二月二十三日舉辦選舉，但在這場選舉中，明顯可見到鄉村區域廣泛支持塔克辛。軍人進駐了許多省份，以根除買票。這算得上是一場自由公正的選舉——除了塔克辛與大約一百位政治人物被禁止參加國會大選（禁期五年）。塔克辛的支持者承接了一個叫做「人民力量黨」的政黨，把黨徽修改成很像以前的泰愛泰黨徽，中央黨部就位在泰愛泰黨部的舊址。人民力量黨主席由曼谷前市長薩瑪克桑達拉維（Samak Sundaravej）擔任。在政治集會的時候，現場有人高舉標語，上面寫著：「票投薩瑪克，塔克辛再現。」為了怕有人搞不清楚狀況，還有位人民力量黨的候選人在競選活動期間，戴上塔克辛的面具。

民粹復辟與抗議加溫

對於推翻塔克辛政權的曼谷抗議民眾來說，這次選舉結果非常失望。塔克辛的人民力量黨輕易獲勝，儘管席次不如以前的泰愛泰黨來的多，不過也相去不遠。許多權威專家預測薩瑪克會大輸，這下全部猜錯。軍隊將領向人民的決定低頭，允許薩瑪克（塔克辛的代理人）組成聯合政府。次年二月二十八日，塔克辛重回泰國，在鎂光燈閃爍不停的鏡頭前屈膝跪下，以額頭輕觸泰國這片美好的土地。法院仍禁止塔克辛重返政治，於是他展開一趟宗教之旅（看來更像他個人宣傳之旅），拜訪泰國北部和東北部的九十九間佛寺。

曼谷的中產階級民眾拒絕停止抗爭——這個行為具有歷史意義，雖然在此時看似不切實際。從二〇〇八年五月起，中產階級重返街頭。這次的組織更縝密，在曼谷的瑪卡灣橋（Makkhawan）紮營想長期抗戰。這場抗議的盛典，規模可媲美每年在英國舉辦的格拉斯頓伯里當代藝術節或美國加州的科切拉音樂節，現場有搭建完善的大型舞台，周邊進駐多組攝影小組，舞台兩側則是大型投影布幕，整個場地更是隨處設置了一百多個大型螢幕。這次活動的形象識別辨識度更高了：全場採用代表皇室的黃色，舞台裝飾、商品、參與者的服裝都是黃的。上流名媛也搭著高級房車前來參加，傭人們則帶著野餐鋪墊和相關用品，還代替主子在大排長龍的廁所前排隊。很像學歷證書的「救國證書」也在現場大賣。

但在這場節慶熱情的背後，黃衫軍抗議民眾清楚知道自己面對的窘境。一位律師原本忙著用水泥塊、輪胎和沙包堆起路障，抽空接受記者訪問時坦言：選舉結果顯示絕大多數泰國人不認同他現在正在參與的活動。不過他也說：「假如政府盡是做些骯髒事，人民當然有權利挺身而出。」

雖然全國多數選民不認同黃衫軍，但黃衫軍從其他管道獲得支持的力量。他們徵召民兵，由卸任的士兵和警察負責訓練與組織。徵召到的民兵人數初估約有數千人，其中有的出於自願，有些則是拿錢辦事——對於這點，反對黨領袖松帝在受訪時並不否認。八月底，泰國警方查獲大宗的武裝配備，包括六十桶汽油、一千五百五十八支高爾夫球桿、兩百四十八根鐵棍、二十把劍或矛、二十七個以PVC水管為材質的盾甲、五十六個三合板材質的盾甲、五十五個彈弓和一百八十五個彈珠。到了秋天，一段影片顯示三個民兵在一輛行進間的敞篷貨卡車上，像是中世紀騎士似的：一位連續開了好幾槍，另一位手裡拿著彈弓，第三人則高舉泰皇的照片。表面上看來，組織民兵的目的是讓政府不敢任意驅趕黃衫軍，但民兵也幹了一些骯髒事，像是毆打親塔克辛派的抗議人士。

黃衫軍抗議民眾逐漸意識到，軍隊中有許多軍人認同黃衫軍。這一點讓他們開始採取極端挑釁的行動。八月，黃衫軍由民兵帶頭，攻佔了政府大樓，逼迫總理從辦公室撤出。警方想要收復大樓，卻屢次失敗。有一次民兵們成功擊退了警察的進攻之後，竟然發起逆襲，攻佔了一個警察局（這種情形，與常見的警察與抗議群眾之間的角色關係很不一樣）。

最後泰國政府放棄了，搬家到北方的清邁——靠近塔克辛的出生地。等到後來警方終於決定要使用非致命武力驅趕抗議的黃衫軍，過程中卻造成至少二十位抗議人士重傷，一人喪命。到底哪裡出了錯，沒人知道。警方說法是催淚瓦斯罐品質太差，罐內含有過量的炸藥。可以確定的是，民兵擁有武器，而且出手還擊。媒體則說，是警察對民眾行使不當暴力，才造成傷亡。為了顯示中產階級的團結，有些醫生拒絕治療受傷的警察。在一場更具團結象徵意義的公開活動中，泰國皇后參加了示威人士的喪禮。黃衫軍還佔領泰國國際機場，把三十五萬名旅客困在機場，哪兒也去不了。

隨著抗議情勢日益加劇，公務人員也拿出魄力，有時甚至倉促行事，例如有些法院在尚未聽完所有的證據就匆匆忙忙作出判決。法院迫使塔克辛的代理總理辭職；以貪污與逃稅罪名遭到起訴的塔克辛則被判有罪，須入獄兩年。他再度逃離泰國流亡海外。另一個法院認定人民力量黨有買票，因此人民力量黨被解散，領導人也不准參與政治。

這一次，塔克辛的代理政權被依法推翻，而非透過軍事干預（儘管在處理塔克辛的事件上，泰國法律展現了太大的彈性）。最後黃衫軍散去，只留下曾在機場和政府大樓所駐紮的基地。二〇〇八年十二月十七日，民主黨黨魁阿比西特維嘉吉瓦（Abhisit Vejjajiva）出任泰國第二十七任總理。新政府上任的第一天，外交部長得意萬分地註銷塔克辛的公務護照（對一個超級富豪而言，這樣一點也不會不方便。塔克辛之後取得尼加拉瓜和蒙特內哥羅的護照）。

紅衫軍登場：軍事政變風暴

政局有了這麼大的變化，可是泰國民粹主義的夢魘還在，而且愈來愈糟。塔克辛的支持者馬上提油救火，從鄉下湧入曼谷，不少人身穿紅衣，因此有「紅衫軍」之稱。

二〇〇九年三、四月間，紅衫軍在曼谷主要政府大樓外紮營，周遭也搭建完善的舞台、音響、餐車及螢幕，方便塔克辛可以連線對他的支持者喊話（他從杜拜打越洋電話說：杜拜的食物只有駱駝肉和駱駝奶）。許多深感震驚的中產階級說，情況會轉變成這樣，都是塔克辛在背後金援，紅衫軍都是塔克辛的走路工，而且現場一切物資都是由塔克辛買單。參與的民眾都是遊覽車從貧窮的鄉下地方一車一車載來的，有的來自泰國北部和東北部，也有的來自曼谷市郊，那裡住了不少低薪的工人。塔克辛顯然想藉由紅衫軍抗議活動來圖利自己。有次他接受法國新聞雜誌《費加洛報》訪問時說，他真正想要的是「自由、平等、博愛的民主，就跟你們法國人一樣……還有，當然也必須恢復我那些被凍結的資產。」

其實，跟班漢的支持者一樣，紅衫軍並非僅是傀儡。他們開始有計劃的發展具有意識形態與政治意涵的訴求，而且與他們的流亡領袖塔克辛無關。紅衫軍抗議民眾要求舉行大選，他們認為都市的中產階級是敵人，還聆聽有關於歐洲中產階級過去支持法西斯主義的演講。此外，主辦單位也設立學校傳授泰國歷史。紅衫軍開始自稱為 phrai——農民或平民的意思，借自泰國封建制度的概念。這個詞先前是用來污辱人的，現在又被賦予新意義。紅衫軍也用 ammaat 一詞來形容他們的對手中產階級，這也是另一個借自封建制度的概念，意指上級法院的官員或是官僚。

此時不少泰國民眾已經感到身心俱疲，希望趕快恢復平靜。也許正因為如此，四月間當軍隊採用相當暴力的手法掃蕩紅衫軍據點時（理由是紅衫軍使得東協高峰會無法順利舉行），全泰國幾乎都選擇視而不見。一萬名軍人加入此次彈壓紅衫軍的行動，是泰國史上最大的規模。整個過程共造成一百多人受傷，河中還發現兩具抗議民眾的浮屍。對此，紅衫軍的領導人表示：「根本沒人把我們當人看。」有些中產階級人士開始同情紅衫軍，至少一些不具名的問卷調查中是這麼顯示的。

紅衫軍的談判

夢魘仍未結束。一年後，紅衫軍再度捲土重來，這次的街頭抗議行動從三月持續到五月，參加抗議的人數比黃衫軍更多。親塔克辛的抗議民眾在四月間擴大了示威活動的規模，在曼谷商業中心地帶舉辦遊行，還短暫佔領國會大廈（與黃衫軍不同之處是，紅衫軍在當天自願撤退）。政府拿出與前一年相同的方式，派出軍人使用實彈對付紅衫軍。

但這次紅衫軍出手反擊，雙方陷入僵局，代價是二十多名示威者死亡。紅衫軍重提舉辦選舉的要求，政府並不接受。期間雙方試圖談判，政府提出的方案是，辦選舉可以，但是必須重新討論檢討民主制度的規範。

其實這個附帶條件在黃衫軍運動時，其帶頭人士早已討論過，起初只是幾個人私下談，後來才慢慢成為公開議題。爭論的重點是「泰國是否適合民主制度」。這個問題矛盾難解。中產階級在一九九二年的示威中，付出了生命的代價，為泰國帶來民主，富可敵國的塔克辛卻把泰國的政治體制搞成金錢政治，一時間好像沒辦法把權力從他手中奪回。也許真的必須犧牲民主，或至少得加以規範。一位曼谷餐廳的老闆解釋：「選舉只在某些國家才行得通，泰國沒辦法。政府撒錢贏得選舉，政治太腐敗了。」不管泰國是不是金錢政治，當時就算再辦一次選舉，塔克辛的勝算還是最大。

政府其他的附帶條件還包含授予泰皇更多權力（泰國各階層民眾向來信任泰皇）、大多數國會議員應為任命制而非選舉產生、某些教育背景或專業背景的人才有資格投票等。

當泰國政府提出這些有關民主的附帶條件時，已筋疲力盡的紅衫軍領袖並沒有立即加以否決，反而是要求政府對細節做進一步的解釋。也許是因為政府想到雙方若真的在光天化日之下討論如何「拆解」民主規範，實在太難看，因此撤回了這些附帶條件。塔克辛表示：「我不覺得紅衫軍比較沒水準，他們窮歸窮，但我認為他們比有些受過教育的人更懂民主。」塔克辛的話有其道理在。紅衫軍看來也知道時間對他們不利，因此寄望著泰皇能介入調停。二〇一〇年五月，一個高掛於天橋的大型標語上哀怨地寫著：「爸爸，你在哪裡？」可是泰皇當時已經住院，接下來有好幾年都不曾露面。

五月十三日，一位叛逃到紅衫軍陣營的泰國軍隊將領正接受《紐約時報》訪問時，據說是被政府狙擊手一槍打中頭部而死。幾天後，軍隊展開武力攻擊，紅衫軍也反擊，但終究得棄守陣地，撤退到位於拉剎拉松（Ratchaprasong）的商業中心。國際社會開始同情陷於苦戰的貧民紅衫軍，舉例來說，曾著作一本紅衫軍專書的學者費德利柯．斐拉拉（Federico Ferrara，任教於香港城市大學），是這樣解釋紅衫軍選擇的退守據點：「紅衫軍知道，在今天這個社會，LV包包和愛馬仕方巾遠比人肉盾牌更有防禦功效。」

軍隊攻下紅衫軍的據點後，抗議民眾開始竄逃，有些人在逃走前放火燒房子，超過三十多棟建築物被焚燬，包括一間大型百貨公司。在這場第二回合的紅衫軍抗爭中，共有約八十九人遇害，超過一千五百多人受傷。

紅衫軍行動在政府有系統的攻堅下瓦解，約四百人遭到逮捕，紅衫軍領袖則以恐怖攻擊的名義受到警檢審問。政府宣布泰國進入緊急狀態，讓政府有權利在無須任何罪名的情況下，將人收押至少三十天，也禁止公眾集會。到後來，五十多名紅衫軍領袖以恐怖攻擊的罪名遭到起訴，政府也雷厲風行實施審查，封鎖了將近一萬七千個網站。

民粹妹妹

這樣還不夠。塔克辛另一個代理人在二〇一一年七月舉辦的選舉輕易勝出，就是他妹妹盈拉。她仿效班漢的「利益共生」法則，提供米農大筆贊助資金，讓她的鄉村選民欣喜若狂，政府債務迅速增加（由盈拉領導、當時成立沒多久的新政黨「為泰黨」喊出的口號是「民粹主義讓生活更美好」，恰好呼應盈拉上任後的大撒幣）。儘管她的政策造成政府負債，盈拉的政權仍有辦法維持到二〇一三年十二月。然後她提早舉行大選，憲法法庭卻宣告選舉無效，泰國軍團於二〇一四年五月接管政府。軍方將領在電視上宣稱自己正在「把快樂還給人民」。三年後，泰國仍由軍政府掌權，政局維持穩定。

兩難：選擇民主之死

泰國中產階級身著黃衣，為泰皇而戰，最後就算沒有得到他們想要的東西，結果至少也算差強人意：塔克辛和他的代理人們總算消失了，紅衫軍回歸鄉村，泰國將領掌權，泰皇還在位。許多中產階級抗議民眾認為軍事將領們做得好，如同一名旅遊業者所說：

「我們國家受到分裂的痛苦太久了，我們現在真的需要團結……暫時忘掉民主。」

泰國人似乎也把福福給忘了。自從福福被冊封為泰國空軍上將後，泰國王儲瓦拉吉隆宮的行為變得更怪異。有人拍到他上半身穿著露腹短截上衣，身上大片的刺青嶄露無遺，在德國的一間購物中心遊蕩。曼谷坊間流傳著王儲花花公子般的放蕩生活。有人認為他只不過就是個喜愛享樂的輕鬆傢伙，但事實並非如此。他離婚的方式是在自己生日時拍段影片告知妻子，然後把岳父岳母監禁起來——儘管泰國人都很討厭他妻子一家人，但是把他們關起來還是有點太過火了。

泰皇蒲美蓬於二〇一六年駕崩。不少人預測王儲較為穩重的妹妹會登基，但很快的，他就繼承王位了。我最後一次走訪泰國是二〇一七年八月，新泰皇的畫像隨處可見，包含機場行李輸送帶、政府大廈以及路旁看板都有國王的玉照，整個氣氛讓人覺得比較像是到了古巴。我在街上試著向路人詢問他們對新國王的意見，但是大家都三緘其口。這不難理解，軍政府向來積極起訴「污辱泰皇罪」的嫌犯。這種起訴，一方面是政府用來打壓的工具，例如有一位社運人士在自己的臉書上貼了一則英國廣播公司介紹新泰皇生平的影片連結，就遭到判刑入監兩年半；另一方面也是因為軍政府對自己的統治合法性極度缺乏安全感。一位澳洲作家在自行出版、賣不到十本的小說當中，加入了一個段落敘述虛構的皇室生活，他因此在機場被逮捕，關入監獄直到他獲得赦免。

二〇一七年夏天，我在紐約市公園欣賞由公共劇院製作的《莎翁劇場》。劇中重新編入了凱撒大帝的橋段，演繹著一段運用非民主手段來拯救民主是如何不可行的道德傳說故事。這齣舞台劇很棒，展現了公共劇院一貫的良好品質（公共劇院也製作《漢彌爾頓》這齣舞台劇）。然而泰國的精彩故事，應該是更貼近現代的道德戲碼。我們看到，民主之死並不一定都是立意良善下的意外（這點和公園裡上演的莎士比亞完全不同）。在不少案例中，民主之死是「選擇後的結果」，而且是進退兩難抉擇後的結果。就如同泰國的狀況，人們寧願選擇由皇室和軍隊治理，也不願意讓塔克辛和他的裙帶關係掌權。二〇一七年我走訪泰國時，在曼谷許多與我交談的中產階級，還是認為這是正確的選擇。泰國人仍享有很大的個人自由空間，政府運作也不錯，人們甚至不怕公開評論政治（泰國皇室除外）。無論如何，這都是令人陷入兩難的選擇。

在泰國的政治傳奇故事中，我說明了政府是如何、而不是為什麼衰敗。若想繼續探究，我們必須先了解「政局不穩」的組成因素。下一章的重點將著眼基本面向：泰國的中產階級、紅衫軍以及那些多年不投票卻出來支持脫歐的英國選民，為何在政治冷感多年後，會突然挺身而出？

第二章
列寧嚇一跳：庶民百姓為何參與政治

如同希臘羅馬神話中，噬子的農業之神薩頓一樣，革命的產物也被革命運動本身反噬。

——皮耶．維爾尼奧德（Pierre Vergniaud）

被香檳擊敗的社會主義者

經過一番辛苦奮鬥，眼看著勝利的果實已經在望，這時贏家或許會想要炫耀一番。列寧所領導的布爾什維克黨十月革命期間，起義者在聖彼得堡佔領了火車站、電廠、電信交換中心、橋樑及主要政府部門，即將攻入冬宮，也就是政府執政中心所在地。冬宮的防守部隊主要是由女性組成（有點難想像），號稱「女力敢死隊」（風格很像電影《飢餓遊戲》），另外加上一些軍校生。列寧的左右手托洛斯基認為根本別花力氣攻打政府所在地冬宮，專心處理國政就好。可是列寧很想在史書上留下一個革命高潮事件，劇情有點像這樣：只待燈籠高舉這個信號出現（當然是紅色燈籠），軍艦、火砲、地面部隊立即協同進攻，然後在中午時分舉行全國勞動者大會，正式宣布革命勝利的佳音。

不幸的是，事與願違。一開始海軍軍艦就嚴重大遲到，然後又發現彼得保羅碉堡內的火砲是裝飾品，只能發射整點報時的空包彈。革命黨派人四處尋找可用的砲，好不容易新砲就位，搬到碉堡城牆上，卻沒有彈藥，最後勉強找到一些砲彈搬上城牆。總算是來到高舉紅燈籠的時刻，問題是，燈籠在誰手上？革命黨人只好再派人去找燈籠，他還迷路。等他終於拿了個燈籠回來後，卻不是紅色的，而且現場的革命黨人也找不到工具能把燈籠掛在旗桿上，如國旗般升起。拖延了這麼久，政府的重要部長早就駕著一輛從美國大使館取得的雷諾轎車從容逃離冬宮。此時早已過中很久了，布爾什維克黨起義人士決定將全國大會開幕式往後延。到了下午三點鐘，列寧在一個地區性的勞動委員會中宣布：成功推翻政府！但實際上，攻擊都還沒展開。

等攻擊正式展開，冬宮立刻兵敗如山倒，政府的抵禦力量只是做做樣子。布爾什維克黨發現部長級官員都躲在馬拉奇特廳（Malachite Room），馬上破門而入。只見內政部長站出來，把一封來自烏克蘭政府的官方電報交給革命黨人，然後淡淡地說：「這是昨天收到的，現在由你們負責處理了。」

革命下的美酒

從某方面來看，布爾什維克黨人其實被設局引誘了。根據第一個進入現場的記者描述，布爾什維克黨衝進宮殿時，只見地板上滿是貼著昂貴法文標籤的空酒瓶。當年沙皇版圖疆界極廣，從芬蘭直到西伯利亞。帝俄時期全國財富絕大部分掌握在極少數的菁英手裡——歷史學家理查．派波斯（Richard Pipes）估計約只一千戶。俄國貴族錢多到沒地方花，所以變本加厲揮金如土。例如有個貴族擁有八百名僕人，其中十二人專門照顧他的眾多私生子女。沙皇本身則擁有號稱史上最強名酒收藏，帝俄時期有時候一年購買的香檳，遠超過法國年度生產量。最有名的案例是一位沙皇的近親，以兩萬純金法郎購買一桶酒——收成於一八四七年，由法國波爾多地區的名莊「滴金酒莊」（Chateau d'Yquem）所釀造的（這也是沙皇最愛的收成年份）。這筆錢可能花得挺值得：一九八〇年代，品酒師麥可．布洛班特（Michael Broadbent）品嘗了這款酒，做出下列評論：濃度、香醇口感令人驚艷震懾，風味殊妙絕頂，入喉餘韻難以形容，完美酒香，是高腳杯中物的華麗進化。

布爾什維克黨人發現酒窖之後，列寧精心策畫的攻擊馬上瓦解，變成失控的同樂會。他們解放了酒窖中的名酒，在冬宮附近遍地亂走，狂飲歡慶，看到貌似富人的就加以痛毆。有位布爾什維克黨領袖被誤認為資產階級，驚險地逃脫被布爾什維克黨成員集體凌遲的命運，所付出的代價是他的毛皮外套。布爾什維克黨的領袖們指派一個人負責看守酒窖，結果看守的人一下子就醉得不醒人事。

精銳的波列爾布拉詹斯基軍團（Preobrazehensky）被調來恢復秩序，沒想到他們恢復的是喝到飽盛宴。接著進駐的帕夫洛夫斯基軍團（Pavlovsky）也一同加入狂歡。布爾什維克黨人又從不同的部隊召來一批精選成員，希望他們互相監督，結果這群人卻找到了共同的嗜好：酒精。裝甲車也出動前去驅散群眾，但車上的成員也順理成章的加入派對。

有好幾個禮拜，只要長官稍微不注意，大家就就生龍活虎開派對飲酒狂歡。光是在十一月四號當晚，距離冬宮幾步之遙的聖彼得堡警察局，其中一個轄區就有一百八十二人因為酒醉遭到逮捕。絕望的布爾什維克黨領導人派軍隊將酒灑在街上，但行動被迫中斷，因為此舉反而吸引了大批想從水溝撈酒喝的群眾。布爾什維克黨貼出了恐嚇性的公告，但使用的文字卻帶著稚氣（當時的布爾什維克黨才剛剛開始學習恐怖統治，後來手段愈來愈純熟）。其中一個公告說所有的藏酒「將在此命令公布兩小時後全部炸毀，記好喔，開炸前我們不會提供任何事前警告了！」儘管如此，群眾視而不見繼續狂歡。蘇聯官方的記載表示，布爾什維克黨在狂歡暢飲的區域實施戒嚴，並派遣軍人把酒桶集中、搬離、銷燬。可是目擊者指出，集體飲酒作樂的場景，斷斷續續持續了將近兩個月之久，直到沙皇大量的藏酒被喝完為止。

這一段如喜歌劇似的俄國革命高潮，也不必作過度的解讀，畢竟大家早已淡忘了這段歷史。在列寧掌權三周年紀念日上，安排了一萬名演員在現場重演這段戲碼。這一次的表演因為是事先安排好，所以海軍沒有遲到，紅燈籠的顏色對了，所有的槍砲都準時響起，有十萬名群眾觀賞這場精彩的演出。又過了十年，俄國電影傳奇導演謝爾蓋・艾森斯坦（Sergei Eisenstein）在電影《十月：震撼世界的十天》中也重新塑造這段歷史，當然也是經過事前精心安排。這部片拍得太好了，甚至在數十年之後美國的教科書中擷取片中劇照，並且誤植為「真正革命的照片」。其實，製作該片過程中意外喪生的人數，比真正布爾什維克黨解放冬宮時還多。

先不管這段革命的爛結尾，俄國革命本身確實是偉大的政治動員——尤其是考量到要說服大批庶民投入政治，是多難的一件事。

論群眾的弱點

假設我們把「現況」想成是一個人，那他肯定有個容易讓人淡忘的菜市場名，腳上穿著樸素的實用鞋，帶著一兩個孩子，開著實用不浮誇的轎車。「現況」青少年的時候，做事一板一眼；「現況」成年後，會堅持把三聯單上所有表格填好，每個複寫頁都一再顯示「現況」熱愛現況的決心。「現況」不太受歡迎，可是他也沒讓人不爽到想挺身改變。從來沒有人會癡心妄想要把「現況」變成現實，因為「現況」就只是過去某個時間點出現的，然後一直延續到現在。從來沒有人為了讚揚「現況」而發表偉大的政治演說（至少我不知道）。「現況」是最糟的選項，是沒辦法中的辦法。

比較之下，「改變」可就性感多了。他肯定不修邊幅，騎著摩托車，住在年久失修卻又古意盎然的房子裡，從屋裡往外望去是一片優美的景色。你媽媽可能早就警告過你別亂想「改變成真」，可是你依舊著迷。有人可能會問「改變」說：「你到底想反抗什麼？」，他則語焉不詳的回答說：「反觀你自己呢？」正當「現況」努力想引起他人的注意，「改變」卻總是不費吹灰之力激起人們的熱情。「一個更美好的世界」這種想法足以吸引大家的目光，然而仔細審思的話，每個人對「更美好」的理解都不一樣。「政治變革」最原始的面目——革命——其實是危險至極的。就算是這麼危險的事，似乎也有性的吸引力：切．格瓦拉的經典肖像數十年來一直是學生書房的裝飾品之一，也被稱之為「全球最有名的照片」。

許多年前，政治風險顧問公司「政治風險服務」的分析師審視了該公司長期保留的大量地緣政治預測紀錄，結果發現，他們對於未來半年哪個政府會掌權的預測，成功率高達百分之九十。他們冷冰冰地指出，如果只要簡單預測「保持不變」，那麼他們的預測準確率可以再提高五個百分點。即使在今天，政治現狀還是很難打破，連政治分析老手都沒想到政治現狀能維持這麼久。這又是為什麼？

「群眾弱點」能解釋什麼？

「現況」如此堅強的部分原因是，即使當前的政府超級不得民心，但想說服庶民投入政治運動，還是困難重重。一九六〇年代中期，經濟學家曼克爾．歐爾森（Mancur Olson）對這個現象做出了精闢的解讀。假設有大批民眾受到同一個問題所困擾，例如俄國工人想要推翻沙皇這個只會浪費國家稅收來增加私人名酒收藏的人。工人有數量優勢，大家可能認為工人會成功。不過，這群人面臨「搭便車」問題：挺身參與反抗沙皇政治運動的工人，必須承擔一切：時間、精力和風險；而一旦沙皇被推翻，所有的工人都能享受政府倒台之後的好處。為了避開風險，最明智的選擇就是「搭便車」。有這樣的認知，誰還會自願衝入冬宮？肯定是沒有。

搭便車的問題容易讓大規模群眾反抗運動提早熄火。因為基本上每個人都想搭便車，除了少數的瘋子。問題並不在於，人民都是軟弱的羊咩咩（像我在導論中說的）。相反地，人民都懂得為自己思考，而且都知道任何大型政治運動都很可能在還沒開始就提前崩解，所以他們當然不想加入。這就是「群眾的弱點」。尋常百姓因為不能一起合作，所以他們就變得怠於參與政治。日常生活中每一場政治活動，無論是示威還是罷工抗議，都受到這個現象的影響。若在喜歡用武力對付自己人民的極權國家裡，更難客服「群眾弱點」。

當然，職業軍人因為有拿薪水，所以必須率先衝皇宮。如果任務沒成功，他們常會面臨陣前脫逃或叛變的罪名而受罰。沒錯，要客服搭便車的問題，主要的方法是「恩威並濟」。公司企業付薪水給員工讓他們遵守指令，勞動工會提供福利給會員並推動「只雇用工會員工（closed shop，或稱封閉工廠）」的規則，等於強制所有勞工加入工會。在這樣的情況下，任何想搭便車的人，工會可以讓他沒有工作。（有趣的是，歐爾森提到，針對工會成員所做的調查顯示，大部分人支持「只雇用工會員工」的封閉工廠形式。人都不喜歡被強迫，可是在工會的這個案例中，會員都理解，若工會可以解決搭便車的問題並強迫大家一起抗爭，那麼工會就能更有力量。大企業也明白這個道理，因此傾向遊說立法者，排除「只雇用工會員工」的規則。）

革命運動通常比較難找到像「只雇用工會員工」如此有效的工具。不過革命份子一直在尋找。例如越戰期間共黨想要透過把沒收的土地重新分配給農民，來徵召新血加入抗爭——這是出自實務的考量，而非意識形態，因為在共產主義統治下，私有資產應該是要廢除的。在祕魯，光明之路游擊隊（Shining Path）也採取類似手段，付給召募來的新血僅夠維生的薪資，免除他們的債務，將地主的資產重新分配給村民。在天然資源豐富的國家，抗爭運動的財源常常來自搶奪、重新分配石油或鑽石等資源（也因此出現了「血鑽石」這種稱呼）。或者像我們上一章看到的泰國，政治運動有富豪在背後撐腰，參與者通常會獲得經濟利益，這也是為何有錢人比較容易在政治上取得優勢的原因。

對那些毫無資源的政治團體來說，「群眾弱點」意味著小型組織在政治運作上可能會違反常理的擁有許多政治優勢。在小圈圈裡，每個人的行動都會產生可見的力量，一小群朋友結夥加入革命策劃，其中任何一個成員都可能會想：如果我不努力，會被同志發現，然後大家都會怠惰下來了。因此在小團體中比較容易辨認出搭便車的成員，並將他們剔除。接下來我們會看到，列寧有很多革命行動都是發生在小團體中。

「群眾弱點」這個原因也解釋了：立法的主要工作通常都是在小型的委員會裡面完成，而不是由整個立法單位進行。這也是為什麼農夫們通常與有力的遊說團體關係密切，但食用農作物的數億消費者卻沒有這樣的管道。這也說明了政治現況總是很難推翻，就算當前政府極其惹人厭，也是一樣的狀況。在專制的俄國，「群眾弱點」讓大型抗爭成不了氣候。可能列寧直覺上體認到這點，因此他革命的中心理論是用小型部隊打先鋒，將原本毫無民意支持的革命帶向人民。

然而，後來俄國發生的事，和列寧想的並不一樣。

尤里雅諾夫（Ulyanovs）家族的憤怒

帶領群眾與現有體制抗爭的偉大領袖們，都有一絲不苟的傾向。列寧的一絲不苟更是無人能出其右：書桌必須整理的完美無瑕，每天坐下辦公前，先用雞毛撢子把書桌清一清；他削鉛筆一定要削到讓他寫出來的字像是纖細的線縫製而成；如果家族成員鈕扣沒扣好，他必破口大罵；他的字跡工整，書架上的書依照字母順序排列。若收到的信件在信紙下方還有空白，他會用剪刀剪下，日後繼續用（他曾用這些空白小紙張詳載他的開支）。夜深了，列寧會關掉革命夥伴貼心為他所留的小燈。他工作時，周遭必須寂靜無聲。列寧的妻子曾說過，他在書房會躡手躡腳走路，深怕腳步聲打亂自己的思緒。簡單來說，列寧是注重小細節的人物，他也是一位正統路線出身的知識份子。

列寧演講時，會擺出校長般的氣勢，又難掩侷促不安的動作，像是抓抓夾克的翻領、把大拇指塞進腋下、用腳跟敲打出有韻律的節拍等。在早期，列寧有時會戴上偽裝的假髮，也因此養成了不斷摸頭的習慣以確定假髮是否安在。列寧跟他父親一樣，無法正確發出彈舌音；在他的演講和文章流露出學術論文作家的風格，例如：「革命階層所採取的革命方法中，無產階級與半無產階級將會以勝利之姿順利貫徹執行。」他是個百分之百的學究，流亡時還帶著五百磅（約兩百二十七公斤）的鍾愛書籍隨行。身邊雖有政治的驚濤駭浪，他依舊持續寫出尖銳的意見反駁歐洲的政治理論家。

向上爬的中產階級

事實上，列寧並非出身於馬克斯主義者所說的「無產階級」（主要是勞工階級）。他本姓尤里雅諾夫，列寧只是筆名，家族過去曾晉升俄羅斯的士紳階層，主要原因是列寧的父親在俄羅斯教育體制中的傑出貢獻。列寧小時後家裡還有傭人，包括廚師和保母。尤里雅諾夫家族成員都說著一口流利的法文，還很愛現地在日常對話中夾雜著外語。家族擁有一個鄉村莊園，由四十多名農民負責照顧。尤理雅諾夫家族是一個俄羅斯家庭在俄羅斯社會中努力往上爬的典型例子。

一八八六年，大事不妙了，列寧的父親無預警被迫從備受尊崇的公職退休，幾個月後便撒手人寰。這證明了尤里雅諾夫家族享有的成功是多麼的脆弱。他們把一半的房子出租給寄宿者，當年夏天他們首度無法到鄉村莊園度假。列寧開始叛逆，不再順從母親。他在聖彼得堡大學念書的哥哥亞歷山大也開始叛逆，而且是非常叛逆，常常連續好幾天什麼事都不幹，只在房間內踱步。不久後他參與密謀暗殺沙皇；祕密警察掌握了這個暗殺計畫。這起計畫頗具規模，不僅僅是列寧的哥哥參與，還有許多學生也加入，最後共有將近七十二名學生遭到逮捕。在當時，俄羅斯的大學校園是政治抗爭的孕育溫床。

列寧的母親個子嬌小卻不是省油的燈，她棄而不捨寫信請願，請求當局寬宥她兒子。她的家族中（那座莊園就是從她家族那繼承而來）有幾個成員是政府高層，列寧的母親也因此有申訴的管道。由於她的不屈不撓，連沙皇也對她做出些許讓步，在她請願信的留白處草草寫著核准她到監獄探視亞歷山大。不幸的是，調查顯示亞歷山大是這群青年密謀抗爭中的主謀——炸彈就是他製造的。在他母親奔走求助下，亞歷山大原本還有獲輕判的可能，可是他卻在自己的審判中，發表一席正氣凜然的演說，而沒有低聲下氣請求庭上原諒。於是在一八八七年五月八日，他與其他四名共謀者被處以絞刑。

亞歷山大事件僅是尤里雅諾夫家族走下坡的開端。沒多久，列寧的家族開始受到社會的排擠。在亞歷山大處死的兩天後，《省級時報》出了一輯特刊，全刊內容主要詳述細數亞歷山大的罪行。政府也開始在西姆柏爾斯克（Simbirsk）全省的公開場合懸掛海報，亞歷山大的罪行。果然，列寧的同學（可能是看到列寧無辜的姊姊也遭祕密警察逮捕而心生恐懼）都不想跟他往來。列寧則是無動於衷。他的一位老師寫道：「我實在不得不出來說幾句話，說列寧太沉默了。」從那個時候起，列寧就展露他令人畏懼的決心與意志。他中學畢業時，十個科目的考試成績科科名列前茅，儘管他哥哥就是在他考試期間被處死的。

尤里雅諾夫家族從此無緣晉身俄羅斯上流社會。列寧顯然對於這樣的命運感到憤怒。他之後跟一位朋友說：「我十六歲那年（父親過世時）就放棄信仰宗教。」列寧也不生他哥哥的氣。他的一位老師記得列寧曾說過：「……吾兄他不得不這麼做，他不可能會有其他的做法。」

換身份，也換腦袋：成為革命者之路

列寧的母親決定安排一次重要的出遊，帶著全家人重回鄉村莊園。結果，亞歷山大留下來的革命社會主義叢書，全部被列寧接收，這些書籍肯定是孕育「危險思想」的溫床。在那之前，列寧並沒有走向極端政治的傾向。不過，事情即將產生變化。列寧在他哥哥遺留的書籍當中挑出一本禁書，尼柯雷·成尼胥斯基（Nikolay Chernyshevsky）寫的《怎麼辦？》。列寧後來跟一位革命同志提到：「這本書徹底改變了我。這是一本改變人一生的書。」光是在那個夏天，列寧就把這本書讀了五遍。

從當代的角度看來，《怎麼辦？》是一本怪書。努力堅持讀下去的讀者會發現，作者用類似密碼的方式包裝內容。作者是社會主義者，在坐牢期間寫完此書，他知道在獄中不可能寫出心裡的話，他必須透過小說的方式隱藏他所要傳達的訊息。因此，這本以社會主義份子革命為主題的小說，完全以寓言的寫作手法呈現，其中包括一幕接著一幕的夢境。作者在文中也不忘偶爾幽讀者一默，故意語帶同情的向讀者預告該書有多糟：「沒錯，我的故事開端就揭露了我對大眾沒什麼好感，我採取了一位小說家會運用的寫作伏筆：先在文章開頭帶出屬於故事中段或結尾的引人場景，然後用一層神秘來籠罩這些場景。」──。該書表面上是愛情故事，內容主軸圍繞著烈士犧牲與挑戰社會傳統，並透過對哲學和文學的旁徵博引來凸顯故事背後的意涵。隨著故事的發展，作者還不忘解釋，他筆下的人物稱不上是角色，而是原型：「我想要刻畫的對象是我所遇過好幾百位正直、平常的新生代百姓。」

只要能夠看得懂書中的密碼（列寧反覆讀過五次，應該有看懂），讀者就會明瞭小說中的原型角色即是未來的革命人士。作品中帶頭的領袖拉科米托夫是一位迷人、自信又認真的人物。他能完全駕馭自己的情緒，就算一堆女人愛慕他，他也能坐懷不亂；他只吃牛排，最愛生牛排；他只讀好書，不喝酒，更積極運動鍛鍊身體。有一次，大概是為了想要表現自己真是一條好漢，他背臥一床鐵釘入睡，結果當然很慘。他過著如此有紀律的生活，是因為他出生貴族家庭，但又必須打造自己成為一名社會主義革命家，為大眾服務。作者點出，只有具備鋼鐵般意志的人，才有辦法堅持個人選擇的命運，而非屈服於命中注定的身分。

年輕的列寧深受此書的啟發。一個貴族憑著堅強的意志讓自己搖身一變成為偉大的革命家，這樣的故事好像就是列寧的縮影。他寄粉絲信給作者，並且從此在皮夾內隨身帶著成尼胥斯基的照片。他開始運動，練習在單槓上做引體向上。史上並無記載列寧是否也吃生牛肉（可能有，因為他後來一直飽受腸胃病之苦）。列寧也跟其他社會主義策動者接觸，其中包括一名惡名昭彰的恐怖主義份子。列寧也曾試著把馬克斯的《共產黨宣言》翻譯成俄文。

就算這所有的行為都只是《怎麼辦？》讀後的一時興起，列寧最終仍究走上了社會主義之路。不過他很快就會發現，這一路上將會遇到不少阻礙。就讀喀山大學才三個月，他就被退學，理由是他參與一場批評教育部長的會議。他很有可能遭受更慘的懲罰，因為沙皇時代的俄國對異議份子毫不留情；可是他的母親提出訴願，宣稱如果列寧能跟姐姐一起在鄉村的莊園生活，監視他們會比較容易（列寧的姊姊當時還受到秘密警察的監視）。列寧的母親在鄉下置產，寄望兒子能當個溫文儒雅的農夫。然事與願違，列寧對當農夫一點興趣也沒有。

列寧下一步的計畫是，想以函授課程的方式選讀法律，可是他的申請遭到拒絕。他的母親再度採取行動，直接上書教育部，信裡寫道：「眼見我兒虛擲人生的黃金時代，直叫我心如刀割。」列寧因而獲准參加聖彼得大學的法律學考試，且順利通過。後來短暫做了執業律師一陣子，又隻身前往聖彼得堡，打算專心從事社會運動。不幸的是，列寧的手段不夠高明，另一方面他也受到哥哥「盛名」的拖累。一八九五年他遭秘密警察逮捕，罪名是煽動工人抗議。奇怪的是，坐牢反而讓他心情愉悅，這可能是因為列寧覺得未來終於確定了：既然無法促進社會進步，那就當個反叛者吧。在監獄裡，他寫信跟姐姐說「其實現在的狀況比俄羅斯帝國內其他的百姓來的好，因為我不再有被逮捕的恐懼了」。入獄約一年後，未經過審判，他就面臨流放西伯利亞三年的命運。

列寧的西伯利亞流放，過程出乎意料的符合人道。這又要感謝他的母親了。列寧的母親上書給政府求情說她的兒子身體欠安，患有肺結核，只有在溫和的氣候中才有活下去的機會。因此列寧（其實他身體很健康）被送往沒那麼冷冽的西伯利亞南方，這個地區，從正面思考的角度而言，向來有「西伯利亞的義大利」之稱。列寧的母親還想陪著他一起流放，但列寧成功說服她不要這樣。有時候，保護孩子過度的母親反而成為孩子的負擔。列寧的女友娜德姿妲・克露斯卡亞（Nadezhda Krupskaya）也因為煽動革命的罪名判處流放，兩人締結連理後，列寧理所當然獲得許可帶著新婚妻子一同踏上流放之旅。在那裡，是列寧自從孩童時代以來首度能夠放輕鬆的時刻，他用比利時製的雙管來福槍打獵，漫步在林中，採集可食用的香菇，還精通溜冰技術（據他老婆所說，他挺愛出風頭，有時會來個西班牙花式滑冰，還有金雞獨立式的招式）。他在給母親的信中寫道，由於常常在戶外活動，現在他一身漂亮的古銅膚色，看上去「簡直就是個西伯利亞人」。他還製作了一本自娛的相簿，裡頭放著兩張他的偶像成尼胥斯基的照片。但列寧把絕大多數的時間花在寫作上。光是一八九九年，他就在聖彼得堡的雜誌出版了五篇書評，還有他的第一本書《俄國資本主義發展史》。

列寧自西伯利亞回來後，再度投身革命志業，馬上又遭到逮捕，而他母親又很快地讓他脫身（根據列寧姊姊的描述，他母親在警察局外的階梯上長住不去）。冒著激怒政府的風險，列寧決定動身前往找他的太太（她的流放刑期未滿）。政府當局已經注意到列寧的母親絕對不是省油的燈，所以同意列寧訪妻之旅的附帶條件是，他母親必須隨行監督，讓他安分。旅行歸途中，列寧決定不想再回到監獄，他選擇逃離俄國，先到蘇黎世、慕尼黑，最後落腳倫敦。

列寧出身於努力打拼、奮發向上的俄國中上階級，然而在父親的驟逝及哥哥做了不顧後果的行為後，列寧這位原本聽話的模範生，一夕之間轉變成為危險的激進份子。他對政府的憤怒日益高漲，以政府為唯一的出氣目標。在聖彼得堡的一場會議中，列寧轉述另一位激進份子的言論表示：「應該整肅全體羅曼諾夫王朝。」

然後有一天，布爾什維克黨的確這麼做了。

工人崛起

錫庸・卡納奇寇夫（Semyon Kanatchikov）於一八七九年出生於一個距離莫斯科不遠、名叫古塞渥（Gusevo）的村莊。卡納奇寇夫的父親是農夫，夏天在田裡工作，冬天則前往莫斯科工作多賺點錢。可是就算再怎麼努力，薪資仍舊難以維持家庭。他總共生了十八個小孩，卻只有三個存活下來。卡納奇寇夫的父親酗酒，一喝醉就毆打妻小，就當時的標準而言，這類的家暴顯然是司空見慣。歷史學歐蘭德・菲吉斯（Orlando Figes）蒐集了許多農村民間俗話，其中不少和家暴有關，例如「打老婆打得愈兇，她煮的湯才會更好喝」、「把老婆當皮毛大衣打，耳根才會清淨」。

卡納奇寇夫受夠了這一切，十六歲時，他離開家鄉前往城市成為工廠勞工。「我想逃離單調乏味的鄉村生活，以及父親的威權。」他的父親似乎也了解兒子的心思，於是駕著灰馬拖著家中的馬車，把兒子載到莫斯科。

其實我們不必怪罪最後一任沙皇當時怎麼沒預防像卡納奇寇夫這樣的工人會群起反抗。在一九〇〇年，俄國的工廠勞工只佔了總人口的百分之二，與地主仕紳人口差不多——根本算不上什麼龐大族群。再考量這群勞工一貧如洗，他們幾乎無法造成任何威脅。此外，從俄國政府的觀點思考，這些工廠勞工不過就是農民（官方仍舊把他們歸類為農民）。因此這群勞工會推翻政府的想法，在當時看來真是無稽之談。

俄國的勞工日子真的很苦。以聖彼得堡為例，一個沒有一技之長的工人能賺到的最高工資，大約是日薪一盧布（折合約現值十元美金，或每年三千元美金）。如此卑微的收入，生活品質當然好不到哪裡。聖彼得堡公寓每個房間平均住了六個人，至少有十六個人擠在這間公寓裡。卡納奇寇夫抵達莫斯科時，所過的生活比上述的平均情況還糟糕。他每周只賺兩盧布，在一間油漆店從早上七點工作到晚上六點。卡納奇寇夫與其他十五個工人一同擠在一間公寓，根據他的描述，這間公寓「骯髒、悶臭，床上到處是蝨子和跳蚤，還瀰漫著強烈的體臭味」，他那已經夠小的折疊床還得跟另外一個人分睡。

薪資與智識的提升

然而這些湧進城市的工人，不見得認為自己是社會中的魯蛇。大量的農民繼續進城做粗工。一八七九到一九一七年之間，聖彼得堡的人口增加近兩倍，這群住在城市的農民，就某些方面看來，其實也是精英份子。移居到聖彼得堡的居民，有超過百分之五十來自俄國其他九個邊疆區，奇怪的是這些地區距離首都都有一段不短的距離。這群外地移民一旦抵達聖彼得堡，並沒有陷入自怨自艾的泥淖，反而是把握住每個自我提升的機會。如果他們成功，就會得到獎勵。德國公司西門子營運的金屬廠房，其薪資表顯示，如果工人晉升至技術類的最高階級，他們的加薪程度會達到四倍之多。因此許多工人想要受教育，也確實如願以償：一八九七年，聖彼得堡有百分之七十五的男性勞工和百分之四十一的女性勞工，已脫離目不識丁的行列，相形之下全國識字率約百分之二十。到了一九一八年，已有百分之九十的男性勞工識字。

這些住在城裡、具備基本教育水準的工人，隨著時間的進展開始不認為自己是工人，而是一群新興、獨特的社會階層。像卡納奇寇夫這樣的移民，從開始學習閱讀到最後從油漆店結業，成為一名專業的模板製造師（製作鑄造金屬零件的木頭模板）。他的薪資每日提升至零點五盧布，然後又升至每天將近一盧布。他回想起自己終於出頭天時，興奮難以掩飾：「當時我一派年輕的城市金屬製造工人裝扮，能夠自給自足，且不受伏特加的摧殘。」（當時城市的流行時尚是光面靴子，往下反摺時會有許多皺褶。）除了新服飾，卡納奇寇夫也汲取新知，到了二十三歲時，他已經讀完馬克斯主義的第一輯《資本論》。

大多數俄國工人首度接觸馬克斯主義，是透過一些性格開放的大學生。這些學生迫切的想要散播社會主義訊息（如同先前提到的，大學是醞釀政治抗爭的溫床），學生試圖以社會主義作為召募工人的吸引主軸。只不過十年前，也有人嘗試過將社會主義思想傳播給農民，結果是大慘敗（猶如拿著一把青豆往牆壁丟，社會主義讓農民反彈），因此當時不少人對學生傳遞社會主義的行動並未抱持太大的希望。不料，工人的反應令學生們大吃一驚。因為有技在身的勞工能享受薪資提升所帶來的好處，同時他們也渴望接受教育。因此，當學生們宣布將組成讀書會時，工人熱烈的反應有時讓學生難以招架。知識階層的社會運動份子（包括列寧）注意到學生們已經找到了群眾，於是也開始創辦或加入工人的組織。更早的時候，約在一八九一年，聖彼得堡已有大概五十個活躍的工人組織，成員好幾百人。工人卡納奇寇夫也在當時從莫斯科搬到聖彼得堡，並參加了其中一個組織。社會運動份子對於學生的做法驚喜不已，因為絕大多數工人一天工作十或十一個小時，每周工作六天，但工人依舊熱烈配合社會主義者所安排的時間。「地下大學」的設立也為幾位前景看好的社會主義領導人物提供高等教育。這種社會主義的推廣形態大受歡迎，叫好又叫座的程度，讓主辦者到後來想關掉大學，將重心擺在政治宣傳上時，還引發工人的抗議。

除了讀寫、算數和歷史，學生也教授社會主義思想。起初，學生大力宣揚的政治訊息，並沒有受到工人的青睞。工人們充滿了抱負，剛學會識字的工人大量閱讀像是《彼德堡報》的日報，這類報紙有專欄提供讀者時尚、禮儀方面的訊息，還穿插名人的報導。卡納奇寇夫所購買的第一本書是《不用花錢也能自學跳舞和儀態》。另外，文化的衝擊也阻礙了社會主義的傳播。卡納奇寇夫回憶起前往知識份子家中參加秘密會議的情景：

「擺在我們眼前的是茶飲以及各式各樣沒看過的點心，我們連碰都不敢碰，就怕會鬧笑話。有人會問我們是否在讀馬克斯的書，我們若一時不知所措脫口而出自己的愚蠢想法，那些知識份子就以高人一等的姿態勉予認同。」

戰勝「群眾弱點」

不過社會主義主辦者則持續不斷的努力。他們最開始都是透過簡單的故事、歌曲和漫畫，傳播蘊含其中的馬克斯思想。例如《四兄弟》是一個充滿社會主義意涵的童話故事，與一般童話故事的鋪陳差不多，內容是有關住在幽暗森林深處四個兄弟的故事。每個兄弟都深受現狀的荼毒而以悲劇收場，分別被貴族地主、軍隊、工廠主人還有教堂給幹掉。在《戈比傳奇》中，一位農夫遺失了一戈比（一盧布的百分之一），每次當他試著找回遺失的戈比時，他掉的不僅只是原來的戈比，甚至損失更多的個人財產，例如，他獵了一頭熊然後把熊皮獻給商賈，結果才發現人家原本要的是狼皮，這個農夫雖然換得一戈比，卻必須用自己的褲子做為填補價差的代價。（其實，就算是在今天，我們報完稅之後的感覺，就像《戈比傳奇》這個故事一樣。）

沙皇手下負責審查馬克斯《資本論》的審查員提出的意見表示：「可以肯定，俄國會閱讀這本書的人不多，讀得懂的更少。」因此批准這本書在市面上販售。這名審查員的邏輯基本是對的，可是他預言錯誤：《資本論》首刷三千本在一年內銷售一空，當年度另有一千八百七十二種書籍出版（在俄國的銷售率，超過《資本論》作者祖國德國銷售量的十五倍）。馬克斯的著作當然沒有預見革命會在俄國這種地主與農民的封建國度裡發生。相反的，馬克斯原本寄望共產主義革命的號角，會先在工業化的資本主義英國響起。但奇怪的是，正因為「馬克斯觀點」與「俄國經濟狀況」之間相差太遠，這樣反而吸引了俄國讀者。馬克斯這本《資本論》最大的吸引力在於，書中不是關於農民，而是關於都會勞工——未來能在革命中勝出的是都會勞工。這正是卡納奇寇夫那種努力提升自我的遷居者，所渴望達到的境地。一八九〇年代末期印製的馬克斯主義手冊中，有段劃線的重點：俄國正在工業化，所以農民將消失，工人會崛起。詭異的是，馬克斯的作品被視為勵志文學。沒多久平凡的俄國工人開始關切很多主題，甚至連那些受過大學教育的工人指導者，自己也不太懂這些主題。一名社會主義活動的主辦者說，工人想尋求的只有一個：「他們腦中問題的答案；他們熱切地、近乎自虐地尋找著答案；有時不惜犧牲自己微薄的薪水，換取一本好書。」

這群平凡的俄國人民，開始奇蹟式地克服「群眾弱點」。一九〇五年一月，十二萬工人走上聖彼得堡街頭示威抗議——這還稱不上是革命運動，至少一開頭還不是。遊行示威的工人手舉畫有沙皇畫像的布條，口中唱著歌曲，曲目包括〈天佑沙皇〉。能確定的是，這群工人確實有政治請求，但是這些請求是用卑躬屈膝到讓人感動的方式表達，像是「我們這群住在聖彼得堡的工人，向您，陛下大人，朝拜，向您尋求正義與保護。」

手無寸鐵的示威工人往冬宮前進時，迎接他們的是大陣仗的政府騎兵，打算用恫嚇的方式驅散群眾。示威者不為所動。於是軍隊在近距離向群眾射擊，造成四十個人喪生。令人咋舌的是，遊行群眾並沒有放棄請願，反而持續往冬宮前進。當士兵們各就各位，手無寸鐵的示威者於是停止前進並跪下，這是哀求的姿勢。然此時號角響起，士兵竟向大批群眾開火，不但使用來福槍，還有大砲。結果約有兩百人喪生。

這場血腥鎮壓讓事情起了轉折，而且不是下令屠殺的始作俑者所希望看到的改變。一位工人說：「我觀察到身邊同伴不但毫無害怕或焦慮的表情，相反的，對立，甚至是仇恨，取代了同伴們原本肅穆、近幾虔敬的神色。」大屠殺的這天被稱為「血腥星期日」。另一個參加遊行的工人說：「我為『血腥星期日』付出極大的代價，我從那天再度重生，不再是鄉愿的好好先生，而是變成一個滿腔怨恨的人，準備作戰而且志在必勝。」

在「血腥星期日」之前，工人純粹只是針對工作環境條件而發起罷工遊行，但在這一天之後，他們的抗爭矛頭鎖定政府。示威抗議開始蔓延，甚至影響到一艘名為波特姆金（Potemkin）的俄國戰艦，全船水手叛變，最後向羅馬尼亞投誠。沙皇意志堅定不為所動，決定鎮壓反抗活動。港都奧德薩（在這裡，海軍加入工人罷工的陣營）當局使用武力意圖解決罷工抗議，造成近兩千人死亡。到了這個時候，仍舊沒有工人放棄抗爭。騷動難平的民怨在一九〇五年九月開始轉型為天天都罷工，聖彼得堡和莫斯科的商業活動全部停歇，甚至連整個國家鐵路網絡也幾乎全部停擺。工人們的組織能力日趨強化，工人所成立的臨時委員會專事管理日常罷工。工人稱這些委員會為「蘇維埃」（Soviets），也就是俄文的「議會」，一個之後在歷史上不斷會聽到的詞彙。

沙皇尼古拉二世是一名老派紳士，他認為血腥鎮壓足以匡正亂世，根本沒有必要聆聽平民百姓的訴求。不過，許多沙皇身邊的策士抱持反對意見。他們擔心如果再一次採取強硬手段，情況就會一發不可收拾。畢竟，局勢後來演變成天天罷工，部分原因是工人對先前血腥鎮壓的反彈。沙皇的總理提出一個替代方案，也就是政府發出宣言，表示會盡量配合罷工工人的主要訴求。這項宣言包括創立選舉制的國會（Duma）。

宣言公布後，罷工馬上平息。這給了沙皇一個喘息的窗口，讓他有機會執行他一直想要的鎮壓手段。於是政府展開大型逮捕行動，在一九〇六年到〇九年間，約有兩千人入獄成為政治犯並被判處死刑。莫斯科發生了工人動亂，結果政府竟用大砲摧毀工人的住所。沙皇對於社會秩序的恢復感到高興，他稱讚一名軍隊指揮官「幹得漂亮！」因為這個指揮官的部隊，專門對付手無寸鐵的平民百姓！

論群眾的力量

儘管「群眾弱點」存在，是何種力量讓愈來愈多的俄國百姓挺身而出呢？答案肯定是跟政治有關。同情大型抗爭的人士認為，人民之所以起義，是因為他們受夠了悲慘的遭遇，沒有辦法到只好有所行動。而反對群眾運動的人則認為，一般人加入抗爭活動，是因為他們腦筋不夠清楚，甚至是精神不正常。這樣的論爭其實早在古希臘時期就已激烈辯論過，柏拉圖認為人民容易受到魅力領袖的操弄，進而參加大型抗議運動（這也是柏拉圖不信任民主的一個理由）。亞里斯多德對民主制度的態度較為不置可否，他覺得革命始於讓人忍無可忍的不公不義。

在列寧的時代，最具影響力的群眾抗爭理論家是法國作家古斯塔夫．勒龐（Gustave Le Bon）。他反對法國大革命以及巴黎公社，他把抗議暴動歸咎於情緒失控的群眾。勒龐認為，群眾中的人們基本上就是放大的單一個體，沒有效率又不正常，缺乏思考邏輯又沒有本錢喝醉。勒龐對群眾沒有好感，他寫道：「人們聚集形成一個具有組織性的群眾，光是這點就能讓一個人在文明進展的階梯中降低好幾個層次。」當列寧閱讀勒龐的作品時，他當然有自己不同的見解，他想知道的是，如何可以靠自己的力量蠱惑群眾。這個情況有點類似今天的經濟學學生，把暢銷作家麥可．路易斯（Michael Lewis）所著作的《老千騙局》（Liar's Poker）解讀為一本如何投資成功的手冊。

列寧本人也是一位熱衷於馬克斯主義的學生，而馬克斯認為，當某個社會階層崛起後形成強大的影響力，就足以翻轉原有的政治秩序。中產階級的革命，以法國大革命為例，在馬克斯的觀點看來之所以會發生，是因為在封建制度後期，出現了眾多矛盾的狀況，而中產階級受到這些現象影響因此勢力變得比貴族更為壯大。至於共產主義的革命會發生，則是當無產階級變得更有力量、更具組織能力，就足以推翻中產階級。在《共產主義宣言》一書中，當時年紀尚輕的馬克斯寫道：「隨著工業發展，無產階級的人數不僅增加，也更集中地發展成為群眾的規模。在力量相對增加時，無產階級也愈能感受到這股增強的力量。」馬克斯很顯然沒有把群眾弱點考慮進去，不過，他卻有講到一個重點，接下來很快就會介紹。

人為什麼會參與暴動：解釋群眾運動的理論

二十世紀前半期，不穩定的社會局勢襲捲歐洲，包括了列寧主導的革命，還有法西斯主義在德國和義大利興起，此時大規模群眾運動曾經一度令人質疑。而把群眾運動解釋為一種理性失控或是妄想的說法，則大受認同。其中有些說法是源自於心理分析學派中的新興領域，有的則來自於社會學。學者認為，人們跟隨法西斯主義份子是為了滿足潛意識中的心理需求，參與群眾運動的人都是自戀、肛門期還沒過、或者有「隱性的同性戀傾向」。一九五〇年代美國暢銷書《狂熱份子：群眾運動聖經》（The True Believer）認為，有些離群索居的獨行俠，參加激進的社會運動，是因為絕望到急著想找一個歸屬。大規模暴動，用行話來解釋，是病態的，是可比擬為一種腦部的疾病。

到了一九六〇年代，又掀起另一波思維的轉變，人們開始認為暴動很酷。當一群充滿理想、吸引人目光的青年學子走上街頭，抗議種族歧視、性別歧視或抗議越戰，大家都跟著共鳴。坐在校園內的草坪上，學生互相傳遞著大麻捲菸，教授們也深深吸了一口，不久之後這群教授開始意識到：拜託！外面整個世界都瘋了，暴動鬧事的學生才是正常的。此外，透過大規模調查的研究指出，那些掙扎著想要填補空虛心靈的寂寞變態者，並不是最容易參與大型政治運動的族群，反而是那些長袖善舞、社交型的人才是。如果仔細思考這個調查結果，其實還算挺有道理的。

當時還有一批解釋暴動的新理論。那時政治科學的世紀鉅著是泰德．古厄（Ted Gurr）在一九七〇年出版的《人為何暴動》（Why Men Rebel，儘管書名有些過時）。在某程度上，暴動的相關理論主要分為兩派：一種將暴動的起因歸於生活的苦難，另一種則歸咎於心理因素，古厄則將這兩派合而為一。他認為，當一個人的生活條件與自己所預期的相差太遠，就會變得沮喪，因此更易怒，有時候還會轉變成暴力。當很多人在某些時刻同時變得沮喪，就會形成政治暴力。

不過有其他研究證明古厄的理論是有瑕疵的。古厄曾受邀審查一篇論文，該文作者是幾位勇敢的研究人員，他們對參與過抗爭的人進行調查。調查指出，參加暴動的人們對自己的個人情況並沒有不滿，他們只是覺得政治暴力是一個好伎倆，可以讓他們得到自己想要的，況且政府根本不值得信賴。古厄表示，假如這項研究結果能夠受到證實，那他就會修改自己的想法。研究結果很快獲得證實，剛開始是由美國幾項調查種族相關暴動的研究所驗證，然後國際間有關政治動盪的研究結果也指向同樣的結論。學者們的研究結果再三顯示，參與政治動亂的人與其他沒參與的人相較下，其個人艱苦的怨尤感並沒有來的更多。其實激發人們參與政治活動的因素很多，例如一九六〇年代一個針對美國最大規模種族暴動的研究發現，在十項不同的調查中，區別暴動者與非暴動者的最常見因素是：暴動人士認為，整體的美國黑人受到警察的虐待。

漸漸地，這些研究開始勾勒出「大型示威暴動為何發生」的理論框架。原來，那些相信「參與暴亂者都是不理性的瘋子」之說的學者，大部分都錯了。而認為「人們因為對痛苦遭遇忍無可忍才出來抗議」的學者，他們的想法比較接近正確答案，不過還是不太正確。總體來說，我們可以說馬克斯的論述其實是最接近正解。

庶民參與政治的真正原因

迫使平民百姓起身參與政治的主要因素有兩個：第一是學者、理論家總是輕描淡寫的原因，那就是「機會」。**人們基本上會參與政治是因為他們認為自己可以做出改變**，英國脫歐公投就是一個例子。幾乎可以確定的是，脫歐公投裡面有上百萬名以前不投票、這次卻投票支持脫歐的選民，讓他們出門的重要原因是，他們認為手上那張公投票，遠比在一般國會大選投票來得有政治影響力。坦白說他們是對的：公投結果馬上改變了英國的政經走向，這是一般國會大選很少能做到的。在二〇一五年國會大選到二〇一六年英國脫歐公投這段期間，英國並沒有太大的改變；大多數過著苦日子的人大概仍舊繼續受罪；那些瘋子可能仍舊是瘋子。真正改變的是「影響政治的機會」——的確是這樣，如同英國獨立黨黨魁奈吉爾．法拉吉（Nigel Farage）所言：「利用這個千載難逢的機會，告訴政府你的想法。」當然，所謂的「機會」並不是英國脫歐背後的全部因素，但是受到經濟情況很差的影響，「機會」的確是重要的一環。

第二個迫使平民百姓挺身參與政治的因素，便是馬克斯所暗喻的，也就是「人民的力量」（學者將此因素稱為「資源」）。形成人民力量的原因很多，但**賦予人民力量的根本元素當中，最重要的是收入和教育的平均水平**。擁有較多經濟實力和教育程度較高的人，參與政治會比較有效率。因此如同馬克斯所言：「一個崛起的社會階層，能夠帶來深遠的政治改變。」泰國就是典型的例子：崛起的中產階級把民主帶進自己的國家，接下來在迫切想要除掉塔克辛政權之餘，又動手讓民主終結。

在俄國，正是那群崛起的工人開始政治動員；俄國工人會與眾不同，並不是因為他們受苦受難（儘管他們的工作條件很糟糕，但農民更慘，而且農民佔俄國人口絕大多數）。學者李奧波德．漢姆森（Leopold Haimson）仔細審視了發生在俄國的罷工，尤其是相關的統計數據，他發現具備較多專業技能、薪水較優渥、教育程度較好的工人，比較容易發動罷工。

從某個角度來看，「人因為很窮，人因為很不理智，才會參與群眾運動」的見解，基本上根本弄顛倒了。實際上，是有能力、行事有效率的人，才會對政治產生威脅性。但就算在現今，這種說法實在非常不合乎常理，因此時常被忽略。舉例來說，許多有關阿拉伯之春的報導都把焦點放在人們的苦難，像是青年就業問題或腐敗的政府；然而，阿拉伯之春的起始地突尼西亞的經濟卻比周邊地區好，這一點很容易被媒體給忽視掉。所以就生活困苦層面而論，突尼西亞是個例外。在暴亂發生之前十五年的這段期間，突尼西亞的平均收入增加幾乎兩倍。這樣繁盛的經濟，反而是造成人民挺身推翻政府的主要原因。

研究群眾運動心理的學者再三的發現，那些會選擇加入抗議或暴動的人，他們都相信政治運動會帶來效果（讓我們反思對參與暴動者的調查結果：那些參與的人都認為，暴力的動亂會帶來效果）。基本上，人們會想像自己心中期望達成什麼目標、有多大機會可以影響政治、有多少群眾力量可以掌握，然後預測成功的機率。這其實很明顯。可是，理論學家花了數十年不停爭論「革命到底是不是源自於理性失控的、易受操弄的、受壓迫以至於絕望的民眾」。到今天這種爭論還是不斷發生，例如在美國，《狂熱份子：群眾運動聖經》這本書在川普勝選後，於市面上再度大受歡迎。但是這本書的暢銷，其實說明的比較多是買書的人的心理現象，而非川普支持者的心理現象。把那些從不分享個人政治理念而只會盲從的人當作是瘋子，這光是聽起來就很療癒。

原來俄國革命竟源自上流仕紳階級

了解人民的力量後，對於「第一個對俄國政治影響重大的社會運動，其實不是工人發起的」這個事實，就不會感到驚訝了。工人的確是崛起了，不過距人民力量的金字塔尖端還有一段距離。相反的，是一群跟列寧母親很像、不滿政府的俄國上流仕紳階級，他們才是首批發起大規模公民運動的族群。十九世紀初俄國上流階層著手發動改革，他們有錢又有教育水平，因此效率十足。一八六〇年，沙皇對這波革命做出了回應，創建了新的地方政府機構，專門負責教育、基礎建設和健康保健。在鄉村地區，仕紳階級就佔了這個地方政府機構中約四分之三的成員。他們大多不是激進份子，而俄文的「地方政府機構人士」也從此被用來形容那些挺身進行社會改革的人。

一八九六年，地方政府機構的成員為他們的社會運動取名為「全體地方政府機構」，並要求沙皇尼古拉二世設立國民議會。沙皇痛斥此訴求為「愚蠢的白日夢」，宣布「全體地方政府機構」為非法組織，還一意孤行解散了組織內的改革成員。一九〇四年，地方政府機構成員百折不撓，又開始建立一個國民議會，想辦法說服了立場溫和的內政部允許他們在首都聖彼得堡召開一個非正式會議（內政部長輕描淡寫說大家只是一起「喝茶」）。共有一百零三位來自仕紳階級的改革代表們在私人住所和餐廳集會，選出了領導人。在俄國歷史上，這種全國性的政治集會是頭一遭；可與揭開法國大革命序幕的三級會議（Estates General）相比擬。超過五千封的賀電如雪片般飛來，這不僅顯示支持者的熱誠，更凸顯他們雄厚的經濟實力。地方政府機構的成員向沙皇提出更進一步的政治改革訴求，其中再度包括成立國民議會。這一次沙皇並沒有完全拒絕所有的請求或下令逮人，可是他還是拒絕成立議會（也許他根本就不想分享手中的權力）。

「地方政府機構」成員的要求令沙皇感到緊張。地方政府機構的成員雇用了七萬名醫師、教師等專業人士，為他們在地方政府工作。這個由專業人士組成的團體改革起來，比地方政府機構的成員更為激進，而有「第三勢力」之稱。有可能沙皇在閱讀到法國大革命與由老百姓組成的「第三等級」這段歷史時，看到中產階級起義反抗皇室，感到異常緊張。沙皇搞不好也擔心，貴族也會反對自己（貴族在歷史上曾暗殺不得民心的沙皇，到了一九一一年，還曾暗殺掉沙皇的總理）。

如果沙皇有這些顧慮，那他還真是擔錯心了。

二月革命：勞工上場

一九一二年四月四日發生了「列納金礦大屠殺事件」（Lena Goldfield）。位於西伯利亞東部的一處大型金礦，因為公司餐廳提供腐敗的肉食，礦工因此群起罷工，這也是造成波特姆金戰艦叛變的原因（如果餐飲的品質好一點，俄國皇室搞不好還能繼續生存）。除了可以下嚥的食物，工人還要求一天的工作時數由原本的十一小時改為八小時，薪水也要提高百分之三十。

也許因為這起罷工是發生在偏遠的西伯利亞而非首都，礦場管理階層決定武力解決，有一百七十名工人死亡，近四百人受傷。礦場管理階層宣稱是工人先攻擊工廠總部，但後來事實證明，所有死亡或受傷的工人，身體背面或側面幾乎都有傷勢，因此當軍隊開槍時，這些死傷的工人若不是趴著要不然就是在逃跑。

大屠殺的新聞過了些時日才傳到城市。就在屠殺過後約莫十天，聖彼得堡治金工廠的工人放下手邊的工具和工作，藉以表達哀悼和同情之意。才兩天，聖彼得堡就有十萬多名的工人集體罷工。一九一二到一九一四年間，全俄國約有近四分之三的工廠勞工也加入罷工，這種狀況在西歐和美國是前所未見的。很快地，俄國已經走到了回不去的狀態（與俄國大革命相關的事件都已有優質專書記載，請翻閱附註的相關書目關於神祕主義者拉斯普丁事件、政府鬧雙胞、軍官科爾尼洛夫的叛變、沙皇的命運等）。

一九一七年二月二十三日，上千名紡織工廠的女工發動女性示威罷工。當天下午，大多數是男性的十萬名工人也加入她們（到了此時，俄國工人已經極為團結，幾乎必然會為了聲援他人而罷工）。次日約有十五萬名工人走上街頭。再隔一天，整個聖彼得堡的多數勞工都加入罷工，主要工廠都關閉。沙皇慌了手腳，通電部隊指揮官授權他們執行一切「次日平息混亂」的必要手段。第二天早上，整個首都看起來就像是軍事基地，四處設立檢查哨，主要街道也增派警察加強巡邏。

一九一七年二月二十六日，儘管整個聖彼得堡軍事警備森嚴，工人依舊與平民百姓大量聚集，工人與軍人間因對峙導致的血腥衝突，已無法避免。一隊仍在受訓的新兵奉命驅逐示威者，這群軍人不知所措地擊斃了五十人。這群新兵在驚恐中回到了軍營，但指揮官命令他們再度前往市內鎮壓。有些新兵拒絕了，這基本上已是陣前叛亂的行為。

這群新兵霎時間意識到自己已犯下叛亂之罪，再度慌了，此時連指揮官自己也慌了。在混亂中，新兵朝指揮官的背部開槍。新兵們害怕受到報復，於是跑遍聖彼得堡各軍營尋求支持。他們出乎意料發現，許多守備部隊早就徹底叛變，其中很多都把上級幹掉了，既然無法回頭，所以乾脆加入示威抗議民眾的暴動陣營。

軍人和工人站在同一陣線上，奪取了兵工廠。他們也立即發現一款可以和警察以及效忠皇室部隊相抗衡的新武器：軍用車。當時俄國還很少看到車輛，而聖彼得堡幾乎所有的車輛立即被不太會開車的軍人徵用。作家馬克西姆．哥爾基（Maxim Gorky）記載，這些軍人搭著小汽車，他們的刺刀朝天，看來就像是大型刺蝟四處亂跑。

工人和軍人很快攻下聖彼得堡，徹底擊潰警方和皇室死忠派的最後抵抗。「工人代表議會」快速成立，列寧的布爾什維克黨也參與其中（儘管他們與其他社會運動組織如農民黨和軍人代表相較下，只是區區少數）。帶頭的改革者主要是地方政府機構成員，大家共同合作成立臨時委員會。理論上來說，這個委員會是要代為治理國家，直到國家能夠舉辦選舉。工人領袖和地方政府機構成員之間快速地達成協議：塔夫利宮（Tauride Palace）的左側將作為蘇維埃（議會）的所在地，國會（Duma）則設於宮殿的右翼，由地方政府機構和工人領袖一同治理蘇俄。沙皇一開始還想將王位傳給兒子，不過沒有成功。兩名律師受到委任，拿了隨手可得的筆記紙寫下皇室退位的正式文件。俄國皇室的下場可說是頗為可笑。

當時仍在流放的列寧，對整個局勢的發展感到訝異。只不過在大約一個月前，他向幾位瑞士社會主義份子演講時曾說：「老一輩的世代，也許無法親眼看到這場即將發動革命的重要戰役。」但一個月後，當他得知政府已被推翻，他表示：「太令人瞠目結舌了，這一切根本太出乎意料了！」

苦難故事

列寧的確有理由感到驚訝。他與馬克斯都認為，人多的一方就有力量，因此馬克斯最原始的信念是，共產革命會在先進工業社會率先展開，在這樣的社會裡，製造業的勞工人數量最多。列寧迫切想要俄國成為馬克斯主義改革的發源地點，他早期的許多著作中，努力想把馬克斯主義的立論套用在俄國特殊的封建制度中，他因此把農民分為兩類：資本主義者或是勞工。當然，負責重建俄國的社會主義運動人士，包括上流階層改革派和崛起的工人，兩方都沒有數量優勢，不過卻都掌握人民的力量。

為什麼苦日子未必導致群起抗暴

話雖如此，並不是每個經濟情況改善的社會階層都想參與暴動。必須有足夠的理由說服這些新崛起的階層，他們才會採取政治行動。沒錯，所謂「足夠的理由」，是掌握資源的組織用來克服「群眾弱點」的另一辦法。我們姑且稱之為「苦難故事」（學者專家稱之為共同行動架構。）「苦難故事」是群眾暴亂有關的元素之一，而它有時也真的與「苦日子」有關連。可是那些主張「暴動與苦日子有直接關聯」的理論學者，有很多地方都搞錯了。

有項大型研究調查二戰美國軍人的士氣，調查中針對「人是否快樂」這件事，發現了幾個令人費解的結果。舉例來說，駐紮在美國南方的黑人士兵，比駐紮在北方的黑人士兵來得快樂，若考慮「美國南部種族隔離和歧視的狀況比北部糟糕」這個事實，則前述發現恰好與一般人的認知相反。另外一個發現則是，美國憲兵（升遷很慢）對本身工作的滿足感，大於當時陸軍航空隊（升遷很快）。再次超乎常理。為什麼會這樣？研究者解釋，「相對痛苦」才是重點。士兵的快樂與否，最有關連的因素不是「他們自己的處境」，而是「他們比較的對象」。在種族隔離的美南，黑人士兵和那些處境比自己更糟的黑人平民相比之後，就會覺得自己的情況還可以。他們不會與駐紮在北方、且彼此沒什麼聯絡的黑人士兵相互比較。同理，陸航的軍人縱使升遷速度快，但由於他們知道有很多同僚都已晉升了，因此常會覺得自己受到的待遇不公。相反地，憲兵升遷的人少，因此就算自己無法晉升，也不會覺得有什麼地方不合理。

「自己與他人相比有多辛苦」，對一個人的心理狀態會產生很大的影響，這種心理感受也會連帶反應到行為上。最近的研究指出，「相對辛苦感」比較容易引發犯罪、吸毒、酗酒、抽菸、霸凌、曠職與翹課。「相對辛苦感」的效應不是只發生在歐洲人、美國人身上，同樣的效應可以在新加坡人、蒙古、南非黑人和白人、紐西蘭的毛利人等等其他國家文化看見。

最強大的「相對辛苦感」，應該是與自己的過去比較。人們若覺得現況相比於過去要來得更糟糕，就特別容易採取實際行動來應對——無論是出力處理或是找出口發洩。因此，極度貧窮並不是問題核心，個人的期望才是問題。就算人們相對來說生活處境還不錯（就像喪父之後的列寧），如果他們的期盼超過了現況，仍會帶來強烈的心理感受。

上述是人們因為「相對辛苦感」而改變行為的例子。可是許多研究顯示，「相對辛苦感」和「政治參與」這兩者未必有關。這時，就需要「苦難故事」了。若覺得自己很辛苦，這樣可能會讓自己的態度及行為產生改變（開始吸毒、逃學）。可是，**唯有當個人覺得「他所認同的社會族群正在集體受苦」，個人的政治行為才會產生改變**。再回想一下，前面提到有關美國暴動者的研究，參加暴動的美國黑人並不是覺得「自己」受到不公平的待遇，而是覺得警察對「所有的」黑人有嚴重的差別對待。這就是「苦難故事」的意思！對社會特定族群的不公平待遇，就會引起政治活動。研究顯示人們若覺得所屬的社會族群，比其他族群受到較差的待遇，他們就比較有可能參與暴動，故意破壞工作規則，或者支持參加暴動或罷工的同胞。我們可以用站在同一陣線的角度來思考：人們若把自己的苦難與同儕比較，則自己會採取個人行動來改善，例如提出離婚、虐待動物、報名健身房等。而人們若認為自己所屬的社會族群正在受苦受難，就想要成立一個組織，共同做出回應——幾乎百分之百確定是政治回應。一般說來，說服一個具有人民力量的團體採取政治行動，意思就是說服他們相信：他們整體遇上了政治問題，而政治行動可以解決他們的政治問題。

在俄國，首批加入政治動員的工人，就是因為看到自己所屬團體的狀況日益惡化，這點連具有馬克斯思想的主辦人也感到訝異。馬克斯原先認為，勞動者才會出面組織工會。沒想到，俄國首批以有效率方式組織工會的人，是那些相形之下待遇較佳、具有技術的工匠。他們主要來自莫斯科和聖彼得堡，包括裁縫師、木工、列印工、麵包師、木工、珠寶商等。這些工匠所建立的工會，起初的行動極有抱負，像是印製報刊、為會員謀取福利。這群工匠受過教育，技術水準也高，可是因為機械化與工業化使得他們大量失業。例如到了一九〇五年春，六個排版人員當中就有一個失業，部分原因就是機械化排版業的興起。（對於類似布爾什維克黨這種小型的極端社會主義派系，這群工匠也是首先表態支持的一群。）

覺醒世代：身份認同與苦難故事

上述說法，隱含著身分認同的議題。若想要讓一個人相信族群的苦難故事，則他個人必須先認同這個社會族群。對莫斯科的排版人員來說，這點做起來相對容易，因為可以透過其專業來界定社會屬性。但若要將俄國工人歸納為一整個族群，這就難了，這些工人分別在不同的產業工作，也來自不同的地區。試想，一名聖彼得堡的排版人員和卡納奇寇夫那樣在莫斯科工程行工作的勞工，又和在西門子收入豐厚的金屬工人，會有多少相似之處？

然而身分認同的種子已播種。前面說過，這些工人中有很多迫切想要擺脫原本的農民身分。工人運動這時借用了一個社會主義常鼓吹的詞彙，也就是工人「覺醒」（俄文叫做 soznatel'nye）。理論上說來，「覺醒」是工人警覺到資本主義剝削勞工。就實務上而言，「覺醒」意味著改掉農民的習慣（飲酒、打架、無知等）。許多不想再回歸務農的工人，急切地採取了覺醒的行為。一名工廠勞工憶述說：「我們認為覺醒的社會主義份子根本不該喝伏特加……我們譴責吸菸，並用最嚴謹的態度宣傳道德觀。」（沙皇御用秘密警察也因此向全國警察廣發一個看不懂的指令：嚴加監視只喝茶的俄國工人。）

最有效的「苦難故事」會提到，不公不義的事，可以訴諸大型群眾運動來解決。不公不義在這裡指的是，不給工人族群尊嚴。一位在印刷店工作的員工說道：「工人總是抱怨，老闆把我們當機器或是物品對待。管理階層根本不把我們當人看。」聖彼得堡的麵包師傅則抱怨，自己做牛做馬，吃得卻跟狗差不多，所以有必要發起大型政治抗爭。一位在阿斯特拉坎（Astrakhan）的製桶工人說：「我們必須強迫老闆把我們當人看待，我們是有意識的在工作。」另一名工人表示：「最重要的是，現在是俄國工人脫離動物般工作條件的時候了，要大聲向政府嗆聲說工人也是人。」

工人們的確大聲說了。波羅的海（Baltic）工廠的罷工工人以感性、又有點模糊的話語向管理階層要求把他們「當人而非物品對待」。在聖彼得堡的一個工廠，罷工者在所提出的工作條件要求中（像是加薪、縮短工作日程、免費健康照護、吸菸房），有一項很不尋常，那就是 vezhlivoe obrashchenie，大意是「禮貌應對」。廣泛來說，「禮貌應對」意指上級督導對待工人要有禮貌，不可以咆嘯，不可以污辱，不可以肢體虐待。更具體而言，此項要求意味著管理階層必須用俄文的敬語「您」（vyi）來稱呼工人，不可以用非正式的 tyi（通常是用來稱呼小孩子、農民和動物）。這個要求慢慢出現在許多俄國罷工工人所提出的工作條件列表裡。

在當時，光是和社會主義運動份子見面就會招致危險，這些份子就像列寧那樣，特別不幸的還會被秘密警察注意到。有關當局通常是集體逮捕罷工工人。（一位有點天真的工人，向拘禁他的警察表示自己是受到煽動，因為他沒讀過馬克斯的著作，完全不懂政治、經濟。）此外，罷工的俄國工人就像其他國家的罷工者，會面臨「群眾弱點」的挑戰：對任何一個工人來說，繼續上班比較正常，畢竟如果罷工成功了，所有人（包括沒參加罷工的）都一同得利。

覺醒的工人受到不公平待遇的故事，被用來反制那些愛搭順風車的工人。一位在依利茲維特格拉德（Elizavetgrad）工作的工人語帶責備的說：「可恥啊！同胞們！竟然可以在殘暴的武力面前當起走狗，那些相信只要繼續卑躬屈膝就能改善狀況的工人們，真是替你們感到不齒！」另一位在聖彼得堡工作的工人表示：「意識到自身價值的覺醒工人，無法允許任何形式的貶低。」在聖彼得堡一間電纜製造工廠的罷工失敗後，一名工人說道：「我們重新上工的時候，根本不想直視工程師，也不願意看到領班。領班輕蔑的眼神，彷彿我們是一群羊而不是人。」

當然，這些話意味著搭順風車的問題依舊存在，還是有工人決定繼續上班，雖然工人們所凝聚的人民力量足以克服這項挑戰。這些工人有教育背景（這要歸功讀書會），有一技之長，因為收入提高，因此罷工時沒薪水也撐得住，生活不至於太受影響。這群工人有個新的組織身分認同，那就是「覺醒」的工人。他們具備強而有力的「苦難故事」，可以說明他們對政治為何有意見，又為何有必要發動政治運動。有了這些後盾，工人們掀起一波波的罷工潮，最終引發推翻俄國沙皇的二月革命。

這樣的情形，跟流放中的列寧應該沾不上什麼邊。不過他卻想善加利用。

十月革命

沙皇垮台後，列寧火速返回俄國，搭乘的火車抵達聖彼得堡的芬蘭車站（Finland Station）。下車後，他立刻著手醞釀外界支持他接手布爾什維克黨的氣氛。很多社會主義份子的工人支持產業公有化，但共產主義「廢除私有資產」的主張，對大多數人來說太極端。二月革命之前，布爾什維克黨的黨員估計有一萬到兩萬四千名。無論是一萬還是兩萬四千人，這樣的數字與其他反對沙皇的組織相比之下還是勢單力薄。

不過局勢開始變得對列寧有利。到了一九一七年，俄國的經濟如自由落體般迅速惡化。由於正值第一次世界大戰，物品有定量配額管制，平均每戶每週花在排隊購物的時間就將近四十個小時。在經濟危機愈嚴重之際，由愈溫和政黨所組成的政府，民眾對其處理經濟問題的軟弱愈不信任。到了四月份，布爾什維克黨黨已有超過十萬名黨員，與上流階層的改革派勢均力敵，七月時，布爾什維克黨黨員已達二十萬人。

八月底時，發生軍事政變；怪異之處是這場軍事政變有可能是受總理之命。無論軍事政變的起因為何，掌控國會的聯合政府向議會請求協助，列寧的布爾什維克黨對用武力方式達到政權的轉移，早已策劃多月，因此他們有一組武裝的工人待命，這組由紅衛兵領軍的人馬共計約四萬名。這群雜牌軍配備著政府所提供的武器，有效遏止了軍事政變領袖和軍隊，例如鐵路工人擋下軍方的火車，中斷軍人的後勤補給。

布爾什維克獲得政治主導權

布爾什維克黨也得到相對的政治回報。政府釋放了那些遭到逮捕入獄的布爾什維克黨成員。在聖彼得堡的地方政府選舉，布爾什維克黨的總得票數從五月的百分之二十，增至八月底的百分之三十三。在莫斯科的選舉，得票數從六月的百分之十一，增至九月底的百分之五十一。更重要的是，布爾什維克黨總算在議會中奪回主導權。八月三十一日，他們成為聖彼得堡議會的最大黨，在九月五號則拿下莫斯科議會的多數席次。十月的時候，布爾什維克黨黨員人數上升至三十五萬名，絕大多數都是工人，列寧一直以來殷殷期盼的時刻總算來臨。早些時候，如果布爾什維克黨想要掌權，讓「大權歸諸於國民議會」，則他們必須藉由革命的方式，而非政治上的掌控。現在，布爾什維克黨掌握俄國主要的議會，更棒的是，參與阻擋軍事政變的工人們，手上還繼續握著政府提供的武器。列寧寫道：「我們現在若不拿回權力，歷史不會原諒我們的。」他於十月十日返回首都（他得繞過警衛才能溜進布爾什維克黨總部，因為他過去以寫作聞名，很少在公共場合露面，所以警衛不認得他）。列寧說服了心不甘情不願的布爾什維克黨領袖發動武裝起義，結果起義成功，這都要歸功於一些同情他們的軍人和海軍的英勇介入——雖然他們必須處理藏酒豐富的酒窖，但他們終於讓列寧和布爾什維克黨成功進入冬宮。

接下來還有更多待辦事項：列寧必須統合各方勢力，包括自己黨內的力量，這個過程讓正在起步的政權差點垮台。在權力整合階段，列寧手下就有三分之一的人民委員辭職，布爾什維克黨也必須透過武力接掌莫斯科。政府各部門主要由往上爬的士紳階級所組成，一開始他們拒絕與布爾什維克黨的新領導合作，尤其是其中還有全國第一位的女部長。整個過程耗時好幾個月，還得發動幾次整肅，才讓政府重返軌道。布爾什維克黨在面對俄國軍方時更是困難重重（部隊軍官多是貴族）。布爾什維克黨剛開始掌權時，部隊的貴族因須投入第一次世界大戰，所以沒什麼餘力對付布爾什維克黨。之後，許多沙皇的貴族部隊就發動血腥內戰，對抗布爾什維克黨的統治。

列寧領導的政府執政一年後，他於一九一八年八月三十日前往位於莫斯科郊區的一處工廠發表演說，內容是維護革命的必要性。演講結束後，有兩位婦人上前與他攀談，其中一位之前是無政府主義份子，她出其不意地掏出手槍朝列寧開了三槍，其中兩發子彈擊中列寧，一顆打中列寧頸部下方，另一顆則擊中肩膀，使他血流如注，肺部出血。他被送到克里姆林宮而不是醫院（因他們擔心會有更大的陰謀發生），返抵後他自己走上樓，要求看診的醫生必須是布爾什維克黨的成員。然後他就在椅子上昏倒了。

淡淡的遺憾

馬克斯主義認為，工廠勞工的經驗，能將每個國家的工人重塑為一個集合個體。這種改變會促使工人創造一個經濟天堂。馬克斯主義並沒有特別將共產主義形容為人世間的天堂，不過馬克斯主義的論述的確有這樣的弦外之音。所有之前存在的政治與經濟體制都受其內部矛盾的紛擾而失靈，共產主義沒有這樣的問題，百姓都能夠活得快樂，滿足所需。

令人氣餒的是，列寧所帶來的世界並非如此。他在暗殺行動中保住性命，之後再返回工作崗位，身體狀況就不太理想了。列寧治理的國家完全不像天堂，反而動盪不安，充斥著內戰、犯罪、農民抗爭、工人罷工、黑市，甚至飢荒。到底哪裡出錯？在他險遭暗殺成功的一年後，據稱列寧前去拜訪諾貝爾獎得主俄國心理學家巴夫洛夫（Pavlov，藉由狗對鈴聲的反應實驗，提出制約理論）。列寧提出一個問題：人類可以藉由制約作用來加以控制嗎？巴夫洛夫回問說：「你是說要把俄國所有人口標準化？讓他們行動一致？」列寧說：「沒錯！我們必須廢除個人主義。」巴夫洛夫委婉的回覆，可能使得列寧很失望，可是列寧堅持著：「人是可以糾正的；我們可以決定人該怎麼樣行動、思考。」列寧心目中的偶像、社會主義作家成尼胥斯基把話說得更冠冕堂皇：「人可以是上帝！」

也許科學有一天能夠製造出如此偉大（或者應該說是糟糕）、重新改造過的人類心理模式，但絕不是在列寧的那個時代。與內戰同時發生的還有經濟問題，布爾什維克黨的政策，包括企業國有化、以國家配額取代貨幣系統、壟斷穀物交易等，讓已經很慘的經濟狀況更是全面崩解。列寧政府宣布全國的「剩餘穀物」都是國家資產，還派遣武裝軍隊前往徵收。在工人的天堂，這樣的措施有可能如願實行，可是現實世界並非如此。可以預想當然爾，農民開始降低穀物產量，反正辛苦多種出來的穀物都會被政府徵收。可以預料的是，軍隊也只為自己想，除了「剩餘穀物」之外，他們把所有找得到的穀物都收歸己有，連農民隔年要用的種子都一粒不剩。穀物產量因此加速大跌，飢荒在許多城市蔓延，穀物黑市如雨後春筍而生。大量的「穀袋人」坐火車把穀物送到急需的城市，那裡已經迫切到不管價錢多高都有人買。針對這個問題，布爾什維克黨的解決辦法是想辦法逮捕「穀袋人」（經濟學家們閱讀到這一串連鎖事件，應該已經哭了吧）。我們可以理解列寧想要廢除個人行為的想法，若如此真行得通，布爾什維克黨的政策還有成功的可能，然而這都只是超現實的想法。

就在俄國災難展開之際，無可避免的，原本相挺布爾什維克黨接掌政權的支持者，開始深深感到遺憾。一九一八年前半年，估計有十萬到十五萬名工人加入罷工，還有其他的示威活動。到了一九二〇年，俄國多數的勞力全力反抗政府，當年上半年，四分之三的俄國工廠受到罷工影響，與沙皇垮台前幾年的情況簡直一模一樣。一九二一年二月二十三日，莫斯科軍事守備區的士兵奉令射殺一群罷工的工人，但士兵們抗命。布爾什維克黨很害怕歷史重演，於是在莫斯科頒布戒嚴令。布爾什維克黨的將領擔心會發生骨牌式的軍事政變，採取了一項怪異卻又天衣無縫的策略：以修理軍靴為名，收走了莫斯科軍事守備區軍人的鞋子，以防止他們離開營房。

二月二十八日，在布爾什維克黨接掌權力的過程中曾扮演重要角色的克隆史達特海軍基地的海軍（他們還幫忙清理過沙皇的酒窖），開始爭辯是否應該加入示威陣營，反抗列寧政府。「曾是列寧最有力的支持者」現在想要反抗列寧政府，是何其難堪的政治宣傳。全球的社會主義者在這個時候意識到事情變得非常糟糕。但是，海軍改變立場的時間點很糟，不是只有給布爾什維克黨帶來不便，也給海軍自己帶來困擾。芬蘭灣（The

Gulf of Finland）結冰，陸軍可以步行其上。布爾什維克黨在岸邊集結了大砲和士兵，與海軍交戰多日，還夾雜空襲。三月十六日，擁有多年內戰歷練的五萬名陸軍向海軍逼近，到了隔天午夜，發生在克隆史達特海軍基地的叛變終於平息，約有一萬人喪生。

在第十屆的黨團會議進行的同時，列寧宣布幾項重大改革，也就是所謂的「新經濟政策」。這些新措施甫推行就立竿見影，工人的罷工行動很快停止。新政策重新推動市場經濟（不過為期很短）。最重要的是，政府允許農民在市面上販售多餘的穀物；接著政府慢慢推行更多改革政策，例如准許設立小型的私人製造業。對列寧而言，實施新政策並不代表他完全讓步。俄國主要是一個農業國家，馬克斯主義份子包括列寧，有時也會爭論說在實施共產主義之前，確實有必要先讓工業資本主義發展一陣子。現在看來，實施資本主義的時間可能比原先預期的再久一點。列寧之後辯解說，他原本所實施的極端政策，並非用來推行共產主義，而僅是因應內戰所必須採取的暫時性手段。

還有更多的遺憾等著列寧。他一手創立的共產黨內部有不少麻煩，更別提列寧的健康狀況每況愈下。當列寧在一九二一年推行「新經濟政策」時，他的身體狀況無法勝任工作，只好搬到鄉間的莊園療養。列寧的健康問題一直是個謎團，他當時只有五十二歲，醫生們都無法斷定病因為何，有的認為是心理疾病，有些則覺得是暗殺事件後留在頸部的子彈毒害列寧（子彈後來有拿掉，可是也無濟於事）；有的則認為是動脈硬化，還有人推斷他染上梅毒。

在那之後不久，列寧意識到另外一個問題：他先前沒有仔細思考過國家未來的政治發展，原因可能是他從未想過自己即將不久於人世。他也認知到，他身邊的追隨者史達林，對他並非全然忠誠；雙方因為兩項立法發生爭執，一項是國外貿易，另一項則是有關蘇維埃聯邦的新憲法，這件事讓兩人關係產生嫌隙。除了史達林外，列寧也不喜歡其他能擔任領袖的候選人，他還曾短暫地密謀一個行不通的方案，想把權力交給能力遜色的領導人組成「三人統治」；之後又想把政權由他這個世代往下轉移給布爾什維克黨內二十多歲的年輕世代。

同時間，列寧的健康狀況持續惡化。一九二二年六月，列寧於公園散步時倒下，七月份又發生了一次。儘管如此，列寧在同年十月從鄉村的莊園搬回他位於克里姆林宮的辦公室，為的是能夠重新管理政府。到了十一月底，他一個禮拜內經歷了五次暈眩。意識到自己來日不多，列寧決定託付托洛斯基（Trotsky）為他的接棒者。他請托洛斯基代表自己到蘇維埃中央委員會的會議中發表演說。十二月中旬，列寧再次昏厥，這一次他的右手臂和右腿完全失去行動力。更不祥的是，史達林受命負責管理列寧的醫療。史達林下令，不許再讓列寧參與政治，表面上是為了列寧的健康著想。黨內官方命令寫道：「無論是列寧的朋友或是他身邊的人，都不準告知列寧任何政治消息，因為這有可能會讓列寧又心懸政事，變得躁動不安。」不過列寧的妻子私底下仍繼續偷偷告訴列寧政治方面的訊息，並幫列寧聽寫信件。史達林在發現後把她罵了一頓，憤怒地對列寧的妻子連珠炮似的咆嘯謾罵。

列寧還有最後一次插手政治的機會。這個時候的他已如風中殘燭，衰弱到需花上好幾分鐘才能寫完一個句子。列寧和身邊的人也有一個工作的模式，列寧的秘書會在隔壁的房間等候，當列寧寫完一個句子，他就會搖鈴讓秘書知道。憑藉著堅強的意志，列寧在下一次共產黨代表大會召開前，寫出好幾篇文章在會議中宣讀。他口授道：「史達林同志在成為秘書長後，就一手獨攬大權，因此我不認為他會始終如一謹慎運用手中的權力。」列寧還再接再厲地建議分散領導階層的權力，他提出的辦法是應該讓幾位工人也列入中央委員會席次。列寧的秘書之一將消息走漏給史達林，史達林於是準備反擊。一九二三年一月四日，列寧在文章中又更直接了當的點明：「史達林心狠手辣，所以我請求黨內同志們應該想辦法除掉他。」不幸的是，到了當年四月，也就是第十二屆共產黨代表大會的時間，列寧已幾乎無法說話，頂多只能咕噥幾聲，偶爾還會講出讓人聽不清楚的「這裡、這裡、這裡」。列寧的一位醫生形容他的狀況：「臥病在床的列寧看上去沮喪至極，滿臉驚恐，哀傷的眼神流露出想詢問些什麼的樣子，眼淚滾落他的雙頰。」在代表大會上，史達林出奇制勝力壓托洛斯基，列寧精心著墨的字句僅在一個私下的會議中宣讀，沒有在代表大會上討論。

從此之後，列寧已局部癱瘓，外人很難理解他所要表達的意思。一九二三年七月是他最後一次回到克里姆林宮。他要求從圖書館架上帶走幾本他熱愛的書籍；而列寧的妻子也隨侍在側。共產黨的同志前來拜訪他，不過列寧只能靜靜地看著周遭的世界，卻無力改變。次年一月的第十三屆共產黨代表大會，托洛斯基與其黨羽強烈反對史達林，卻無力回天。列寧也不太可能知道局勢的發展（他的妻子並沒有告訴他）。幾天後，一月二十一日，列寧陷入昏迷然後與世長辭。

俄羅斯啟示錄

我們可以說布爾什維克黨的勝利是人民的勝利，也是俄國平凡工人的勝利，他們的政治動員是個奇蹟般的英勇事蹟。革命之後，先前的工廠勞工受到拔擢，擔任像是紅軍、祕密警察、國有企業和官僚體制中的高階職位。共產黨在一九二〇年代持續召募工廠勞工入黨，然後讓許多有勞工階層背景的黨員負責高階的職務。在佔領冬宮後的第二天，列寧簽署一項法令，廢除私人土地所有權，隨後也實施於教堂、皇室家族以及俄國貴族的菁英。然後政府把土地發放給人民。截至一九一九年，可耕作的土地都歸俄國農人所有。而工人有一段時間仍是政治動員最有利的力量，他們發起的罷工有效地讓政策實施上有些過頭的列寧收斂一點，例如，促使他推動新經濟政策。

可是人民的勝利並不持久。史達林強制將農場歸為國有，一九三〇年，拔擢工人的計畫中止。在這之後，共產黨大多是提拔黨員本身的子女。在革命過後，工人卡納奇寇夫於一九二一年晉升為位於聖彼得堡共產黨大學的主任，接著出任共產黨出版局的局長，他同時也營運一份報紙，又負責歷史研究的部門。但在一九三六年，他遭到史達林的整肅被下放到古拉格群島的勞改營，於一九四〇年死在西伯利亞的勞改營。如果這是人民的勝利，那一切是多麼的短暫且代價慘重。

革命帶來的歷史教訓

政治哲學家漢娜．鄂蘭（Hannah Arendt）研究了歷史上幾個大革命，她所獲得的啟示是：沒有任何一個革命，應該以所謂的「社會問題」為主軸（社會問題如財富分配）。她認為，所有試著解決社會問題的大革命，最後都以暴政收場，例如法國和俄國的革命。她寫道：「所有想用政治手段解決社會問題的嘗試，最終都會導致由暴政所引起的驚恐，而這正是讓革命走上末路的推力。」然而以俄國來說，人民的悲劇可能無法避免，如同鄂蘭所說：「無法否認的是，當革命在貧窮蔓延下爆發，想要避免致命的錯誤，幾乎是不可能。」

在俄國大革命發生的九十九年後，二〇一六年又發生了類似的群眾事件（按：這裡指的應是英國脫歐以及川普當選）。政治科學學者傑克．郭德史東（Jack Goldstone）在布朗大學沃森國際和公共事務研究所（Watson Institute）講習過一堂課。郭德史東的事業生涯都致力於革命的研究，他在課堂上提到，二〇一六年民眾對政治的強烈反應有幾個典型的模式：「文化和經濟發展遭到威脅，在對恐怖主義的憂慮等因素的影響下，形成了全球的抗爭，顯示了民眾對菁英感到失望。我們可以將此現象解讀為革命運動。」

姑且不論二〇一六年全球政局發展是否為革命，郭德史東的論述卻講出了一件事：動員政治容易使民眾緊張。而民眾會緊張，是有道理的，我們已經習慣溫和的、勝選政黨代表怯懦大眾意見的民主生活。而動員政治卻改變了這個熟悉的模式。

人們在平日生活中的行為模式，會根據個人還有家人的嗜好與憂慮做出調整。但在政治生態中，我們則是團體行動。雖然我們還在思考怎麼做才是為自己好（這也是很難組織政治活動的原因），可是人們參與政治的動機，有一部分是與自身所屬的社會族群息息相關，像是生活的社區、種族與民族背景、性別還有職業。大家會思考的是，自己是否認同所屬的社群，這個社群的遭遇與其他社群比起來怎麼樣，是否受到不公平對待等。總歸一句，也就是我們所屬的社群是否有政治問題。

有人可能覺得投票行為不能和參與政治相提並論，在平常是可以這麼說。可是如果投票須仰賴政治動員，那麼民主體制就會受到「群眾弱點」的傷害。大家都想搭便車，所以會讓其他的選民去投票，支持心目中的候選人就好。如果大家都懶得出門投票，那許多支持度高的候選人就會敗選。不過這種荒謬的狀況不會發生，因為有些民眾就是喜歡投票；愛投票的理由很多，也許是想藉由投票為自己發聲，也許是要鼓勵心中支持的人選，又或許是認為投票是公民的義務。無論如何，這些民眾在每場選舉都會投票，不管別人做了什麼，他們就是會出門投票，也因此群眾弱點不適用於這種選民。在平常時日，有投票習慣的選民就是政黨鎖定的目標，更會把焦距放在其中的中間選民。

但有的時候，贏得選戰也會造成動員的問題。美國民主黨最近遭到指控操作「認同政治」，即利用各個社會族群的身分認同，以鼓勵他們動員起來。原則上這個策略的確產生效果；舉例來說，二〇〇八年與二〇一二年歐巴馬競選總統的時候，出來投票的黑人選民人數比白人選民還來得高，這是美國歷史上的頭一遭。如我稍早所提，英國脫歐公投也是沒有投票習慣的選民動員的結果，這個狀況在現代民主制度中是不尋常的；通常與參與政治的人本身所發生的遭遇有關，而這種變動則會伴隨著政治體制的改變，所以當今的政治也的確可說是一場大革命。

在美國和英國，特定社會群體受到不公平對待的故事，很容易激起勞工界和鄉村選民的強烈情緒。二〇一六年令人跌破眼鏡的政局發生前，只有少數人體認到這種苦難故事的影響力。幾乎所有的民調和賭盤都顯示川普勝選的機率不到三分之一，布朗大學馬克．布萊斯（Mark Blyth）教授早在二〇一五年的春天就預測川普有可能勝選，並在選前之夜指出，川普的選戰創造了「強而有力的論述」，因此川普勝出機會達百分之六十。

沒有投票習慣的選民挺身參與政治，這是選前民調失準的原因之一。除了評估人們的投票模式，民調機構也依據「投票意向模式」，預測民眾是否會在投票當天現身投票所。可是向來沒有投票意願的民眾，突然決定投下手中那一票，這些投票模式的預測就會失靈。代表英國蘭卡斯特郡的國會議員安德魯．布里金（Andrew Bridgen）對英國脫歐結果做以下的解釋：「當選民接到民調電話時，表示自己一輩子沒投過票，民調機構自然就不把他們列在考慮之內，沒想到這些選民卻出門投下贊成脫歐的一票。」（在二〇一七年的國會大選，許多年輕人現身投票，讓投票意向模式預測又再度失準。）

一九九一年我還是個學生，首度拜訪俄羅斯。當時中央管制的經濟方才崩解，貨幣疲軟到一美元可換到的盧布，足夠搭乘一千次莫斯科地下鐵。儘管經濟崩潰，美俄友好關係卻達到現代歷史上的最高點。俄國人，尤其是年輕人，迫切渴望想跟美國人打交道。我還記得我跟幾個黑市貿易商在聖彼得堡閒逛，喝著伏特加，還上爵士酒吧。有天晚上，其中一個貿易商說出讓我頗為訝異的話：「列寧是俄國最後一個誠實的政治人物。」我完全沒想到，會從一個年輕人的嘴裡聽到對列寧的褒獎，這群俄國人才剛開始享受新鮮的自由空氣沒多久！

列寧的確是誠實的政治人物。政權到手後，他生活依舊簡樸，並致力於實現他夢想中的共產烏托邦。但手段過激，這樣反而為另一群截然不同的人物開創一個政治空間：極右派份子。

第三章

在德黑蘭誦詩：極右派崛起與政權垮台

傳統政權的瓦解把極窮之人逼出來，當他們把無人理睬的不幸拋諸於腦後湧上街頭，其暴怒已如飛逝的星斗、洶湧的潮水難以阻擋，這股如洪流般的勢力襲捲全世界。

——漢娜・鄂蘭

皇室晚宴

伊朗國王（也直譯為沙皇 Shah）最偉大的地方可能是他的頭腦。伊朗國王將自己定位為「王中之王」（Shahanshah），以及「亞利安的明燈」（Aryamehr）。伊朗國王還曾說自己是時間的主宰，重修伊朗曆法。在伊朗國王巴勒維統治下，伊朗購買外國軍事裝備的開銷，遠遠超過全世界其他任何一個國家。一九八二年，巴勒維計畫擴軍至七十六萬人，比法國和英國加起來的總和還多。一名政府部門的部長將一份英國《每日電訊報》呈上給國王，這份報紙對國王的新書給出不錯的評價。伊朗國王吼道：「還不錯？到底是有多不錯？你覺得狂妄自大是什麼意思？」部長答說：「是偉大的意思。」國王回說：「去他的偉大！是偉大到瘋狂的境界！」

一九七一年，巴勒維決定舉辦一個盛大的晚宴，主題是「伊朗皇室的兩千五百年」。基本上，兩千五百年是指阿契美尼德王朝（Achaemenid）第四世國王居魯士（Cyrus）駕崩後開始算起。巴勒維想要邀請幾位朋友參加晚宴，包含比利時、丹麥、希臘、賴索托、摩洛哥和挪威的國王，還有美國和蘇聯的副總統都答應赴約。其中幾位友人對這場盛宴顯然興奮過頭，愛丁堡公爵、荷蘭伯納德王子以及約旦國王胡笙，彼此間還相互競爭看誰的私人飛機最先抵達伊朗。

預先訂製的賓客用帳篷由法國運抵，需要至少一百架次的C-130運輸機才載得完。用「帳篷」一詞其實並不貼切，這批「帳篷」是由巴黎知名室內設計工作室簡森（Jansan）製造；篷內裝配有男女用浴室、大理石牆面磁磚地板、傭人房以及最高等級的波斯地毯。巴勒維專用「帳篷」是藍金色的帆布搭建而成，高度超過十二公尺，內部則是印滿玫瑰花案的深紅色絨布牆面。高級「帳篷」營地則用法國凡爾賽運來的一萬五千棵樹裝飾，樹上還棲息著五萬隻飛禽，讓賓客能處處聞啼鳥。這些禽鳥不久就死光了，因為不適應沙漠氣候。現場的法國高級古董瓷器品牌客製瓷器上鑲印者「王中之王」的盾形徽章；桌布則是法國頂級家飾布藝寢具名品博豪（D. Porthault）；杯子是巴卡拉（Baccarat）

高級水晶杯；玫瑰由法國高級園藝公司特露法特（Jardineries Truffaut）提供。餐具當然是鍍金的。現場三十位服務生和侍者的制服，則向法國高級時尚品牌浪凡（Lanvin）訂製。客房內的盥洗用品則有嬌蘭（Guerlain）男士刮鬍修容組、伊莉莎白雅頓（Elizabeth Arden）的最新化妝品系列。儘管如此，難搞的《紐約時報》卻抱怨帳篷「從裡到外的裝飾擺設，跟隨處可見的汽車旅館房間沒什麼兩樣」。

為了取悅貴賓，巴勒維國王決定在晚宴開始前安排娛樂節目，由伊朗司法部長演出，他向員工發表一篇打氣演講：「如果所有的準備工作沒有及時完成，我就把你們每個人都槍斃，然後再自我了斷。」

所有的任務都準時完成。宴席設在絕美的波斯波利斯（Persepolis）——遭到摧毀的阿契美尼德王朝首都，舉辦晚宴的宮殿遺址見證了早期帝國的強盛：昔日最繁盛的時期，疆土範圍從現今巴基斯坦延伸至地中海。波斯波利斯萬國門兩側矗立著高度超過六公尺的飛翅牛身國王頭雕像。歷史記載，古阿契美尼德王朝的第四代國王大流士一世，是位極其偉大的人物；不少岩石上雕刻著這位國王，雕刻中的他威猛健壯，一手抓住獅子鬣毛，一手將匕首插入獅子的腹部。

伊朗國王巴勒維主辦的晚宴進行了三天，受邀的嘉賓當然有的是時間。巴勒維空運了兩萬五千瓶酒與香檳，其中最引人注目的是年分一九四五年的 Lafitte-Rothschild（不過俄國沙皇可能看不上這支酒）。宴會期間共飲用掉五千瓶酒，不少伊朗國王的友人都宿醉了。每天也由直升機運送約一輛車大小的冰塊補充冰水。

宴會上的表演完美無瑕。兩千多名身著古代波斯武士服裝的軍隊，行軍整齊劃一，更有維妙維肖模仿古軍艦的壯大陣容，而晚宴中巴勒維也發表不錯的演說。不過整個宴會的吸睛焦點是筵席菜餚：負責掌廚的是法國巴黎著名餐廳馬克席姆（Maxim），儘管這家餐廳從來沒有同時烹調九十隻孔雀的經驗，卻突破壓力大顯身手。從開胃前菜「魚子醬心鵪鶉蛋」到甜點「無花果雪酪」，整場宴席耗時四個半小時。國王的賓客總共吃掉超過一公噸的魚子醬，看來他們真是餓很久了。

巴勒維的嘉賓席坐於七十公尺長的餐桌，高尚搶眼的桌布看上去非凡奪目。伊朗皇后頭戴珠寶名牌哈利・溫斯頓（Harry Winston）的王冠，項鍊上的彩色鑽石比一個銅板還大。希臘麥可王子稍後說道：「共產黨和皇室，果然比較會把事情做到完美。」巴勒維將整個晚宴用錄影的方式記錄下來，還請到當時美國著名影人奧森・威爾斯（Orson Welles）擔任旁白。

穩定的政權，為何一夕垮台

有些人當然會對這場宴會感到反感。未受邀的伊朗政治領袖柯梅尼（Ayatollah

Khomeini）就說：「伊斯蘭教的出現，就是為了摧毀這種宮廷暴政……從過去到現在，不斷屠殺百姓的就是伊朗的國王，把金字塔建築在老百姓的頭顱上。」伊朗的知識份子沙里亞提．沙里亞提（Ali Shariati）沉痛的表示：「五千年來的剝削、不公、階級歧視與迫害。」面對批評宴會開銷的輿論，巴勒維國王有點受傷，他說：「不然要我怎樣？請貴賓吃麵包配蘿蔔？」巴勒維私底下對這般的揮霍頗為自豪。其實，他的家族並非世世代代都是國王，他曾跟他朋友形容自己的家世：「（歐洲這些）查理曼大帝的後代，來到了波斯波利斯，向一位士官的兒子致敬。」

美國人對巴勒維印象很好，顯然很欣賞他。一九七七年的跨年夜，美國總統卡特在巴勒維舉辦的另一個宴會上向他舉杯致意：「在您英明的領導下，伊朗才能在全球局勢最緊張的區域之一，持續維繫穩定。」

一年後，伊朗皇室遭到推翻，巴勒維流亡海外，新的伊斯蘭政府掌權。公平來說，誰都沒料到局勢會驟然丕變。政變前不到六個月，美國國防情報單位還預測巴勒維政權會繼續維持十年；一九七八年五月，英國駐伊朗外交官打電報回英國說：「在巴勒維領導下，我不認為伊朗政權有遭推翻的迫切危機。」對於伊朗境內所發生的大型示威抗議，美國中央情報局駐伊朗情報官，也試著緩解外界的疑慮：「伊朗沒有出現革命的跡象或狀況。」這些錯誤的預估尤其令人側目，因為發言的都是有可靠消息來源的權威人士。

也就是說，消息公布前都是由大型情蒐組織的菁英先進行分析，這些情報組織與伊朗政府最高層間享有特殊關係，他們竟然還是錯得一塌糊塗。

所以，外表看來穩定的政權為何會垮台？

在故事開始之前，想要先提醒讀者，在接下來的章節中，所有波斯語的字詞（即現代伊朗的主要語言），我都會用現代人習慣的文字呈現，例如 Koran vs. Qur'an 就是可蘭經，fatwa vs. fitwa vs. fatva 是伊斯蘭領袖的裁決。這些詞彙都是由阿拉伯語衍生到波斯語。

把示威升級為革命

有些政權本身內鬨，有的則是彷彿沒有來由就垮台。但在這裡我要問的問題是：為何有些暴動足以推翻整個政治體制？廣受大眾支持的抗爭又如何轉變為革命？

社會科學用了很長的時間才找到適當的答案，因為很多學者一開始就搞錯方向（這點在第二章已有說明），把暴動的起因，歸咎為「忍無可忍的艱苦生活」，或「民眾集體失去理智」。一九五〇年和一九六〇年代，當時甫受解放的非洲和亞洲前殖民地提供了豐富的資料，使得相關研究有重大突破。現在有許多極度不穩定的國家，也能提供更多資料。除了幾個歷史上已被反覆研究的大革命之外，幾乎每年都有新的革命可讓學者探討。

學者們很快就發現，類似俄國勞工那樣的**社會新興族群，通常是引發革命的主因**。學者杭亭頓（Samuel Huntington）就曾發表著名的論述，指出社會新階層（如崛起的中產階級）因為現代化而擁有有力量。政治體制較具彈性的國家，能立即回應新興社會族群的要求；那些比較僵硬的體制就沒有這個能耐。所以在這種沒彈性又快速現代化的國家，簡單說就只有革命一途。

另一位著名的理論家查爾斯．提利（Charles Tilly）表示，大家該著眼的，不只是反對派的民眾力量（像是俄國案例中的工人和叛變的軍人），也要注意支持現況的族群（像是俄國沙皇和大多數的貴族，尤其還有部隊軍官）。根據提利的論點，當反對黨的集結勢力超過支持政權的勢力時，革命就會發生。

社會學家德達．史克博（Theda Skocpol）對此論述稍作修正，她認為新崛起的社會族群，不需藉由革命才能改革政治，也就是說，如果有人突然找麻煩或不再支持政府，那漸進式的改革就會突發為革命。柏拉圖在兩千多年前就觀察入微：「所有政治會改變的肇因，都是掌權當局內部的分歧，團結一心的政府是無法動搖的。」根據史克博的論述，戰爭是造成菁英不再支持政府的原因；打敗仗或在戰爭期間課重稅，都可能造成政府突然垮台（我們在第一章就讀到樽節給政治帶來的危險）。

總結說來，最常見的論述核心是：一個政權會垮台，主因都是受到新興社會族群的反抗。不過此論述並不適用於伊朗，這也是超乎意料跌破人眼鏡的原因。

從學術為起點的事業

廣為西方世界熟知的伊朗政治精神領袖柯梅尼（名字前面的 Ayatollah 阿雅圖拉是什葉派教法學家的稱謂），在伊朗則是以伊瑪目柯梅尼（Imam 伊瑪目是阿拉伯語中的領袖）著稱。出生於一九〇二年，柯梅尼剛出生的時候叫做魯荷拉（Ruhollah），後來才因革命化名柯梅尼而為世人所知（這點跟列寧一樣）。柯梅尼的家庭本來很富裕，到他出生時家道中落，他父親去世，由母親和阿姨繼承家產。令人慶幸的是，他的阿姨有預留一小筆款項供柯梅尼受教育，他因此能夠就讀於一間伊斯蘭神學院。柯梅尼自此在學術殿堂開始專心鑽研。

千年傳統，嚴嚴受教

最頂尖的什葉派伊斯蘭神學院，位於聖城納傑夫（Najaf，即今日的南伊拉克），成立於十一世紀。這間學院奇蹟似逃過政治動亂、外族入侵、國教改宗等紛擾，講授的課程內容更沒有受到太大影響。今日在這裡任教和就讀的神職人員認為，他們傳承的是源於將近一千年前的教育體系，這是舉世少有其他教育機構能與之相提並論的（牛津大學可以算是，在十一世紀時，其前身也是幾個宗教神學院所組成）。

神學院採取極端的斯巴達式管理。每個學生住在一間方正的小房間，房內配有一張祈禱墊、一個祈禱時磕頭用的小陶板、一面地毯、一張毯子、一個水壺以及一盞油燈，除此以外別無配備。沒錯，學生都是以地板為床，席地念書。宿舍的伙食沒有肉，主食是麵包、起司、些許葡萄。單調的菜色有時會有棗子、葡萄乾、開心果和偶爾上桌一次的西瓜點綴。在沙漠，水源一直都是大問題，除了每天洗澡一次，又因為宗教儀式的關係，每個人每天都需要用水淨身多次，每滴水都要節約使用（據說柯梅尼長大後，從來沒有倒掉過一杯水；他會把喝剩的水保留起來）。學生每天拂曉起床，喝點冷水，進行晨間禱告，然後再睡約一小時的回籠覺，直到太陽完全升起。早上的課以討論的形式進行到中午，接著導師講課，學生則聽課作筆記，再把彙整編輯過的筆記繳交給導師批閱。

這種教學上課方式是借重古希臘的教學方法，主要是由中世紀穆斯林學者伊本・希納（Abu Ali ibn Sina）開始應用，歐洲人尊稱他為阿維真納（Avicenna）。他也致力於保留東方世界的傳統知識。在每一堂課裡，老師會立定一個論述，接著請學生進行辯論。

這有點類似西方法律學派所採用的蘇格拉底教學法，這對那些不善言詞和反應遲鈍的學生應該是種懲罰。辯論的過程，學生能夠充分活用像是三段式論證、明喻或其他修辭技巧，這都是古羅馬時期律師在法庭辯論時，熟悉不過的技巧。一位在神學院受過教育的伊朗學者，於一九九〇年代初期觀察了美國的教育制度，發現美國的教學方法非常務實，培養學生出社會必備的就業技能，然而在思辨上則相對膚淺（學生會算數，可是他們沒有深思過所觀察到的現象彼此之間的關係，以及這些現象在不同人的眼中所代表的意義為何）。許多通過伊朗伊斯蘭神學院教育制度的人，其中不少後來還到西方深造，就算如此，他們都很緬懷在伊朗求學的時光，最難忘的是教室中你來我往的唇槍舌辯。一位伊朗學者，儘管後來成為無神論者，一提到他在神學院的時光，仍很念舊的說道：「一想到那些日子就很愉快。」

會寫詩的魅力人物

柯梅尼的經濟能力不足，無法進入聖城納傑夫的頂尖神學院就讀，他退而求其次到位於家鄉附近阿拉科（Arak）的神學院念書。這對他來說仍是大好機會，柯梅尼不僅天資聰穎，還具有領導才能，在神學院的教育中大放異彩。他身高一百七十五公分，比當時許多人高，體格精瘦，擅長伊朗傳統摔角（儘管他後來形容自己的運動生涯短暫又平凡），讓人一見難忘。數十年後，他出現在電視鏡頭的時候，總是展現著精心整理的穿著，頭上纏著約六公尺長的頭巾；襪子與披風的顏色搭配要一致，他更具有鑑賞香水的品味。柯梅尼有著黑色深邃的雙眼，他會挖空心思整理自己的鬍子，他曾在他詩作中稱自己的鬍子為「我所珍惜的臉部好友」。

很少宗教學者像柯梅尼一樣熱愛寫詩，他對詩文的熱情，就有如是在課外活動中專門研究一些奇怪的問題似的。柯梅尼的詩受到伊斯蘭教蘇非神秘教派的影響，讀起來有時會令人瞠目結舌，例如：「喔！摯愛的你的唇痣囚禁了我！與你衰弱眼神的交會，我，為愛而病。酒館大門大開，就讓我們日夜沉浸於此，只因清真寺和神學院讓我窒息……披上那些愛上酒館的長者們的披風，變得警覺；讓我獨自憶念敬拜神偶的廟宇，推醒我的是酒館所崇拜的偶像之手。」這首詩原本的出發點是推廣冥想，而不是乍看之下所隱含的叛教意圖。不單只有西方讀者感到困惑而已，幾年之後，伊朗政府將柯梅尼的詩集從市面上下架，以免讓民眾解讀錯誤。

柯梅尼的老師是偉大的伊斯蘭教學者哈里（Haeri），柯梅尼很快就成為哈里的得意門生。師生兩人對詩詞有著共同的興趣，特別是十四世紀的波斯詩人哈非茲（Hafez）。沒多久後，柯梅尼就撰寫好幾首詩獻給他的老師（為了安全起見，他用筆名寫詩）。

政教的衝突

柯梅尼受教於名師底下，不過阿拉科終究是個偏鄉小鎮。就在這個時候，柯梅尼的命運就要翻轉了。柯梅尼的老師想把他們的神學院搬遷到聖城庫姆（Qom），在那成立一個新的伊斯蘭學術中心。搬到庫姆有其缺點；那裡的夏天氣候酷熱，水喝起來帶著苦味，因為在汲水的過程會流經鹽層；一直到一九五〇年代，庫姆還以刺鼻惡臭的露天汙水管聞名。但庫姆也是聖人法提瑪（Fatima）陵寢聖殿的所在地，法提瑪是先知默罕默德最小的女兒。穿過陵寢聖殿的出入口，印入眼簾的是廣闊的庭院，正中央有個綠意盎然的清澈水池。陵墓的上方罩著金色穹頂，而正前方則矗立三大圓弧拱門，拱門內嵌著閃亮的鏡面玻璃。陵寢內放置著一個裝有檀香的大盒子，散發著幽幽的香氣。朝聖者繞著銀製柵欄環繞的石棺走著，時有人邊走邊流淚。法提瑪的聖殿讓庫姆成為繼瑪希哈德（Mashhad）後的伊朗第二大聖城。

到了一九三三年，柯梅尼已經固定在老師哈里的神學院中教書，當時他年僅三十一歲，這是至上的榮耀。不幸的是，伊朗政治局勢大變，給快樂的日子蒙上陰影。

早先幾年，伊朗勢力最強大軍團「柯薩克軍團」（Cossack Brigade，在俄國受過訓練）的指揮官掌控了伊朗政權，然後自己登基擔任伊朗國王。他是男人中的男人，身高一百九十公分，大鼻頭，擁有精心修剪的頭髮與凸出的下巴。他擁有現代化的戰爭武器，因此勢力龐大，又因大權在握而日趨獨裁。伊朗政局中，神職人員向來是強大的勢力，不久後他就使得神職人員也臣服於他。接著，他把伊斯蘭教的小學改成非宗教的普通學校；原來由神職人員主持的法院，新國王也將其權力移除。到了一九三六年，乾脆把法院整個廢除。這對於像柯梅尼這樣的什葉派法律學者而言，無異是個大危機。柯梅尼花費多年研究伊斯蘭法律，難道不就是為了人民的公平正義？新國王繼續在傷口上灑鹽，其手下的軍官若在街上遇到神職人員，有時候還會強制剃掉他們的鬍子，或是燒掉頭巾。除此之外，伊朗女性在臉上罩著薄紗的傳統，新國王也將之廢止。一九三六年一月八日，伊朗皇后和公主在一場公開典禮中，首度沒戴面紗就出席。公主們倒是很適應，但皇后戴了頂寬邊帽及狐皮圍巾以此掩藏自己的臉龐。從此之後，皇后沒有在公開場合露過面，甚至連她兒子的加冕典禮也缺席。這顯示就連對國王的家族而言，也很難接受強迫改革的步伐。

柯梅尼對新任國王實施的世俗化政策感到憤怒異常。有整整一年的時間，柯梅尼沒有離開超過庫姆聖殿方圓一英里的範圍，寧可與世隔絕，也不冒受辱的風險。不久後，激進的政治想法開始在柯梅尼腦中萌芽。

右派份子抗爭小史

自有歷史記載以來，極左派的抗爭就已經存在。古埃及時代的古沙草紙卷軸就記錄著四千一百年前，第一場發生在埃及的革命，裡頭有幾個片段可能會獲得列寧的認同：「窮苦人家卻滿心歡喜。」「無論是官二代還是政二代，都變得和庶民一樣了。」「看啊！身著教袍的教授衣衫襤褸，而那些乞食的人，碗碟都已福杯滿溢了。」「貧民帶走了國王。」

相對的，支持右派的大規模暴動，大多是二十世紀才出現的現象。（左派的意思是，支持改革、支持平均分配權力與財富的政治運動；而右派則是支持傳統和維持現有權力及財富的分配方式）。在二十世紀之前很少見到支持極端且反民主的大規模暴動，不過十九世紀倒是有幾起先例，例如一八六〇年代末期出現在美國的三K黨，雖然從未取得全國性的政治影響力，但在美國南部確實大受歡迎。三K黨想要扭轉美國南北戰爭後，北方在南方實施的政策，於是發起「剝奪美國黑人投票權」的運動。基本上十九世紀在歐洲也發生過幾起右翼分子的暴動。例如一八八九年，法國英俊瀟灑的將軍布蘭格（Boulanger），起初也是支持左派，然後往中間路線靠攏，到最後考慮發動軍事政變來復辟皇室。他的計畫頗受支持，可惜他最終以法國浪漫的華麗之姿轉身，逃離法國，在他情人的墳上自盡。

向左走，向右走

大致上而言，二十世紀之前很少見到「反民主的大規模群眾運動」，原因應是這類的群眾運動需要兩個條件才會發生，而這兩個條件都要到二十世紀才出現：第一個是中產階級人數大量成長，這一大群人擔心自己所擁有的很可能會被政府奪走，因此他們開始設法重新分配財富和權力。第二個是公民普選權，就實務面說來，指的是讓貧民也有選舉權；然而這樣有個風險：貧民很可能會把票投給傾左政權。一八九九年九月，歐洲歷史首度發生這種情況，法國的一名社會主義政治人物，擔任政府的內閣部長。

有人也許會加上第三個條件：法國大革命。列寧搞得太過頭的革命可能會讓大多數人，特別是理智的民眾，光是想到自己的國家也出現極端左派政府，就覺得極度反感。布爾什維克黨掌權才兩年，就發生了史上最惡名昭彰的激進右翼暴動事件，且已醞釀多時。這件事其實發生在義大利米蘭一間不起眼的會議室，由貝尼托．墨索里尼（Benito Mussolini）主持，約有一百人與會。墨索里尼成立一個新政黨「法西斯戰鬥團」，許多創黨成員都是經驗老到的戰鬥老兵。政黨的成立便是先演練墨索里尼所謂的「法西斯主義」，也隱含著團結的忠誠好戰份子的意思。然而墨索里尼所提出的政策令人困惑，其中包含許多社會主義的元素：每日八小時的工時、工人加入管理階層的行列，戰爭得到的利益全民共享。話雖如此，墨索里尼也宣布這個組織的目的是「向社會主義宣戰……因為社會主義反對國族主義」。為了表現這個目的，墨索里尼與其黨羽砸毀一間發行社會主義日報的報社，在過程中有幾個人遇害（這個舉動也令人疑惑：事件發生前五年，墨索里尼本人曾在這家報社擔任過編輯）。墨索里尼組織的核心目的就是四處毆打左派份子，而且顯然有許多來自社會各階層的跟隨者，相當認同這個目的。

馬克斯主義就是法西斯主義興起的導因，這點毫無疑問。法西斯主義其實就是中產階級的新把戲，一種富人將錯誤意識強加於貧民腦中的新形態。在第三屆由史達林所主持的國際共產黨大會上，這個論調成為會中的官方主軸：「法西斯主義是公開化的恐怖獨裁制度，包含了資本經濟中最反動、最盲目的愛國主義和最帝國主義的成分。」馬克斯主義份子會這麼想，也不是沒有道理，畢竟他們曾親身經歷過：當年俄國沙皇為了弭平社會主義份子的反對浪潮，秘密贊助過一個反猶太的政黨「俄國人民聯盟」。此外，沙皇手下的祕密警察也組成一個極右派組織「暗黑百人組」，成員都是暴徒，想盡辦法阻撓破壞工人們的集會。後世許多歷史學家（包含馬克斯派的學者）都為「暗黑百人組」貼上法西斯份子的標籤。不過這些政治「運動」仍算不上是法西斯政黨，因為缺乏政府金源，他們根本不可能獨立存在。

法西斯的打砸成績

馬克斯主義份子搞錯了一件事：最成功的法西斯運動，並不是由資本主義者所資助，而是熱情忠誠黨員的小額捐款。有關納粹黨贊助資金的研究特別多；有一些德國企業確實資助納粹黨，例如很不光彩的鋼鐵巨擘費里茲．泰森（Fritz Thyssen）。在絕大多數的狀況下，德國企業為了押寶，會同時贊助所有非社會主義的政黨。德國大型企業，尤其是天主教貴族法蘭茲．馮帕彭（Franz von Papen），給主流保守派政黨的資助比其他政黨多出許多。不過一九三三年之前，不少主要德國公司都未曾捐款給納粹黨；納粹黨都是仰賴大眾的小額捐款、手冊的販賣以及大型聚會的入場費。

當然，並非所有當今的激進右派運動都是希特勒的傳承者。泰國中產階級發起的暴動，推翻了泰國的民主制度；這也算是法西斯主義嗎？當然，泰國紅衫軍陣營認為中產階級的暴動就是法西斯。當今任何有右派傾向的公眾人物，評論家都稱呼他們為法西斯份子，然而這樣的標籤不盡然公平。

當然，有些黃金準則可以適用於對絕大多數反體制的左派運動（不管他們是否認同列寧），同樣的情況也發生在右派。對左派來說，成功推翻政權的大型暴動，需要像俄國那樣有新興社會族群的支持；而右派則需要傳統保守派體制的支持——這很難獲得，因為傳統保守派通常對大眾的權利興趣缺缺，這也解釋了為何大多數發生在獨裁國家、爭取大眾權利的行動，很快就遭到平息。

義大利法西斯主義的成功，是因為它有辦法成功的與現有傳統體制合作。一九一九年義大利國會大選，在三十一萬五千投票選民中，墨索里尼只獲得五千張選票。想要選的比他爛，還真不容易。法西斯主義看來是前途渺茫。不料義大利波河平原的地主們出乎意外地支持墨索里尼。因為農業工會的勞工強逼這些地主加薪，並全年雇用農工（不是只有產季才雇人）。一開始地主們試著向社會主義份子所主導的政府尋求幫助，好與工會相互抗衡，可是政府沒什麼反應。地主們只好轉向墨索里尼，他手下有自己的民兵「黑衫軍」，這批民兵的組成目的是毆打左派份子，他們很樂意與地主站在同一陣線上。一九二一年上半年，黑衫軍在波河平原地區就摧毀了一百五十一個社會主義社團、五十九個社會主義總部、一百一十九個社會主義的就業辦公室、一百零七個農業合作社以及其他更多類似的團體；過程中有一百零二人喪生，大多是社會主義份子，不過也有二十五名法西斯人士，幾名警察和路人死亡。「黑衫軍」的組成目的是反對左派，如果地主們能提供資助做為報酬，那就再好不過了。

義大利法西斯主義份子，大概原本也沒想過會成為地主的工具。沒多久後，墨索里尼的政黨就分裂，其中有一派抱怨墨索里尼已經成為「利益族群的保鑣」。話雖如此，墨索里尼也有所領悟：傳統保守派會願意寬容極右派民粹份子，是因為保守人士更厭惡左派。以義大利和德國為例，傳統保守派邀請法西斯人士加入政府，且未趁機壓制法西斯主義運動，顯然是因為與極右派激進政府相比下，傳統保守派更討厭極左派民粹政府。第二次世界大戰之前歐洲法西斯諸國，幾乎都是受到社會主義威脅的國家（如義大利、德國和匈牙利）。

不過，法西斯份子從未獨自在選戰中贏得多數選票支持。法西斯主義最大的選舉勝利是義大利國會選舉，法西斯黨派在五百三十五個國會席次中拿下三十五席。希特勒的表現也不錯，可是就算如此，在他就任為德國總理並任由恐怖政治蔓延之前，希特勒在全國性的選舉結果中，得票率也只有百分之三十七（比其他政黨的得票率還高，但仍未獲得多數選票）。**希特勒和墨索里尼都是在傳統派的介入後，才握有大權**。

提到義大利和德國法西斯主義的用意是為了強調，柯梅尼與其他右派暴動的領袖一樣，必須要同時獲得「人民」和「既有體制」這兩者的支持——這並不簡單，而且看樣子他很難博取伊朗現有體制的認同，如同伊朗國王解釋道：「每個國家有每個國家的政治體系，伊朗的就是一人政治。」

柯梅尼展開行動

柯梅尼還可向另一個既有傳統體制尋求支持：神職人員體系。伊朗的伊斯蘭教神職人員雖然不像國王手握實權，不過在歷史上他們具備許多與政府類似的功能。伊朗的神職人員是教育家，是私人恩怨與企業糾紛的仲裁者，在犯罪案件中他們也是法官。實質上，神職人員有一度掌管全伊朗大部分的教育與司法。他們與伊朗另一個傳統體系市集商賈關係特別友好，這是因為商人極度仰仗什葉派的商業法律。神職人員與優秀的商人及仕紳階層彼此之間還會相互聯姻，例如，柯梅尼的祖父（也是神職人員）就與地方政府官員的女兒結婚。

在這裡與讀者分享一段柯梅尼的課程，對當代讀者來說，可能又會頗感訝異。這段講課與他的權威著作——五巨冊的買賣法——有關：「合夥契約中，是否可允許各出資者，不按照原先出資比例，而分配經營之利益或損失……（絕對不可，因為）自合夥之初始，各投資人之資金已經混同而無法分離，（畢竟）合夥的基本意義就是資金之混同。」總歸一句，柯梅尼是非常優秀的法律學者，只是他的許多課程非常枯燥乏味。

與既有體制合作

身為傳統宗教體制的一份子，柯梅尼開始從商人和其他支持者那裡收到大筆的宗教獻金，不過他仍繼續維持簡樸的生活方式。他把收到的捐款用作學生助學獎金，此舉更再度強化他身為神職人員的聲譽。他開始以實行鐵的紀律著稱；據稱在宗教儀式中，柯梅尼的一舉一動都經過精心設計，甚至包括他擺放雙腳的位置。他會威嚇學生說「紀律與有條理」是攸關未來成功的關鍵。一九五〇年代末期，柯梅尼可算得上是伊朗境內，十二位地位最崇高的阿雅圖拉之一。

然而成為新起之秀是一回事，說服他的神職同儕挺身反抗伊朗政府又是另外一回事。更具挑戰的是，在說服同儕的同時，還要培植大批的跟隨者。伊斯蘭什葉派有著廣受歡迎的佈道傳統，不過高階層的伊斯蘭學者，一般來說是不會參與街頭佈道的。有種街頭佈道師會受雇在街上，高聲朗讀先知海珊（Prophet Hussein）受難的故事——他是什葉派的烈士，西元六八〇年當他和七十二名追隨者與數千名軍隊對峙時壯烈成仁。每誦讀一次先知海珊的故事，佈道師就會領到錢；有時候一個晚上佈道師會連跑兩三場宗教集會。優秀的佈道師一定是個優秀的演員，能立刻做出充滿戲劇張力的激情演出，絕對使在場的人聽到流淚。

柯梅尼的老師在一九六一年五月過世，之後柯梅尼便開始接觸群眾。根據柯梅尼傳記作者阿米爾·塔希利（Amir Taheri）的說法，柯梅尼開始效仿街頭佈道師抑揚頓挫的演說方式；他會滿懷激情，語帶哽咽，也會開始夾雜不經修飾甚至粗俗的用語。一九六〇年代，伊朗國王宣布推行新一波的現代化政策，包括土地改革、工人的獲利共享計畫、女性投票權、知識推廣教育。這項偏左派的政策，最明顯的目的是降低民眾對社會主義的支持。這時柯梅尼進一步大膽地公開批評伊朗國王，在這之後，庫姆地區四位地位崇高的阿亞圖拉，還有第一聖城瑪希哈德的兩位重要阿雅圖拉，發出共同宣言支持柯梅尼。沒多久，支持伊朗國王的暴民（有些疑似受雇鬧事的幫派份子）入侵費茲葉神學院（Faiziyeh），洗劫學生的房間並殺害至少一名學生。柯梅尼認為團結的時候到了，於是集結神職人員和大批群眾發起暴動，對抗政府。身為先知穆罕默德與先知海珊的後代弟子，柯梅尼宣布他會在神學院的庭院，為喪命的學生舉辦一場傳統的佈道追思儀式。當日，柯梅尼坐在淡綠色福斯敞篷金龜車的後座，驅車前往神學院，一群行走於車前的學生大喊：「偉大的阿雅圖拉柯梅尼，穆斯林的領袖，信徒的榮耀，願您一生平安。您的祖先海珊是被害離世的！」跟在轎車後面的另外一群學生呼應大喊著：「為費基葉神學院遇害學生哀悼，為了維護他的信仰，慘遭不信者殺害，願您一生平安。您的祖先是被害離世的！」

在追悼儀式中，柯梅尼走的完全是街頭佈道師的路線。一開場他提出一個假設性問題：如果先知海珊的兇手想殺害海珊，那麼這些兇手為何也要殺害卡巴拉市（Karbala）的婦孺？柯梅尼自問自答：「在我看來，他們最根本的目的就是不容許先知家族的存在。」他繼續問著：「我現在有相同的問題。如果伊朗政權想反對的是神職人員，那為什麼效忠國王派的暴徒會攻擊並燒毀神學院？」柯梅尼說：「結論是，這個政權基本上就是反對伊斯蘭教。」

他繼續用他那出了名的、充滿悲情的哭腔說：「敬愛的國王殿下，你這個可悲的傢伙，讓我現在給你建議。國王殿下，我警告你，停止這些行動，改變你的行為，我不希望看到在你被踢出皇宮後，人民歡欣鼓舞。我不想要你變得跟你父親一樣（在第二次世界大戰被盟軍給弄下台）……聽我說，別相信以色列說的話，以色列只會害你。可悲的傢伙，你才四十五歲，再多想一下，長些智慧，想想你的行為會帶來什麼樣的後果吧！」

這種公開演講很危險，沒人可以如此直接污辱國王然後全身而退。一九六三年六月五日，軍隊包圍柯梅尼的房子。柯梅尼的兒子站在屋頂威脅說，如果父親被帶走，他就要往下跳，柯梅尼阻止了他，士兵還是把柯梅尼抓走。此後，大型暴動開始如星火燎原，從庫姆延燒到其他許多城市，包括德黑蘭。可是政府無情地使用真槍實彈鎮壓示威遊行，至少有八十六人遇害，反對勢力則宣稱死亡人數至少上百人。參與這場暴動的民眾共約有上萬名，儘管如此，政府仍舊輕易將之平息。

柯梅尼保住了一條命。雖然他不像列寧一樣，有個替他撐腰的母親，可是柯梅尼的境遇也不錯：神職人員體制（儘管沒有公開反對伊朗國王巴勒維），含蓄地表態支持柯梅尼。位於伊拉克納傑夫市的阿雅圖拉們，也拍電報表達對柯梅尼的相挺之意。在監獄中度過短暫的日子，柯梅尼被移監到營房，幾個月內便遭到釋放。

柯梅尼在同一年又如法炮製一次。他在一九六四年十一月進行另一場演講，又再度像街頭佈道師一樣，用語帶哽咽含悲忍淚的聲調，在庫姆透過擴音器向大眾廣播。他抨擊的目標是賦予美國軍事顧問、後勤員工和家屬外交豁免權的協議。在此協議的效力下，柯梅尼表示：「如果美國顧問的傭人隨便對待最權威的什葉派法律專家，那這名傭人是有法律豁免權的。」他繼續說：「美國是所有麻煩的根源，以色列也是所有問題的根源，而以色列也屬於美國，我們的國會議員也屬於美國，美國早就用錢買通他們了。」

在伊朗國王統治下還有件事不能做，那就是污辱美國（伊朗國王的重要外交後援）。柯梅尼因此又遭到逮捕，暴動持續延燒，不過沒有演變成革命。伊朗政府最終讓柯梅尼流亡海外。當時的他六十三歲，有慢性偏頭痛和腎臟病，也失去他在庫姆支持者的聯絡管道。

看來柯梅尼向政府攤牌，結果卻敗北。

情緒與政治

前面章節提到，許多理論認為大規模暴動的原因是群眾集體情緒失控，但事實證明這種論述並不正確。研究發現，那些孤僻、情緒不穩的個人，並不是大型群眾運動的主要支持底盤，尤其是若考慮到這些獨行俠理應是痛恨群眾的族類，就很明顯知道他們不會支持大規模暴動。也許部分是因為這些論述所帶來的窘境，好多年來，建立在潛意識上的政治行動理論，都不太受歡迎。

近年來，對人類決策過程的研究有很大的突破。這類型研究，也有些將重心放在人類的潛意識。人們在做出決定時，會認為自己很理智，不讓情緒影響選擇。只要熟讀諾貝爾經濟學獎得主、認知心理學家康納曼（Daniel Kahneman）作品的人就知道，情緒會影響經濟行為的選擇，讓人失去理智。最近，從實驗室測試到腦部掃描的各式研究方法都顯示，情緒也會影響人們的政治決定。例如，自認為對政治狀況感到較為憤怒的人，傾向更積極參與政治，包含加入政治活動、捐款給此類活動、跟朋友討論政治、出門投票等。可是如果懷抱憤怒的人跑去投票，他的投票行為可能比較魯莽輕率，比較不會花太多時間去了解選舉議題；他們也會支持較具風險的政策，而且還會選擇那些懲罰他人的政策。此外，憤怒的選民會根據偏見和經驗法則做出決定，至於他們的決定會給經濟帶來什麼樣的後果，則他們根本沒考慮這麼多（當然，這只是統計數據的傾向，並不代表每個對政治感到不開心的人，都會出現這種行為）。

我們或許會認為，這些研究結果可以轉化適用，也就是說，高度情緒化的人，更可能會變成大規模暴動的核心。參與大規模暴動，意味著更深入的政治參與度，這與強烈的情緒相關聯。參加一場大型示威活動（尤其是發生在伊朗的大規模暴動）是有點輕率，而這種魯莽的政治決定，也跟強烈的情緒脫不了關係。情緒也許可以克服群眾弱點，讓人們變得比較不理性。一項最近的研究指出：憤怒是抗議情緒的原型。第二章提到的「苦難故事」之所以有效用，部分原因是它能激起情緒化的反應，對政府或對其他社會族群感到憤怒，也對政治行動抱持希望與熱忱。

有學者認為，「感覺到自己所屬的族群受到了不公平的待遇」，光是這樣還不夠。若想把人民催出來，則必須讓人對這種不公平的感受產生情緒性的反應。或許，是強烈的情緒，使俄國工人把「不公不義」的感覺轉化為政治行動；或許，是強烈的情緒，讓以前不投票的英國選民，在脫歐公投中出門投票。柯梅尼街頭佈道師的演說修辭方式，可能是因為非常情緒化，才能有效的激發暴動。

但這並不代表柯梅尼的支持者（或是脫歐投票選民）失去理智。這是因為行為經濟學針對政治決定的研究指出，大致說來人們最終都會做對自己有益的決定，但也會犯下慣常的錯誤。就算這些選民有時候會得意忘形，人們在決定參加大規模行動之前，還是會考慮是否有成功的可能性。隨著柯梅尼的流亡，神職人員也不太願意採取直接的行動，再加上伊朗國王巴勒維會使用武力對付人民，大多數理智之人評估之下，都認為反對勢力成功的機會不高。

後來，伊朗中產階級加入了，情況就變了。

阿里・沙里亞提（Ali Shariati）的故事

沙里亞提的父親是位有天賦的演說家。他的演講系列是關於先知海珊悲壯起義的故事，採用歷史故事，而非佈道的方式來呈現他的演說。這些演講獲得熱烈回響，受歡迎的程度讓人們在一九四七年成立了一個永久的「伊斯蘭真相宣揚中心」，參加的人有時候多達四百人。

沙里亞提從小就很害羞，因為飽受疥癬的困擾，所以他常戴毛氈帽掩飾。沙里亞提埋首於書堆（他父親的圖書館藏書近兩千冊），對穿著不講究，人們常提醒沙里亞提不要穿兩隻花色不同的襪子，或者不要只穿一隻襪子就出門。不過當他進入教師訓練學院就讀，就開始發揮父親的口才魅力。沙里亞提閱讀列寧和列寧偶像成尼胥斯基的作品；

他也研讀歐洲哲學並撰寫感傷的文章：「讓我死吧，好讓永生的臂膀從荒蕪沙漠的懷抱中，將我自痛苦的深淵拯救出來，這是我不可言喻的傷痛。」

沙里亞提思想早熟，他在教師培育訓練兩年的時間裡，就成為頗具名氣的知識份子。沙里亞提將一本阿拉伯原文書翻譯成波斯語，內容是有關先知穆罕默德的第一批追隨者。沙里亞提的朋友替他募集到足夠的資金，將這本書於一九五五年在伊朗首版問世，書名是《阿布．沙：一位崇敬上主的社會主義份子》。書中記載，阿布．沙理想中的伊斯蘭教與社會公平正義有關。阿布．沙說道：「對於那些在家裡找不到一口食物，卻還不拔劍挺身抗議的人們，我感到很吃驚。」。沙里亞提說，書中人物阿布．沙也是一位「現代人道主義在尋找的自由的拯救者。」由於阿布．沙反傳統信仰，因此不被傳統教派接受。在譴責穆斯林王國領導者的腐敗後，他前往沙漠過著深居簡出的生活，同時也繼續點出有錢人的貪慾。穆罕默德對阿布．沙是這樣形容的：「他獨來獨往，也孤寂死去，那他也該孤獨復活。」這樣的孤寂感對有著存在焦慮的沙里亞提很有吸引力。

課堂裡的伊斯蘭社會主義

有一天，沙里亞提經過一個教室，聽見裡面有位女學生在文學課中大聲痛斥伊朗國王，他便愛上了她。沙里亞提向這位女學生求婚，不幸被拒。一年後，女學生總算接受沙里亞提的求婚，兩人在一九五八年七月結婚，結果沙里亞提連自己的婚禮都遲到。後來沙里亞提用政府的獎學金到巴黎求學，在巴黎期間，他漫步塞納河畔，翻譯法國哲學家的著作，而且疑似愛上一名法國女子（他還為此寫了一首詩，不過由於整首詩受蘇菲神祕教派啟發，所以詩裡講的完全是另一檔事）。

一九六〇年代末期，沙里亞提在瑪西哈德大學（University of Mashhad）取得教職，很快就成為學校最受歡迎的老師之一。沙里亞提身材高挑精瘦，頂著禿頭；說話速度急促，香菸一根接著一根，上課從來不看稿。他主張可蘭經當中提到對於人們取得共識的機制，透過民主也能實現。他還表示宗教不該是強迫性的。最戲劇化的是，沙里亞提重新解讀了先知海珊在卡巴拉（Karbala）壯烈殉道的故事。沙里亞提說，海珊是為社會主義奮鬥的先驅，因為海珊寧可放棄到麥加朝覲，而選擇向腐敗的政府宣戰；海珊這麼做是因為聖戰是有必要的，就算毫無勝算。沙里亞提表示：「當宗教儀式失去原本的意義和精神，那麼進行宗教儀式根本沒用。」他又說：「在麥加朝覲圍繞著卡巴天房，對受到束縛的人而言毫無幫助。」

這樣的言論大受學生歡迎。一九六八年秋天，他有一堂課吸引了兩百五十名學生前來聽課，人數遠超過大講堂的容量。沙里亞提上課有遲到的習慣，有時候講課講到下課鐘響還欲罷不能，有時還超時三小時，可是學生還是湧入聽他講課。一位學生回憶：「聽他上課，你會深深被老師的表演吸引，甚至都忘了自己坐在講堂裡。」

祕密警察可一點都不欣賞沙里亞提講課，密切監視著他。當局有一度不准沙里亞提講課；起初感到焦慮的他，在幾個月後又重返講台。一九六九年，在德黑蘭一座名為何賽尼葉・厄爾沙德（Hosseiniyeh Ershad）的演講廳，沙里亞提展開一系列的授課。透過這個課堂系列，沙里亞提不只成為深受學生喜愛的教授，他也開始把重點放在伊朗的知識份子，向他們介紹伊斯蘭視野的社會主義。他在德黑蘭從一開始就極度受歡迎，尤其是年輕的一代，能容納一千七百人的大講堂據說幾乎都座無虛席。沙里亞提表示：「光說我們必須重返伊斯蘭教的懷抱是不夠的。這種說詞毫無意義，我們必須分辨是哪一種伊斯蘭教：是阿布・沙的伊斯蘭教，還是統治者馬爾萬（Marwan）的伊斯蘭教。兩者都是伊斯蘭教，可卻有天壤之別的差異；一個是哈里發（Caliphate）的伊斯蘭、是皇室的伊斯蘭、是統治者的伊斯蘭，另一個則是人民的伊斯蘭、受剝削和遭到利用者的伊斯蘭、是貧民的伊斯蘭。你宣揚的是哪一種伊斯蘭教？」（按，哈里發意即先知的代理人，是伊斯蘭教第二大聖城麥地那 Madinat al-Nabi 伊斯蘭政權最高統治者的專有名稱。）

許多神職人員開始反對沙里亞提，對他發出教令裁決，並要虔誠的穆斯林教徒拒讀沙里亞提的著作。他們有充分的理由：沙里亞提對先知海珊在卡巴拉立場的重新詮釋已經出版成書，甚至也開始吸引一些神職人員的支持，並與反對者激烈論戰，還有一名神職人員在一場爭吵鬥毆中喪命。有人將沙里亞提的著作寄給流亡中的柯梅尼，附上詳盡的筆記，其中還有褻瀆的言論。柯梅尼回覆說：「我讀了之後認為，針對這些著作的譴責與批評，沒有一個是成立的。」根據學者指出，柯梅尼與其追隨者也採用許多沙里亞提的想法。

慢慢的，沙里亞提又再度被允許重回何賽尼葉．厄爾沙德演講廳演說。光是一九七一年就有三千五百人註冊沙里亞提開設的一門課。沙里亞提的講課對象特別針對年輕人和婦女，他也就婦女與伊斯蘭教為題材開始一系列的講課。有一位信仰虔誠的學生抱怨，有些聽課的婦女竟然身穿迷你裙。對此，沙里亞提提出一個合理的問題：「如果她穿著迷你裙，那你到底為什麼要注意她？」沙里亞提透過當代的思想以及中產階級的角度，重新詮釋伊斯蘭教，引領著影響層級更廣的社會風潮。隨著收入增加與教育的普及，伊朗的中產階級也大量崛起，一九七七年中產階級人數已達一百八十萬，包括公務員、教師、工程師、經理還有他們的家人。在日趨開放的環境，女性接受教育的比例也大幅增加。一九六六年只有五千名女性受過高等教育，而到了一九七七年，人數則超過七萬四千名，數量顯著增加。在德黑蘭的大學，女學生會在課堂上說些戲弄滿臉鬍子的神職人員的話，像是「我有個宗教問題想私底下跟你討論」或「我準備好了要擔任你第四個妻子」。

沙里亞提可能是，也可能不是一位見多識廣的哲學家。沙里亞提傳記的作者阿里．拉尼瑪（Ali Rahnema）對此保持懷疑的態度。但是無論是在課堂上還是作品中，沙里亞提的情感總是毫無保留地溢於言表。他曾提到：「每年的每個月都是馬哈拉姆（Moharram）——紀念先知海珊的月份；每年的每一天都是阿舒拉（Ashura）——紀念先知海珊的日子，而每一寸土地都是卡巴拉。」這類感性言論對年輕人特別有吸引力，而在當時伊朗的人口組成主要都是年輕族群，約有六成的人口不滿二十歲。沙里亞提說道：「為正義公平而死，絕對不會帶來滅亡。」他又說：「誠實的聲音就算被打壓也永遠不會消失。」

誠實之音永不消失

最後這句話就在現實中接受考驗。一九七〇年代初期，出現一股反抗伊朗國王巴勒維政權的游擊隊活動。無數個小規模的游擊隊興起，一方面因為組織小動員容易，另一方面如果規模太大，容易被祕密警察潛伏滲透。游擊隊基本上是恐怖份子：炸毀政府建築和大使館、搶銀行、發行地下報紙、暗殺警察、工業界人士和美國人。游擊隊的成員主要由中產階級所組成。一九七一到七六年間殉難的游擊隊成員共三百零六名，其中一百三十九人是大學生，三十六人是工程師，二十七人是老師，二十名是辦公室職員。

這些 mujahedin（也就是游擊隊之意，又稱聖戰士）四處發散沙里亞提與他們自己發行的刊物，還在給自己成員所開的書單中，列出沙里亞提的文章。游擊隊成員的女性親戚會坐在何賽尼葉・厄爾沙德演講廳的二樓，把募集文宣往樓下丟。然而沙里亞提擔心受到懲罰，避免與游擊隊直接接觸。這不是沒有原因的，一九七〇年代初期，三十五名游擊隊成員遭到逮捕後，沙里亞提的刊物與講課給當局所帶來的威脅日趨明顯，政府關閉了演講廳。沙里亞提選擇逃亡，可是祕密警察逮捕了他的父親與兄弟，他只好自首入獄。

在沙里亞提被釋放約兩年後，他說獄方用盡酷刑迫使他跟典獄長談哲學。不過沙里亞提看來也因這段牢獄之災，立場有所動搖，他出版了幾篇新作，公開放棄之前的立場。但是他也寫了篇有關另一位英雄的文章——當先知海珊於卡巴拉的對峙中作最後垂死掙扎之際，對手陣營指揮官選擇叛變，投誠於海珊的陣營。沙里亞提寫道，每個人都會被迫在打壓者和受壓迫兩者之間做選擇，因此不管喜不喜歡，所有人每天都被迫面對當年指揮官所面對的狀況。

沙里亞提與列寧和柯梅尼不同之處在於，他沒有高官友人能幫他從政治的麻煩中保釋出來。沙里亞提跟他心目中的英雄阿布・沙一樣全然的孤寂。沙里亞提決定流亡海外（這又跟阿布・沙一樣）。一九七七年五月，祕密警察奇蹟似的讓他離開伊朗前往英國。

不過，住在英國讓他高興不起來，他寫道：「當我每天看到的是翠綠蔥鬱、花團錦簇的環境，叫我如何思考寫出跟阿布・沙還有沙漠有關的文章？」同年六月十八日，正當沙里亞提準備前往倫敦希斯路機場迎接家人時，他接到妻子的電話透露她被限制出境。很顯然的，伊朗執政當局不願意放棄手中那張對付沙里亞提的王牌。當天晚上，年僅四十四歲的他死於嚴重的心臟病發。

到了一九七〇年代中期，伊朗國王對沙里亞提這種異議分子的打壓，開始在國際上引起關注。一九七六年，伊朗國王對異議份子的壓制成為美國總統參選人吉米・卡特（Jimmy Carter）在選戰中的主打議題。國際人權組織稱伊朗是世界上迫害人權最嚴重的國家之一。卡特贏得一九七六年美國總統選舉後，伊朗國王宣布不再虐待獄中的政治犯，並釋放上百名異議份子；紅十字會也獲准巡查監獄。

受過教育的中產階級率先利用「德黑蘭之春」發表主張。一九七七年五月，五十三名律師簽署了一份信函，公開批評伊朗國王巴勒維。秋天，伊朗作家又順勢發表一份由九十八位著名學人所連署的公開信件。十月間，隸屬德國文化中心的德黑蘭歌德學院，學院主任接受請求，舉辦連續十晚的朗讀詩歌活動。第一晚有許多人到場，鄰街還架起擴音器廣播整個活動實況，人群不斷湧入，估計約有一萬人參加，一起欣賞詩作、享受情誼，更重要的是享受之前沒有過的言論自由。到了第五個晚上，活動變得極富政治氣氛，一名講者要求大家為受到國王打壓的作家們默哀一分鐘，他還提到四個月前才剛過世的沙里亞提。此時歌德學院的主任大概很後悔，怎麼會搞到讓自己捲入這樣的活動，祕密警察肯定會找上門，他緊張到在關注活動進行的同時，也一邊喝掉整瓶威士忌。群眾在現場的花園內擠成一團，現場錄音和錄影的拷貝備份，則在全國發散。

稍後，在德黑蘭的一所大學，舉辦了另一場朗讀詩歌活動，卻遭到有關當局中止。此舉成為一個轉捩點：在這之前，中產階級反對執政者的行動，都是透過地下游擊隊組織或寫作的方式進行。然而當朗誦詩歌活動被迫中止，中產階級大量湧上街頭，這是數十年來的頭一遭。憤怒的群眾口中喊著反對政權的標語，警察則大力鎮壓，導致一名學生喪命。儘管如此，隔週的示威遊行規模更大，讓執政當局暫時關閉德黑蘭所有的大學。

偉大阿雅圖拉的回歸

政府鎮壓抗議民眾的舉動，顯然削弱了中產階級抗議份子的氣力。但是伊朗國王巴勒維卻犯下幾個大錯。一九七五年八月，國王嚴加打擊所謂的「不當暴利」，當時通貨膨脹嚴重，是伊朗經濟過熱的狀況之一，年通膨率高達百分之二十五到三十五之間。政府將高漲的物價怪罪於傳統商賈階層——即在市集買賣的商家（有點類似列寧政權將經濟問題歸咎於袋穀人身上）。一九七五年頒布的法令做出強制規範，若商人違反價格控制機制，就會面臨坐牢、流放或是資產沒收的懲罰。接下來的幾年中，至少有八千名商人受到法院審訊，另一說是一萬七千人。這些措施使得很多還算富裕的伊朗人起而與政府為敵。這時傳統市集仍佔全國零售貿易量的三分之二。

第二個更嚴重的錯誤是：國王讓柯梅尼加入混戰。一九七八年一月七日，伊朗發行歷史最悠久的報紙發表了一篇譴責柯梅尼的文章，指控他被地主利用，斥責他盡寫些情色詩文。伊朗政權為何會安排出版這篇文章，可能是針對柯梅尼兒子喪禮的遲延回應。喪禮當天，約三千名群眾參加，這大概又提醒政府：柯梅尼仍舊廣獲民心。就算他還在流亡，他的講課被錄製成為錄影帶，在全國流通，伊朗祕密警察估計數量約有十萬卷（其中還包括沙里亞提和其他人的錄影帶）。在那個時候，一般販售最新流行音樂的唱片行都有販售這些錄影帶，分類標籤簡單寫著「宗教傳道」，然而這些所謂的流行影音宣揚的是暴動。

群眾、教士的支持

柯梅尼開始推廣一個概念，那就是伊朗的平民百姓是mostaz'efin'，意指遭到剝奪的群眾。這聽起來很像沙里亞提的言論，也非常的民粹主義。柯梅尼表示：「上億的穆斯林信徒挨餓受苦，被剝奪所有形式的健康照護與教育，而少部分富裕又握有權力的族群，則過著放縱淫亂又腐敗的生活。」他再用更尖銳的語氣說：「如果國王繼續在位，那你們全會成為異教徒的奴隸，外國人會擄走你們的婦女，他們會掠奪你們的天然資源並讓穆斯林永受羞辱。」

報紙上那篇攻擊柯梅尼的文章引發大眾極端的回響。位於庫姆的市集隔天整個關市，有可能是找藉口發洩對伊朗國王的不滿。一大群接受宗教教育的學生聚集在庫姆並佔據費茲葉神學院。警察向群眾開槍，造成約二十多名學生死亡。學生遇難次日，一名地位崇高的阿雅圖拉出現在英國廣播公司波斯分台的訪問中批判伊朗政權。在庫姆，另外三名受人尊敬的阿雅圖拉也發出一份譴責暴力聲明，並稱柯梅尼是大家「學習的模範」——這是一名伊斯蘭什葉派學者的所能獲得的最高位階。

柯梅尼獲此尊稱，其實有點不可思議。在伊斯蘭什葉派中的位階和頭銜，像是「思繹的能者」和「學習的模範」，是在大家無異議、無須經由正式程序下頒布。像柯梅尼這樣一位極具爭議的人物，獲頒伊斯蘭學術界最高的頭銜，著實有點反常。西方歷史學家們對這整個過程頗有爭論，有些學者認為柯梅尼實至名歸，有的則表示他是因為巧妙的政治手段才獲此尊榮，其他則說阿雅圖拉們是為了救柯梅尼的命，才給他此頭銜——阿雅圖拉們擔心若柯梅尼不到「學習的模範」實至名歸的等級，伊朗國王就會殺掉他。

無論如何，給柯梅尼的這份榮耀，強烈凸顯伊朗整個宗教體制也是反對伊朗國王的執政。

學生遇難的四十天後，在為那些遇害者舉行的傳統追思儀式上，大批來自不同背景的群眾聚集在街頭，有宗教人士、中產階級、伊朗傳統市集中產商賈，還有游擊隊，許多游擊隊在此時已放下槍桿子並成立政治組織。發生在塔布里茲市（Tabriz）的暴動幾乎毫無間斷持續了三十六小時之久。人們攻擊政府辦公室、銀行、電影院和酒品專賣店。過程中至少有一位追悼者中槍，上百名示威者受傷。到了黃昏，人們聚集在自家陽台上，禱告齊聲吶喊：「全能真主！」沒多久，上百萬人一起參與這個儀式。

政府當局逐漸感受到局勢的變化，開始採取恩威並用的手段：一方面毆打組織誦詩活動的作家協會成員，另外一方面也放棄打擊「不當暴利」，特赦坐牢的商人。一九七八這一年街頭抗議不斷，儘管多半是地方性規模，而政府則做出幾個顯著的讓步：承諾重新開放位於庫姆的費茲葉神學院、甚至答應在次年六月舉辦自由選舉。接著，柯梅尼好像頭一次走倒楣運：當時伊朗與伊拉克兩國關係回溫，在伊朗的要求下，伊拉克將柯梅尼驅逐出境。飄盪了一些時日後，柯梅尼在巴黎一處不起眼的社區過冬。他從未到訪過穆斯林為少數宗教的國家，據說，他從機場搭乘計程車進城的途中一直低著頭，以免看到讓自己不開心的人事物。他討厭西式廁所，因此他的住所很快就安裝了東方式的廁所。

柯梅尼所遇到的不方便，其實是值得的。在法國他得以使用科技，例如現代的通訊工具。房子內配備了兩組專用電報與六條電話線。他的傳道錄音每小時複製達千份，據說伊朗市集攤商們捐助了約三百五十萬美元的現金贊助柯梅尼（折合現值超過一億美元）。柯梅尼在悟到上帝賦予他的天命之後，他的工作的速度快得驚人。當時他已七十好幾，有心臟和其他方面的毛病，就算如此，他待在巴黎四個月的時間裡，就接受了一百三十二家媒體專訪。

柯梅尼讓人留下深刻印象。受訪時，他雙腿交叉坐在蘋果樹下，或是在公園中搭建的帳篷中席地而坐。柯梅尼謙稱自己是「無名小卒」、「供你使喚」、「非主流宗教的學生」還有「沒剩多久好活的老翁」。他承諾發動革命，保證伊朗的新政府會採取民主與伊斯蘭教路線。他也誓言女性會受到與男性相同的平等待遇（雖然在說此話的時候，柯梅尼常會附帶一句「根據伊斯蘭教條」或「根據可蘭經紀載」）。一位BBC記者這樣形容：柯梅尼是「一位代表古老時代的重要存在」。美國中央情報局則說，他就像是個哲學之王，旨在終結腐敗然後把他的學校撤退到聖城庫姆。而美國駐聯合國大使則稱他為「二十世紀的聖人」。柯梅尼表示：「受剝削利用的大眾，將會繼承整片土地。」不過，他寄回伊朗錄音帶的內容聽起來比較沒那麼超凡入聖，他怒斥「猶太人和膜拜十字架的信徒耍陰謀，讓穆斯林接受外國敵人統治」。

到了十二月初，伊朗反對派勢力逐漸團結，一致擁護柯梅尼為領袖。兩個主要中產階級反對黨國家陣線（National Front）和伊斯蘭解放黨（Islamic Liberation Party）拜訪流亡中的柯梅尼，並發出團結的聯合聲明。「阿舒拉」紀念日當天（什葉派穆斯林追思先知海珊的日子），反對勢力舉辦了一場精心策劃的遊行，過程平和，不像之前那樣亂丟石頭和充斥著暴力。貧苦人民顯然有聽進宗教導師的教誨，從貧民窟湧入街頭。外國記者估計上街的群眾人數多達兩百萬名。中產階級的游擊隊平和地現身在遊行隊伍中。遊行人士把花插在士兵的槍管上，口中複誦呼喊著：「士兵、弟兄，為何你要手足相互殘殺？」遊行接近尾聲之際，主辦方面公布一份十七點的宣言，內容要求伊朗國王下台、財富重新分配、女權的解放，及一個遵守伊斯蘭戒律的政府。與遊行人士一樣，這幾項宣言顯示反對勢力無論是左派還是右派的驚人團結意志。一項研究指出，這場百萬人遊行中使用到的標語布條中，有百分之五十寫著反對國王的標語，百分之三十標明支持伊斯蘭教，而有百分之二十則支持柯梅尼。

然而，當伊朗國王巴勒維在一九七九年的新年初突然宣布退位，這個消息仍舊令人感到震驚。巴勒維流亡海外，把國家交給總理負責。同年二月，柯梅尼搭乘法國航空班機返抵伊朗。當記者問他重新踏上故土有何感想，他語帶神秘的給了至今仍膾炙人口的回答：「沒有，我沒感覺。」他返國後還說：「我只是個神學院的學生，儀式不要太鋪張。」不過這個希望看來是很難如願以償：等待柯梅尼的群眾估計介於一百萬到四百萬人之間。柯梅尼冷落了在德黑蘭大學等待見他的反對派政治領袖——有可能是因為他無法跟他們聯繫上。柯梅尼前往一處墓園，在那裡發表一段慶賀又夾帶點黑暗的演說，承諾提供窮人免費住宅和水電，也承諾推翻伊朗國王留下的過渡政府。他還強調說：「我會把他們踢到滿地找牙。」然後柯梅尼前往設立在一所女子學校的臨時革命總部（湊巧的是，布爾什維克黨的革命總部也設在一所女子學校）。

儘管這個時候的柯梅尼，已確實掌握反對派實權，然革命的最後一拳仍是由受過教育的中產階級擊出。當一大群空軍基地的技師宣布效忠柯梅尼時，遭到名為「不死隊」組織的攻擊，「不死隊」是軍隊的分隊，與伊朗國王關係密切。學生和知識分子組成的游擊隊加入戰局抵抗「不死隊」，看來是一場道德戰勝武力之役，也宣告了革命的結束。第二天，軍隊表示維持中立。游擊隊取得數以千計的武器，解放了德黑蘭的監獄，並洗劫了祕密警察的總部。

權力到手，改革沒有

一開始，中產階級看來是伊朗革命的勝利者，蘇維埃歷史學家顯然是這麼想的：他們替伊朗革命貼上「中產階級革命」的標籤，與法國和美國大革命一樣。柯梅尼將伊朗國王所任命的總理免職，要求中產階級反對勢力、解放運動黨的革命人士巴札爾干（Mehdi Bazargan）組成臨時政府，這個政黨也追隨沙里亞提部分的伊斯蘭左派思想。

之後政府舉辦了針對建立伊斯蘭政府議題的國家公投。這場公投被偷偷動了手腳，方法不是製造假選票，而是提出一個聰明的公投問題：「你贊成伊斯蘭共和國，還是皇室？」（民主並非選項之一）。將近百分之九十八的選民選擇前者。這個結果並非完全秉持著中產階級革命的信念。許多受過教育的中產階級，包括巴札爾干所領導的解放黨和沙里亞提的支持者，都想發動一場伊斯蘭革命。一九七九年春夏之際的「自由之春」，人民可以談論政治，愛怎麼誦詩就怎麼誦詩，還可在公開場合穿上印有切．格瓦拉頭像的T恤。

傳統回來了

然而，神職人員很快著手強化控制權力。在第一次國會大選中，神職人員贏得超過半數的席次。真正的實權掌握在監護委員會手中，柯梅尼是其終生成員之一；監護委員會是由一群伊斯蘭學者所組成，專責審查議會所通過的法案。在伊朗第一屆總統大選期間，左傾經濟學家、在巴黎大學受教育的班尼薩德（Abolhassan Banisadr）贏得壓倒性勝利。得票數第二高的候選人也沒有宗教背景。儘管如此，柯梅尼將班尼薩德解職。

柯梅尼如此濫權，一部分原因是他獲得另一個政治勢力的支持——真主黨（Hezbollah，但與黎巴嫩名氣較響亮的真主黨並不一樣）。真主黨的成員都是貧民，尤其是遷居到德黑蘭的新移民，入黨後每月都能獲得補助津貼。他們開始用恐怖手段對付之前的革命夥伴，像是入侵大學校園、焚毀他們眼中非伊斯蘭思想的書報、攻擊其他政黨的辦公室與會議、洗劫一間高閱報率的獨立報社，還有與其他黨派的激進主義份子在街頭戰鬥，用高爾夫球棒、折刀、鐵鍊和剁肉刀攻擊對手。

真主黨也對女性採取恐怖手段。在柯梅尼公開聲明女性應該身著「伊斯蘭樣式的低調服飾」後，上千名婦走上街頭抗議。在伊朗革命中，曾有許多婦女加入且喪命，因此婦女們覺得這也是屬於她們的革命（例如在革命中犧牲的三百四十一名游擊隊員中，有三十九名是女性）。可是真主黨只要看到未戴面紗的女性，就往她們臉上潑強酸。一位廣告業女主管加入由專業女性所帶領的示威遊行，遭到真主黨用高爾夫球棒攻擊，事後她手持冰敷袋按著腫脹的頭部，接受紐約時報訪問表示：「這根本不是什麼革命，而是穆拉（穆斯林宗教教師或領袖）主導的一場遊戲。」

一九八〇年夏天，凡是政府機關辦公場合，婦女須強制配戴面紗。到了一九八三年四月，擴大實施到所有公眾場合，不守規定的婦女會遭到真主黨恐怖手段打擊。雖然，有些女性也支持這項保守運動的暴行。

一九七九年十月間，作家協會宣布一系列新的朗詩活動，結果辦不成，因為主辦單位要真主黨保證不會攻擊與會者，可是政府當局拒絕回應。一九八一年二月，三十名作家、律師、學者和記者聯手發表一份致柯梅尼的公開信，抗議政府的專制獨裁。（這是歷史常會重複的模式：大革命後，溫和的政府上台後馬上就被極端分子所取代，法國、俄國及伊朗都是如此。）

對於政府當局的新措施，中產階級組成的游擊隊表達反對的方式並不怎麼溫和：首先是敢死隊（fedayeen），再來是聖戰士（mujahedin）先後發動反對新伊斯蘭政府的武力抗爭，包括使用炸彈攻擊執政黨位於德黑蘭的總部、對政府的重要人士加以殺害或使之重傷。柯梅尼在電視上現身，儼然一副街頭佈道師的靈魂再度上身，疾言厲色譴責所發生的悲劇。柯梅尼政府的鎮壓手段毫不留情，大學和學院關閉長達三年，上百名游擊隊成員遇害或流亡海外，政府也執行大規模的處決。政府官員外出需搭乘裝甲車保護，政府建築物外面架起防禦路障，政府建築夜夜燈火全開。在事情完全落幕前，政府處決了六千多人，包括一名在大革命期間的前聖戰士游擊隊領袖及三位青少女。主流的共產黨也盡責的配合政府，背叛其前游擊隊同志，但隨後他們也遭到政府禁止，成員遭到肅清，有的則被處決。

錢流到誰的口袋裡

此外，伊斯蘭執政當局的經濟政策則搖擺不定。剛開始，柯梅尼對受剝削的群眾（mostaz̕efin）所做出的承諾，看似會實現。政府允許貧民窟的民眾佔據富人住宅區的空屋。政府還把裝滿鈔票的行李箱交給神職人員，要他們分送到赤貧省份。大革命後的渾沌時期，農民夢想著能擁有屬於自己的土地，順利奪取了伊朗幾乎十分之一的農地；對此現象，監護委員會不知該如何做出回應。接著國會通過土地改革法案，但監護委員會把法案擋下來，這是因為有許多伊斯蘭神職人員經由慈善機構的運作而成為地主，所以他們一直反對重新分配土地。在農民挺身抗議後，土地改革法終於在一九八〇年四月通過。這是場劇烈的變革，不過八個月後土地改革法就停止實施，至於到底有多少土地被重新分配，歷史學家則沒有共識。確定的是，重新分配的大多是貧瘠的土地，少有農地。而有武裝勢力當靠山的地主，都至少拿回一些重劃的土地。

當然，有些受剝削的群眾也有得到好處。革命後，政府持續把銷售石油所得利潤放進死忠支持者的口袋裡。這些堅定的支持者有部分是住在都市裡的窮人，也是真主黨的重要成員。政府培育死忠支持者的用心不只侷限於真主黨黨員。一九八三年，伊斯蘭政府建立一個大範圍的補助機制，補助的主要對象為貧民，後來這些補助之多，已消費掉伊朗近一成的經濟產值，全國受惠人數約有一百二十萬人。政府補助基本需求，但如果貧民購買特定的高價產品如冰箱或電視，政府也給予補助。至於一般民眾的需求，則受到限額控制。

有些受惠人士腦筋轉得很快，開始濫用這個補助機制，例如購買政府補助的高價物品後，馬上以高於原價四到六倍的價錢轉賣給較富裕的伊朗人。柯梅尼曾說過：「伊朗是屬於貧民的；窮人是這個國家的資源。」某些程度上說來，確實是言之有理。和泰國的情況相似，貧民對政治的忠誠，其本質是很複雜的；中產階級左派份子以為貧民一定會和自己站在同一陣線，結果貧民並沒有如此。

伊朗新政府成立之初，柯梅尼認為每個人都應該成為伊斯蘭學者。電視台推出新一系列的節目，給柯梅尼每週兩個小時的時段評論可蘭經，然而才播出一集，知識份子都嚇傻了：他們從來沒有見過這個面向的柯梅尼，可以若無其事地拋棄根植於經典哲學的傳統論述。由於節目收視太差，很快就被停掉。柯梅尼又恢復他慣用的措辭，承諾打擊「邪惡的勢力」，並誓言會把這股勢力打得落花流水。同時，柯梅尼也顧慮到自己的形象，要求在德黑蘭所有他的肖像，必須都是有配戴眼鏡或是表情嚴肅的。

柯梅尼後來回到庫姆，重新返回他那樸質的磚土房，在他流亡海外之前，曾經在這裡住過。據說柯梅尼很快樂，當時庫姆正值復興時期，開設神學院這一產業前景大好。

伊朗國內大學的老師都必須到庫姆，接受由神職人員講授的暑期課程。可是，柯梅尼也有他的擔憂，包括國內的衝突不斷、兩伊戰爭爆發等，柯梅尼擔心他新建立的伊斯蘭共和國是否能生存下去。據說他曾做了一個很不吉祥的比喻：「我很擔心伊朗會像希特勒政權一樣，人民快速贏得勝利，卻也很快敗亡。」

儘管挑戰重重，新建的伊斯蘭政權還是活下來了。革命開始之時柯梅尼的年紀就已經很大，憲法規定任何取代他的人都必須是同樣備受景仰的「學習的模範」，亦即伊斯蘭學者的最高稱謂。這點是有道理的，因為這份工作的責任，講白了就是必須在人間詮釋天上真主的言語。一九八五年，伊朗宣布了柯梅尼的接任者，是他的得意門生，也是最富學養的偉大阿雅圖拉之一。可是，這名指定人選抨擊政府侵害人權，於是只好重新找尋替代人選。大家集思廣益尋求的替代人選，也必須忠誠和學識兼具，然而放眼望去似乎沒有這樣的人物。最後憲法重新修正，不再規定國家最高領導人必須是「學習的模範」，忠誠度才是關鍵條件。

一九八九年六月三日週六的午夜前夕，柯梅尼死於心臟衰竭。緊張的政府一直到隔天晚上七點才公布柯梅尼的死訊。在喪禮上，居住在都市的貧民湧進街頭，送別他們的領袖。柯梅尼的下葬地點就是他結束流亡回國後，發表首場演說的墓園。上百萬名人民頂著夏日的烈焰聚集在德黑蘭街頭，消防隊員向民眾灑水降溫，不過還是有人死於高溫和踩壓，原定的喪禮遊行也取消。柯梅尼的遺體直接由直升機載運到墓地。就算事先已有防範措施，當直升機一降落，等待的群眾蜂擁擠向開放的棺材，試著想撫摸柯梅尼的頭，撕扯他的裹屍布作為神聖紀念物。在他遺體短暫暴屍之後，軍隊費勁的取回尚未闔上的棺木，置於救護車頂上，運往位於五十公尺外的墓穴，柯梅尼最終蓋棺長眠於此。

伊瑪目（禮拜導師）教導我們的事

故事一開始那批空運到伊朗國王巴勒維宴會的法國製帳篷，價錢雖很貴，卻也做工精緻。二〇〇一年，宴會結束後的三十多年後，這些帳篷仍留在原地。伊朗政府宣布將把帳篷改造為旅館房間。一名當時剛好到當地參觀的伊朗遊客哀怨的說道：「過去二十年（革命以來），我們連個像樣的門都蓋不出來。」伊朗政府的計畫果然也不了了之。到了二〇〇九年，現場大部分的帳篷只剩下金屬框架。而在當時伊朗國王家族的帳篷外，伊斯蘭政府擺了一個標示，上面裝飾著玫瑰和摘錄自可蘭經的詩節：「反思先人所為，從中學習教訓。」

伊朗革命所帶來的教訓，也是學者們仍需研究的，就是革命為何會發生。當然是柯梅尼有本事動員大規模的群眾，以及取得傳統保守派的支持（柯梅尼所動員的是伊斯蘭什葉派的神職人員以及傳統市集的商人）。在巴勒維國王流亡後所留下的亂局，來自宗教階層的支持與協助對柯梅尼取得絕對權力尤為重要，因為宗教階層算是伊朗國內僅存的幾個還具有公信力的組織。即便如此，革命的成功仍是團謎。直到巴勒維國王離開伊朗前，軍隊還支持他，他在十四個月之內所殺害的伊朗百姓，人數介於一萬到一萬兩千名。那他為何要流亡？

這個問題引發外界對巴勒維國王精神狀態的揣測。在政治風險學上啟發我的一位導師馬爾文．忠尼絲（Marvin Zonis）認為，巴勒維國王的情緒穩定與否取決於某些重要的信念支持，包括人民對他的愛戴，覺得美國會永遠替他解決麻煩的信念，還有他是神定的人選。可是當他所有的信念同時受到威脅時，包括憤怒的示威遊行、美國對其人權紀錄的批評，還有他最後被診斷出罹癌，巴勒維就變得萎靡不振，優柔寡斷。曾為國王服務的一名總理就表示：「這個國家會輸，是因為國王沒辦法下決定。」

自一九七〇年代以來，與革命相關的研究理論便不斷發展。其中最重要的一個發展就是，我們對於政治機構的能力強度（通常指的就是治理的品質）有了新理解。決定執政或治理品質的重要因素包含：**政府官僚體制的效率**、**法規與經濟政策的品質**、**法治**、**貪腐控制與公眾秩序的維持**。這幾項表現不錯的國家，比較不容易產生暴力革命或是嚴重的政治暴力。在歐洲和北美地區，絕大多數國家的執政品質都極為優異，這是個好消息；無論來自民意的壓力有多強大，暴力的政治動亂也幾乎不可能會發生。相反的在伊朗，巴勒維國王手中幾乎握有絕對的權力，可是執政品質卻很薄弱。

近年來，學者已能夠發展出幾套理論架構，可以成功地用來解釋許多，甚至是絕大多數政治暴力爆發的原因。而這些理論架構或許最有名的，就是美國中央情報局的非機密「國家失敗計畫」（State Failure Projects）。該計畫經過各式各樣的修正與調整，演變為今日的「綜合危機預警系統」（Integrated Crisis Warning System），由洛克希德·馬丁公司負責管理。幾乎所有關於「政權不穩定」的權威研究，都包含在這套系統裡，例如學者泰德·古爾（Ted Gurr）與傑克·郭德史東（Jack Goldstone）的見解。此款新模式結合統計模式與精密的人工智慧演算法，解析最新的消息、社群媒體以及類似媒介，藉此尋找潛在衝突發生的早期跡象，並預做警告。

就算這個科技的模式完善齊全，也並非每次提出的預警都完全正確。幾年前，一位美國將軍私下告訴我，根據這個模式，下一個會發生重大政治劇變的國家是約旦。一聽到這個消息，我馬上訂了一趟約旦之旅，想在約旦的災難發生前，再好好看一眼真是美呆了的約旦：古羅馬遺跡、十字軍城堡、美食與沙漠景致，當然少不了世界七大奇景的古城「佩特拉」（Petra）。但是好多年後，約旦仍舊毫無動亂的徵兆。所以在政治的發展中，什麼事情都有可能。

話雖如此，有一個黃金法則至今不變：**政治右派的反體制運動，一定需要傳統保守勢力的支持才能成功**。舉例來說，在二〇一六與二〇一七年這兩年，許多右派民粹主義盛行的國家，都有舉行選舉，包含美國、英國、法國與荷蘭。可是民粹主義者只有在美國和英國勝出，部分原因是這些國家的右派民粹主義者獲得傳統保守勢力的大力支持。如果不是主流保守人士如麥可・高維（Michael Gove）、強森（Boris Johnson）等人出任英國脫歐公投的領導人，很難想像英國脫歐公投會有成功的可能。而如果美國總統川普是獨立參選，而非由共和黨提名參選，他想要勝選的機會就不大。川普不是傳統共和黨員，但是在黨的認可下，有將近九成的共和黨註冊選民將票投給他。

我曾提到研究大革命起因的幾個理論，以及新興左派社會族群在革命中的重要性。然而大致說來，革命本質是脆弱的，每個不同的革命，都必須由不具重複性質的條件所構成。傑克・郭德史東費了一番功夫分析多場革命的條件，最後歸納出四大項：樽節政策或經濟危機、強烈的反抗意識形態與普遍認同社會存在著不公不義（覺得社會存在著不公義的認知，是苦難故事動聽的組成因素）、社會菁英之間的內部分歧（例如俄國仕紳階層的改革派份子；或柯梅尼用盡心機想策反什葉派的神職人員，轉向反抗伊朗國王）；最後一個條件是有利的國際關係（以俄國來說，這場革命不只對沙皇來說是場代價昂貴的戰爭，列寧的布爾什維克黨也接受德國政府的資助。德國政府的用心，其實意在破壞俄國政權的穩定）。想當然爾，上述的所有條件並非皆適用於伊朗，這也是為何大家會開始臆測第五個條件：伊朗國王巴勒維可能失去理智。

話雖如此，除了暴力的革命以外，還是有很多方式足以讓政權垮台。

第四章
阿根廷之淚：富裕的民主國家為何失敗

如果我下定義，我就被定義所侷限。

——胡安・裴隆

像阿根廷一樣有錢

二十世紀初年，布宜諾艾利斯很有錢，富裕程度僅次於紐約。布宜諾艾利斯的歌劇院，規模也僅亞於義大利米蘭的史卡拉歌劇院。雄偉的大道是以巴黎為雛型建造的，街道上種滿一排排紫花盛開的藍花楹樹，人行道重新改鋪花崗岩。布宜諾艾利斯擁有瓦斯、電力和車陣，一位到訪的美國人寫道：「這座大城市可媲美巴黎和倫敦，是個二十世紀的大都會，具備一座都市該有的一切基礎建設、人群、街道、公園、地鐵、外國鋼琴家、各種令人混淆的語言腔調、煞車聲以及外觀燈光奪目的電影院。」

巴黎人也知道阿根廷，法國人曾用「跟阿根廷一樣有錢」這句話來形容揮金如土。

之所以會衍生出這句話，是因為有錢的阿根廷觀光客到法國觀光時，不僅身邊有傭人隨行，花錢更是闊綽毫不手軟。有一位阿根廷觀光客度假時帶了多匹乳牛，因為他說在歐洲根本喝不到新鮮的牛奶。聯合國前身的國際聯盟（League of Nations）主席曾由阿根廷人擔任，此外，阿根廷人也曾獲頒諾貝爾和平獎。一位西班牙哲學家曾說：「阿根廷根本不知道什麼叫做失敗的歷史。」阿根廷有一屆的總統表示他的國家「被咒詛一定會發財」。而當年阿根廷的探戈舞蹈更是席捲全球。

之後，不尋常的事情發生了。接下來的七十年，跟其他的富裕國家相比，阿根廷經歷幾乎是永無休止的經濟衰退。二十世紀初期阿根廷是全球前十大富裕國家，超過法國、義大利或瑞士，幾乎與德國和荷蘭相當。然而現今，阿根廷連全球五十大都擠不進去，經濟實力與匈牙利或土耳其差不多。大家想必都了解古羅馬帝國的盛衰史，可是在當代，只有阿根廷一個國家，曾經富裕然後再度變窮（更準確的說，應該是中等收入）。

導致阿根廷衰敗的因素，經濟學家議論紛紛。到底是什麼原因重傷阿根廷：過度仰賴商品？預算管控失敗？無法走在創新的最前線？但是最有趣、與當今最相關的問題，其實與經濟無關。最相關的問題是政治：為什麼阿根廷的領導人會做出糟糕的選擇？

我們可以容忍一、兩個錯誤的政策，可是一個原本富有的國家，卻經歷了數十年的經濟衰退，這點令人咋舌。政策實施幾年後，一定可看出是否有效，那領導人為何年復一年不斷的重踏覆轍？

地主、中產、社會主義三方互打

一五一六年，西班牙探險家的冒險之旅來到位於拉普拉塔河口，想尋找原始的美洲帝國加以掠奪，但找到的卻是一片幅員遼闊的空曠大平原。起初，西班牙探險家甚感失望，但後來這塊平原卻為這塊土地上的人們帶來極大的財富。這塊橫跨五百英里的彭巴草原，土壤肥沃到據說在這裡犁田，橫跨五百英里都碰不到一塊石頭。在一八六〇年代，這塊土地盛產羊毛，二十年後又盛產穀物和小麥。然而，讓阿根廷致富的是牛肉，尤其是在冷凍海運出現後。英國人急於想飽嚐由這塊彭巴草原直接運送過來的牛肉，一九〇七到一九一四年間，英國還資助建造平均每年約一千英里（約一千六百公里）的鐵路，橫跨阿根廷的鄉間。

一開始，阿根廷政治是由靠著農業致富的人所主導，這些人主要是大牧場的地主。到了一九一六年，新崛起的布宜諾艾利斯中產階級也在政治上產生影響力，這群中產階級大多受雇於後勤支援產業如零售、船運及政府部門。有位獲得支持中產階級的候選人贏得阿根廷總統大選，但他深居簡出，人們甚至給他取了個「犰狳」的綽號（阿根廷的犰狳棲息在地底下）。他很少公開露面，喜歡出版長篇大論的宣言，都透過他的幕僚與外界溝通。儘管如此，美國大使館的一名職員證實這名總統「擁有與生俱來的堅毅偉大性格，是他獨特的外貌——鳳梨頭型及嘴唇兩側往外蔓生的翹鬍子——無法遮蓋的」。

一九二〇年代，另一個社會族群興起——工廠勞工。第一次世界大戰切斷了國際貿易，意味著阿根廷不能再仰賴對歐洲的出口，轉而生產內需的民生用品。但阿根廷很有錢，內需市場也很強，因此國內工業也發達起來。工業的發展帶來了強大的工會。到了一九三〇年，阿根廷的政治形成三方競爭，造成不穩：中產階級組成的激進政黨與地主支持的保守政黨，兩者在國家的立法機關勢均力敵；由勞工支持的社會主義政黨則勝出取得執政權。

但就在同一年，地主絕地大反擊，他們支持以軍事政變推翻民主派政府。這個想法一度獲得不少中產階級認同，部分原因是許多中產階級阿根廷人都擔心國內會發生俄羅斯那樣的工人暴動。許多與政變相關的暴力事件，都是這些中產支持者發起的，他們上街慶祝，又放火燒掉「犰狳」的住所。可是，原本支持軍事政變的地主馬上翻臉背叛了中產夥伴。舉辦選舉時，地主禁止中產階級的激進黨參與政治。投票過程也充斥詐欺舞弊，幽靈票大舉入侵，全部是投給地主陣營。至於各地區支持反對黨的選票，則遭警察沒收。

今日的阿根廷人只要提到那段由地主主宰的年代，都稱為「骯髒十年」。當時地主採取了焦土政策，他們認為社會主義份子很危險，而勞工組織是社會主義的主要支持來源，且勞工組織在大型企業中的勢力最強大，因此地主決定：必須打壓大企業。他們的政策計畫叫做「無須工業革命的工業化」；主要用意是讓企業小型化，避免重工業。這種打壓手法確實壓制了社會主義的勢力，不過也讓經濟付出慘重代價。之後十年內，「跟阿根廷一樣有錢」這句話，漸漸在歐洲聽不到了。

裴隆初登場

胡安．裴隆是新起之秀，身材壯碩結實，軍人出身，臉上總是帶著燦爛的笑容，對手還以一個牙膏品牌名稱為他取了「柯萊諾上校」這個外號。在那個年代的阿根廷男子，很少人會公開笑得那麼燦爛。裴隆極具男子氣慨：駕駛摩托車、騎馬、噴射船還有賽車。美國聯邦調查局的一份報告顯示裴隆「生性幽默」。就算是在民間場合，他也總愛身穿軍服，披風不離身。一九四三年，他和幾位低階軍官同袍發動軍事政變，反抗地主支持的政權。經過多次新政府的改組，裴隆爬上戰爭部長一職。

一九四三年八月，發生了一件即將改變他的政治生涯與阿根廷未來的事件。裴隆受託處理肉品包裝工人的罷工。總能施展魅力的裴隆，總有辦法讓雙方協調達成協議，讓工會的創辦人從監獄中獲釋（他是一名共產主義者），還為工人爭取到每小時加薪五分錢。裴隆的交涉手法太令人驚喜（地主碰到罷工，通常是請警察出面），工人因此對裴隆滿懷感謝。裴隆也趁機要求政府任命他為國家勞工部部長。同年十月他如願以償。上任後，他便針對勞工組織展開魅力攻勢：立法實施假日支薪，給予勞工病假、退休金和最低薪資；他還對工廠廠主施壓，碰到罷工要出面協商。工會舉辦大型集會，他就上台演講。人們把他介紹給鐵路工會時，稱他為「阿根廷最佳勞工」。而他的時機再好不過了：當時第二次世界大戰再度阻斷世界貿易，再度讓阿根廷的工業昌盛繁榮，國內工人數量增加。一九四一年到一九四五年間，工會的數目多了將近三倍。

裴隆與工會之間的你儂我儂，很快就惹毛阿根廷的有錢人。幾位工業界巨擘發表宣言，要求裴隆撤回他的政策，由地主組成的「鄉間社會協會」也加入這項行動。這個時候的軍政府，由於內鬨的緣故，認為裴隆的抱負無法替政府加分，反而比較像是麻煩。一九四五年十月九日，政府派人把裴隆從他的公寓強行帶走，監禁在布宜諾艾利斯附近一座小島上。他寫信給他的情人伊娃：「我最親愛的寶貝……從我離開妳的那一天起，我心滿懷哀戚，到現在我一直無法撫平我悲痛的心情。」他還答應會在獲釋後馬上跟她結婚。

一九四五年十月十七日的早晨，發生一場奇蹟似的政治動員。大批民眾從布宜諾艾利斯的市郊工業區湧入市中心，最遠的還來自位於布宜諾艾利斯市東南方五十六公里處的拉普拉塔市（La Plata）的屠宰場。為了防止人潮，官方把橫跨於惡臭河流上、連接布宜諾艾利斯市和市郊的橋面拉起。民眾就想辦法乘坐臨時的竹筏過河，一直到橋面又再度被放下為止。許多人可能從未來過布宜諾艾利斯的市中心精華區，於是脫掉鞋子在宏偉的噴泉池中泡腳。這場集會約有三十萬到五十萬人參加，有些甚至說多達一百萬人。這場群眾集會到底是如何組織而成的，原因至今仍不明。工會領袖們原本計畫發起一場普通的罷工，但預計的日期晚於這場集會一天。裴隆聲稱伊娃也參加了工人遊行隊伍，但最新研究推翻了裴隆的說法。政治風險分析家吉爾・賀吉斯（Jill Hedges）推測，引爆集會的導火線可能是在當天早上所宣布的臨時內閣名單中，並沒有任何一位是同情裴隆的處境。

聚集的群眾要求釋放裴隆。幾個小時之後，群眾並沒有離開的跡象，政府因此讓步，釋放了裴隆。可是裴隆大概正在細嚐重獲自由的滋味，刻意讓緊張的氣氛持續下去，直到晚上十點半，他總算現身。他大喊著：「勞工朋友們！」群情激昂的回應歡呼聲綿延不絕。裴隆表示他會「穿上百姓的衣服，與受苦的民眾在一起；流血流汗的廣大人民，用勞力撐起這個偉大的國家」。群眾的歡呼聲更響亮了。他繼續說著溫暖的話語：「我現在就想變成一位樸實的人民，跟辛苦流汗的廣大群眾並肩而行，像擁抱我母親一樣，用力擁抱每一個人。」群眾中有人大喊著：「為裴隆的老母親歡呼！」這場演說演變成一場不尋常的互動式對話。裴隆一講完話，群眾就大聲歡呼、發表意見或大聲提問，讓裴隆回答（當有人問到剛剛的幾個鐘頭內，他跑到哪裡去了，他有點語塞回答不太出來）。最後，他要求大眾一起唱國歌，呼籲群眾和平散場趕快回家，並宣布每個人可以放假一天，不過到底是誰允許他這麼說，則不得而知。

面對這樣的狀況，軍隊和地主不太確定要如何應對。中產階級看到布宜諾艾利斯市中心被工人佔滿的景象嚇到了，稱裴隆的支持者為 descamisados，意旨「沒襯衫、打赤膊的群眾」（很顯然是參考雨果的《悲慘世界》）。一名中產階級的激進黨成員用更鮮明的字眼「洪水猛獸」形容裴隆的支持者。沒多久，這番嘲諷變成榮譽的象徵，工人開始自稱 descamisados，開始訴說自己的悲慘故事，受到如何不公平的對待。之後裴隆在選舉中輕易獲勝，雖然阿根廷國內每個政黨都聯合對抗他（阿根廷地主的保守黨與共產主義者結盟，這在歷史上算是怪異的權宜政治案例），但他贏得百分之五十二的選票。美國大使館稱這次的選舉是「阿根廷史上最公平的一次」。裴隆走進總統官邸時，興奮地衝上樓梯，然後從樓梯扶手溜下來。

然而將裴隆打造成政治傳奇人物的力量，並不完全是這次令人難以置信的勝利，而是一個女人。回溯至十月，在裴隆獲釋後，他馬上實現諾言，跟他心愛的女人伊娃結婚，大家都暱稱她為艾薇塔（Evita）。

民粹主義人士為何突然出現？

第二次世界大戰後，民粹主義人士從世界上的大多數地區消失，但不包括拉丁美洲。在這個區域，民粹主義人士如潮水般湧現。全盛時期是一九四〇到一九六〇年代，當時許多國家的執政者，或是主要的反對黨，都是像裴隆這樣的人。一九七〇年代，民粹主義似乎有恢復的跡象（例如在牙買加），但是直到一九八〇和一九九〇年代才真的重現江湖。有的民粹主義運動以新面貌復出，像是反對菁英階層；然而一旦掌權後，卻又實施市場導向的改革政策。祕魯的日裔總統藤森（Alberto Fujimori）就是一個例子。到了公元兩千年這個時代，又出現另一批左派民粹主義份子，包括委內瑞拉的雨果·夏維茲（Hugo Chávez）以及玻利維亞的埃沃·莫拉萊斯（Evo Morales））。

民粹的需求與供給

為何民粹主義會在拉丁美洲盛行？學者有一度斷言這是理所當然的事情，因為薪資收入與財富分配不公都是問題的根源。拉丁美洲國家過去在全球財富分配不均排行榜上都是名列前茅，到現在還是差不多；現今，全球十五個財富分配最不公平的國家，有近半數都是中南美洲國家（剩下則是非洲國家）。可是在一九八〇年代，情況很清楚的顯示，財富分配不均與民粹主義之間的關聯，並不如預料中來得緊密。在西歐，民粹主義的右派政黨還頗受支持，尤其是在平等主義盛行和社會福利發展良好的國家，像是荷蘭、瑞典和芬蘭。學者也採用統計方式測試「財富分配不均」與「民粹主義盛行」之間的連結性，常常得到的結論是兩者沒有關係。二〇一六年英國脫歐公投中，選民的「憤怒型」投票行為，再度證實學者的研究：針對英國選民的調查顯示，擔心財富分配不均的選民，傾向票投「留歐」。

所以民粹主義份子為何會出現？答案仍是眾說紛紜，但主流意見認為，供給和需求是很重要的兩個因素。就供給面而言，需考慮的是政治制度的架構及民粹主義政黨的勢力大小。關鍵問題在於：政治制度提供多少機會，讓民粹主義份子走進政治？又既有的民粹主義政黨的效能為何？（如同我們之前在第二章所看到的「機會」與「人民力量」這兩點，是社會運動成功與否的決定因素）。就需求面看來，關鍵問題在於：有多少選民想要有個民粹主義領袖或政黨；而經濟危機、民眾不信任政府與體制內現有的政黨都扮演重要的角色。

「苦日子」是否造成民粹興起

針對民粹主義，檯面上還有許多結果相左的研究，而異中求同的一個普遍共識是：正如同財富分配不公的情況，個人經濟困境也不會提高民粹主義人士的支持度。以二〇一六年為例，絕大多數把票投給民粹主義人士的選民，實際上是針對政策、文化或價觀（尤其是移民）等議題做出選擇，而不是憂慮經濟問題。這其實並不令人意外：如我們到目前為止所看到的，個人經濟困境不太會是引發民眾動員的原因，對投票決定取向上也沒有太大的影響（當經濟衰退時，選民是懲罰政府在治理國家經濟上的無能，而不是以自己的荷包來決定投票意向）。

話雖如此，群體的經濟困境對提升民粹主義份子的支持度，確實有很大的刺激作用。近年來的研究發現指出，高失業率、低收入、受到全球化影響較鉅的國家，比較容易讓選民決定票投民粹主義份子（無論是左派還是右派）。美國的州郡如果「死於絕望」的人比較多（例如濫用藥物而導致的早死），選民則比較會把票投給社會主義人士。一項極具影響力的研究顯示，在美國，「因中國進口的競爭之下使得失業率升高」的地區，較多選民會支持社會主義的茶黨候選人。英國脫歐公投與歐洲選民支持社會主義政黨，也得出類似的研究結果。

這些研究結果，與我們在本書內讀到的案例吻合：**政治多半是團體的行動，而對政治的反應多半是對群體待遇的感覺投射**。在群體中有人生活過不錯，有的則過不下去。無論個人的處境為何，只要選民所住地區（以及假設上他們所認同的群體）經濟陷入困境，這些選民就比較容易投票支持民粹主義者。

民粹主義者要去哪裡找選票

黃金法則是：民粹主義者會獲得忿忿不平的社會群體之大力支持；因為民粹主義者經常得仰賴政治上的動員，亦即藉由大批湧上街頭的民眾參與政治，才能站在這股浪頭上趁勢取得權力。在裴隆的案例中，他的靠山是descamisados，即阿根廷的工人們，以及迅速擴張的工會成員，加入工會能有效幫助這些工人由原本的弱勢群眾，成為強大的群眾運動。裴隆和艾薇塔也提出女性享有投票權的主張，並鼓勵女性出來投票。其他拉丁美洲的民粹主義者所提出的政策有：把投票年齡降低至十六歲、廢除「需具讀寫能力」的投票門檻、將投票規定成為國民義務等。前述每一項政策，都可讓民粹主義者動員出新的社會群體，讓他們參與政治。前述每一項政策都可以讓民粹主義者依靠那些以前不投票的人，把選票投給自己，讓自己繼續握有政治權力——正如英國脫歐的情況一樣，借助以前沒有投票習慣的選民，改變了公投結果。

人稱裴隆是「史上最純」的民粹主義者。第一章說過，民粹主義屬於罕見的政治意識形態，因為民粹主義的中心思想空洞，對政策缺乏論述，並將政治重心都放在鼓動民眾反抗現有體制。像裴隆這麼精純的民粹主義者，儘管對政治體系做出強而有力的批評，卻不著重於其所屬黨派在政治上左派或右派的區隔。他曾說：「裴隆主義沒有派系之分，有人說它是走中間路線的黨派，這是天大的錯誤。一個中間的政黨，就像左派或右派政黨一樣，都是有派系之分的，對此我們是完全反對的。」這番話聽起來像是一派胡言，可是在裴隆的案例中，是正確無誤的。他獲得的支持不只來自工會，還包括社會各個族群，最後極左和極右派都不約而同相挺（駐阿根廷的美國大使館還因此深感困惑，宣稱裴隆既是共產主義也是法西斯主義份子）。

這樣說來，民粹主義聽起來棒極了，至少是個必勝絕技。如果說走民粹主義路線能夠橫掃所有政治派系的支持，那為何不每個政治人物都變成民粹主義者呢？原因是，民粹只有在特定的狀況下才會生效，像是當許多人不信任政治體制內的政治人物時，或當社會出現忿忿不平的群體可加以動員的時候。

再者，走民粹主義路線是有代價的。舉例來說，社會主義的政權容易起內鬨，這乃是不變的道理。政治人物如果從政策立場各自不同的團體汲取支持，尤其是若團體本身的支持者相互怨恨的話，會帶來不幸的下場。例如美國總統川普的政權結合「支持全球化」與「強力反對自由貿易」的領袖，這樣的組合對執政者而言絕對不好應付。裴隆的政府也面臨類似的問題，對此狀況他仍打起精神表示：「我只有在 quilombo（意指倉庫）裡才能把事情處理得最完美。」這是白話的表達方式，quilombo 意思是混亂的環境。

最後一項黃金法則是：民粹主義者傾向忽略既有的政治行為。例如，民粹主義者的行為不拘小節，時而有話直說，有時甚至很粗俗（泰國的塔克辛則是傲慢）。也就是說，民粹主義者用自己的個人風格當武器，來抨擊他們反對的政治體制。裴隆的措辭也許不像塔克辛那般無禮，也不至於像川普的推特那樣脫序，但是一旦上任執政，裴隆改變了阿根廷政治的規則。最顯著的就是他把自己的個人生活攤在大眾眼前，而他的妻子很快形成獨樹一格的政治力量。

艾薇塔

艾薇塔是個外表看來弱不禁風的美女，膚色如瓷器般透白，可能是因為她患有貧血症。但是她絕對不是一個花瓶，才十五歲她就必須自力更生，前往布宜諾艾利斯尋找成為女演員的機會。根據他人的觀察，她有著「漁夫妻子的嗓音」：未經修飾、原始、粗糙的煙嗓，說起俗諺和粗話又自然又流利。艾薇塔對政治有濃厚的興趣。在一場有關政府官員提名的激烈討論中，艾薇塔脫口而出一句令眾人譁然的話：「他根本就是一佗狗屎！」日後她的政治對手將會出版一本抹黑她的書，然而就算是想黑她，字裡行間仍帶有一絲敬畏，好比說，「這個奇怪的女人跟其他白種女性很不一樣。她情感奔放、強勢、令人讚嘆……滿腔熱情並具有女性罕見的勇氣。」

艾薇塔不是什麼優秀的演員，但儀表落落大方。當時她接受西班牙獨裁政權強人弗朗西斯科．佛朗哥（Francisco Franco）的邀請，前去訪問西班牙，對此美國政府強烈反對。她淡淡回應：「別管那些外國佬！」並且還要求佛朗哥與她一同拍攝宣傳照片：「那個外國佬杜魯門該不會氣炸吧？」（當時美國總統是杜魯門。）她讓整趟旅程成為「彩虹之旅」，是參訪歐洲優美首都的單人任務，且在旅程中搖身變成國際名人。在西班牙的一場演講中，她的演說內容曾讓現場陷入一陣尷尬：「在阿根廷，我們努力減少窮人和有錢人的數量，你們也應該學我們。」想法不錯，可是跟佛郎哥主政的西班牙狀況不盡相同。艾薇塔返抵國門時，大批群眾在場迎接，當然少不了裴隆和整個內閣團隊。當她搭乘的輪船靠岸時，她擺出一個經典的姿勢，身體倚靠欄杆，淚珠汨汨滾落雙頰，手中揮舞著手帕。

裴隆榨乾地主，將財富重新分配給工業界。他創立許多國營專賣企業，專事穀物和肉類的採購與出口，以極為低微的價格收購地主的產品。雖然軍事政變策畫的傳聞甚囂塵上，然而新興的族群發起了動員，使他的政權安然無恙。工會帶領大批群眾湧進布宜諾艾利斯市中心遊行，這場景讓大家想起發生在俄羅斯的十月革命，現場參與的群眾人山人海，洋溢著真摯的熱情。畢竟裴隆政績上確實有所表現。一九四三到一九四八年之間，阿根廷工業勞工的實得薪資增加了將近五成；一九四六到一九四九年之間，薪資佔全國收入的比，提升了將近四分之一。經歷過之前地主主宰的「骯髒十年」，這樣的轉變確實很卓越。所有工會力挺裴隆，而他也有所回報。一九四五到一九五一年間，勞工工會人數激增了將近六倍。裴隆也指派工會人士擔任政府要職，像是掌管勞工部、內政部與外交部等。

一座愛的橋樑

然而，真正幫裴隆贏得民心的人，可能是艾薇塔。艾薇塔裴隆基金會在一九四八年成立，沒多久就湧進大量現金。阿根廷貿易工會成員皆須向基金會捐款，國家樂透也貢獻出自己兩成的年收入到該基金會。很快地，基金會就開始建造學校、公宅、醫院和老人安養之家。但在建設醫院的時候，基金會蓋的不是慈善醫院，反而比較像是布宜諾艾利斯有錢人會喜歡享受的醫院，然後再邀請窮人來使用。這個醫院蓋得有點浪費公帑，可是艾薇塔想要凸顯的重點是：她分配的是尊嚴，而不是做慈善。她有一句口號：「裴隆實現目標，艾薇塔帶來尊嚴。」在一個階級分明的社會，她強調人皆生而平等。裴隆的一個標語聽起來很虛幻但卻迷人：「在阿根廷，唯一享有特權的族群是兒童。」

在地主主宰的骯髒十年裡，歷任政府背後有地主勢力撐腰，都不太親民。反之，裴隆和艾薇塔則將其個人生活攤在公眾眼前。雜誌《紐約客》曾寫道：「這兩位每時每刻在國人面前都愛得如膠似漆、熱情如火。」裴隆和艾薇塔在眾人面前不太掩飾彼此的感情，他們是一對完美的愛侶，慷慨、慈愛，且無論大小事總是設想周到。事實的確如此，沒有什麼事情不足以讓他們細心思量。艾薇塔每天在勞工部開放親民時段，接待長途跋涉到布宜諾艾利斯的窮人。受接待的貧民開始訴說他們收到的物資：一台可以協助展開家庭事業的裁縫機、藥品、一棟房子、一份工作、醫療照護、給孩子的足球或腳踏車。艾薇塔的親民時段每天都開辦到晚上。由於出身貧窮，艾薇塔跟窮人相處沒有隔閡。她曾經跟一位臉上長有梅毒爛瘡的婦女擁抱，甚至親吻她的嘴唇，此舉頗為讓人津津樂道。她表示她想成為「沒襯衫、打赤膊的群眾」與裴隆之間，那座愛的橋樑。

對於艾薇塔的這份愛，阿根廷人的回應程度熱烈到驚人。裴隆的晚年一直苦於自己的民意不如當年的艾薇塔。裴隆寫道：「國家由我照顧……這塊土地上人民的苦則交給艾薇塔。透過她，我們與人民有直接的聯繫，也許因為這個原因，大家比較記得她。」而艾薇塔總是盡心盡力、毫無遲疑的支持裴隆。她對裴隆的全心全意付出，在寫給他的信件中表露無遺，意志之強烈令人有些發毛：「你我本是一體，我感受你所感受，我想你所想。」

一九五一年，裴隆把憲法動了手腳，使他可以重新參與選舉。有人（應非裴隆陣營的人）建議艾薇塔出任阿根廷副總統職位。工會於八月二十二日舉辦一場公開論壇提出此建言。裴隆答應參加，他大概想說這只是一場完美的鬧劇，而且還能提升形象。出他意料之外，約有兩百萬人出席，群眾真心想要艾薇塔接任副總統，現場情緒沸騰到開始失控。裴隆可一點都不想把手中的權力與太太分享，這也是他第一次沒跟艾薇塔一起上台。可是台下的群眾執意要艾薇塔現身。沒多久艾薇塔出現，台下歡聲雷動。她發表一場高昂激動的即席演說。她抨擊「寡頭政治」，並自稱是「謙虛的女人」。裴隆想辦法中斷這場演說。台下不時有人大喊要艾薇塔接受副總統人選提名，群眾大聲吼叫表達對艾薇塔的支持。深感意外的艾薇塔在群眾的呼喊聲中，勉強出聲回應：「給我四天的時間考慮。」群眾反覆喊著：「不！不！不！」艾薇塔再說：「我不會在掙扎之際宣布放棄我的立場。我宣布放棄我的榮譽。」群眾又重複著：「不！不！不！」艾薇塔這時說道：「我的朋友們啊，我會以民意為依歸。」一聽到艾薇塔這麼說，群眾才總算願意慢慢散去。許多人堅信她已經接受提名。至少隔天有一份報紙的頭條是這樣下標題的。

八月三十一日，艾薇塔透過廣播宣布她無力支撐下去了，她別無選擇，因為她罹癌重病。而原本跟她政治角色相關的紛擾也因此平息。艾薇塔之後說道：「當後人撰寫偉大篇章時，必定會向裴隆致敬。」若是如此，她希望歷史能記錄下「裴隆身邊有個奉獻自我的女性，她將人民的希望帶給總統，人民懷著感恩愛戴，稱這名女性為『艾薇塔』。」在選舉中，裴隆以壓倒性之姿大舉拿下六成四的選票。選舉的成功主要歸功艾薇塔，在她的協助下，裴隆甚至在女性族群中贏得較高的得票率，女性是首次有投票的權利。裴隆的政黨完全掌控國會上下兩院。

赤忠忘生死

艾薇塔在一九五一年十月所發表的演說，已經成為阿根廷的國家傳說。「我親愛的工人朋友們，請照顧好你們的將軍，效忠裴隆之心永遠如故。」大家開始意識到艾薇塔在道別，聽眾席中有人開始哭泣。「今天我只求現場同志們一件事：我們要公開誓死護衛裴隆。讓我們用一分鐘的時間齊聲吶喊誓言！『為裴隆而活！』」民眾跟著大呼口號。艾薇塔崩潰哭泣，群眾開始大聲啜泣，連裴隆也忍不住流淚。

隔年五月革命紀念日是艾薇塔最後一次在公開場合現身，她當時三十三歲，體重遽降至三十七公斤，必須由裴隆攙扶著。她的演講激烈高亢：「人民將會跟隨裴隆，抵抗黨內黨外的叛徒。無論是死是生，我都會與祖國的工人朋友並肩前進。對那些不支持裴隆的人，我們絕不留情……我們會起身親手為公平正義而戰。」艾薇塔還效仿列寧，提議為工人提供武力裝備，裴隆並不同意。

一九五二年七月底，艾薇塔陷入昏迷後過世。在她的喪禮遊行中，群眾拼命往前擠，現場還派出一萬七千名士兵維持秩序。每天有超過六萬五千人至她靈柩致哀，還有一兩個人想在她遺體旁自殺，受人勸阻後才罷休。裴隆在棺木旁站上好幾個小時，臉上泛著淚光。民眾獻上的花朵數量，多到快把建築物的出口給掩蓋住，可是人們仍舊繼續獻花。

接下來的那一年，裴隆試圖延續艾薇塔的精神。政府把艾薇塔的自傳加入學校課程。起初，裴隆也試著學習艾薇塔接待貧民，儘管裴隆終年笑容滿面，這方面他還是應付不來。當民眾寫給艾薇塔的信件寄達時，政府還以艾薇塔的口吻回信：「我在天堂與天使同在。我每天跟天使訴說著打赤膊的工人事蹟。」更超乎常理的是，裴隆迫切想讓艾薇塔精神永在，因此將她的屍體防腐處理，使用各類化學原料，包括固化劑和透明塑膠。

艾薇塔復起

然而，失去艾薇塔的裴隆也失去了某些魔力。經濟開始崩盤，貪污醜聞時有所聞，裴隆政黨的勞工派系與政治派系互鬥，然後政治派系也跟女性派系起衝突。有些支持裴隆的集會遊行演變成暴力活動。有一次裴隆陣營的暴徒攻擊社會主義政黨總部以及高級的馬術俱樂部，把西班牙浪漫主義派畫家哥雅的畫作從畫框中拆下燒掉，還劫掠酒窖（幸好這些酒窖的藏酒比不上沙皇的酒窖）。沒多久，參加支持裴隆集會的人數就驟降，沒了群眾當靠山，裴隆勢力變得不堪一擊。裴隆出現了一些詭異的嗜好，在他莊園內成立一個少女田徑營，還幾乎是變態式地投入訓練，一直想教導少女西洋劍，這種行為頗令一些男性感到不恥。裴隆還騎著摩托車穿梭附近城鎮，後頭跟著一群吱吱喳喳的腳踏車少女（偉大革命家與少女之間老是有著叫人費解的關係）。

一九五四年，裴隆的敵對陣營出手了。艦載機轟炸了總統府前的群眾大會，明顯是要刺殺裴隆。剛開始炸彈偏離目標，擊中總統府天台上的溫室。後來炸彈大多落在集會的人群內，造成三百三十五人死亡，近六百人受傷，不過裴隆毫髮無傷。支持裴隆的右翼極端民族主義份子為了報復，對天主教堂發動攻擊，焚燬十幾座教堂。次年九月又發生另一起軍事政變，來自砲兵學校的部隊包圍了柯爾多巴市（Córdoba）擁護政府的步兵學校；海軍則掌控南部的港口。

革命家退場

裴隆很快就屈服。雖有人說裴隆的軍力還可以撐上一陣子，但是就像伊朗國王巴勒維一樣，裴隆似乎變得精神恍惚，兵變之際他還一直在掛念新建的煉油廠會不會被破壞。最後，他搭乘巴拉圭的一艘小砲艦流亡海外。

發動軍事政變的首腦們也接下不少燙手山芋。其中最令他們頭痛的是艾薇塔的防腐遺體。他們把艾薇塔放入一個外面標有「無線電收發設備」的貨箱，然後在國內四處移放箱子，但每當箱子移到新地點，又會神祕地跑出鮮花和蠟燭。這可能是軍中基層士兵的追悼行為，但民間卻八卦懷疑是不是發生了什麼靈異現象。據傳有一名神經兮兮的守衛，他的太太無預警在半夜找他，於是他開槍殺了她，原因是他以為自己的太太是裴隆政營的人或是鬼魂。高階將領受夠了這一切，將艾薇塔的遺體運往義大利，並以假名將其埋葬。

到了一九五五年，阿根廷的新領袖決定將裴隆從國家記憶中完全抹除。任何有他名字的東西，像是公園、建築物和紀念碑，都須重新命名或拆掉。艾薇塔裴隆基金會被關閉了，課本裡有關裴隆的內容被刪除了。政府重寫歷史，隻字不提裴隆和艾薇塔。在公開場合使用裴隆的名字或類似名稱被視為犯罪，報紙只能稱他「逃亡的暴君」。艾薇塔建立的學校和醫院遭到摧毀（這個破壞舉動毫無意義），而總統官邸——布宜諾艾利斯歷史最悠久的古宅之一——也遭到拆除的命運。

「逃亡的暴君」在拉丁美洲和歐洲國家輪流歇腳，展開精采放縱的生活。在巴拉圭，他取下假牙以娛樂記者（他說「人人稱讚我的微笑，卻從沒想過我可以一手就拿掉笑容」）。在巴拿馬，裴隆在夜店搞上一名二十四歲的舞者。在西班牙，他還去上瑜珈課。他住在馬德里的時候，跟他住在同一棟樓的女演員艾娃・嘉德娜（Ava Gardner）三不五時就到他家吃點心（裴隆的小女友，這時已是老婆，會做阿根廷炸餡餅）。裴隆也曾經試圖偷跑回阿根廷，不過沒有成功。有一次在他躲躲藏藏的返鄉之旅中，他從喜悅汽車一五〇〇型的行李箱爬出來，脫口而出的話是：「真是他媽有夠痛苦的旅行！」

慢慢的，阿根廷政府開始重新實施「骯髒十年」裡面那些惡名昭彰的政策。發動軍事政變的人背後有勢力強大的地主當靠山，他們的意圖很明顯，就是想打壓重工業並推廣農業。根據計算，一九五〇年代中期到一九六〇年，阿根廷的勞動所得佔比減少四分之一。執政當局也打壓大眾教育，一九六〇年代到一九七〇年代之間，學齡人口只有一半讀完小學，完全回到五十年前的水準。不過對政府當局而言，這個政策有其邏輯。因為如果想要達到全面控制，打壓教育是一個好辦法。然而這段期間經濟上仍有成長，尤其在以製造業著稱的柯爾多巴市。因為工人薪資縮減，讓該市成為廉價的外國製造業運作基地。這對衰退的阿根廷也算是好的一面。

到了一九六〇年代末期，軍隊直接治理阿根廷，關閉議會，禁止政黨。為了尋求執政的宗教合法性，軍政府擁抱保守派天主教，禁止迷你裙以及男人留長髮。許多阿根廷人受夠了，想把裴隆找回來。可是民眾想像中的裴隆已經不再是過去的那個他。有些阿根廷人現在以為裴隆是強硬左派，而且還是個共產主義份子。在阿根廷也出現裴隆派游擊隊的反對運動。與伊朗的情況一樣，絕大多數游擊隊的成員都是知識分子，不過一開始他們發動的游擊戰卻輸得一蹋糊塗，部分原因是受過教育的中產階級不知道如何在野外過苦日子。於是他們也像伊朗游擊隊一樣，轉而主打都會游擊戰。

妖術師的魔法

同時，流放中的裴隆本身也經歷重生。裴隆的新老婆伊莎貝爾有次返回阿根廷的旅途中，遇見一名叫做羅佩茲．雷格（Lopez Rega）的男子。雷格外表怪異，膚色太蒼白，眼睛太湛藍，鼻子太尖細，顴骨太突兀。他寫了很多本書，內容主要是闡述一種名為「通靈教」的教義。他跟著伊莎貝爾回到西班牙，設法打入了核心社交圈。雷格相信，透過宗教儀式和一項奇怪的運動招式，他可以讓裴隆長生不老。這個時候的裴隆需要不間斷的醫療照護，而在短短幾個月內，雷格實質上成為裴隆的照護者。後來阿根廷軍政府想對裴隆釋出善意，於是招認了他們把艾薇塔遺體埋在哪裡。雷格並沒有要求軍政府重新安葬艾薇塔，而是把那個經過防腐處理的遺體安置在裴隆位於西班牙的屋子內。

這個時候的阿根廷已陷入嚴重的動盪局勢，尤其是柯爾多巴市（這裡的工廠勞工人數大增），游擊隊也持續發動攻勢。強硬的獨裁者在一九七〇年遭到另一個軍事政變推翻。新政府急於恢復國家穩定，宣布總統大選於一九七三年舉辦，裴隆也可以參加競選。國內有人想阻止還流亡海外的裴隆加入大選，但這個計畫不了了之。這時伊莎貝爾與雷格回到阿根廷，為了偉大強人的重出江湖鋪路。裴隆陣營的人決定找一位名叫坎姆波拉（Hector Campora）的代理人出來參選。然而大家都知道誰才是真正的參選人，正式的競選標語是「坎姆波拉入主政府，裴隆重拾權力」。

裴隆雖然在流亡，還是獲得壓倒性勝利，裴隆黨人在國會上下兩院都拿下多數席次，也幾乎贏得所有省份的執政權。一九七三年六月二十日，裴隆終於返回阿根廷。返鄉典禮一如往常，是全面動員的場面，約有三百萬人到機場迎接，差不多佔全國總人口數的百分之十。儘管這位流亡暴君年事已高，仍是精力充沛，令人出乎意料之外。看來雷格這個妖術師還真的讓裴隆青春再現。

可是，二度復起的人，往往和以前的他不一樣。再度「復活」的裴隆也已不再是過去的他。許多阿根廷人此時以為裴隆是一個極左派的人物（相對於軍政府），可是在現實中，裴隆受到雷格的影響，更加往右派傾斜。雷格創建了一個右翼敢死隊，名為「阿根廷反共產主義聯盟」。在歡迎裴隆的集會中，極左派的裴隆青年團想站在裴隆旁邊的位置，雷格的敢死隊竟朝他們開槍，殺了十多人，還有百人受傷（這也是民粹主義策略的危險之一：爭取不同社會族群的支持並加以動員，但不同族群間會產生意見分歧）。

接著又舉辦了一場新的選舉。伊莎貝爾獲提名，成為裴隆的副總統候選人，扮演了原本該是艾薇塔的角色。裴隆也贏得超過六成的選票。極左派和極右派繼續擁護裴隆，甚至一些保守體制中的成員也挺他，因為這是阿根廷能達到社會和平的唯一希望。當記者提問要裴隆列出阿根廷國內不同的政治勢力，裴隆不假思索地說出主要政黨，可是卻很奇怪的沒有提到自己的政黨。當記者問說為什麼，他回答：「我們全部都是裴隆派！」這的確也有道理。

就職典禮奇蹟似順利舉行。阿根廷的經濟狀況，在全球貨物價格高漲的推波助瀾下，也開始復甦。裴隆也實施幾項溫和的財富重新分配政策。可是雷格手下的右翼敢死隊行徑日益猖獗，專門攻擊左派份子及左派的支持者。這個時候的裴隆，身邊永遠跟著雷格。雷格通過嚴酷的反顛覆法律，意味著就算是平和的異議份子也會面臨嚴重的刑期。當裴隆在傳統的勞工節集會上，向群眾發表演說時，裴隆支持者嘴裡吟誦著：「到底發生了什麼事，將軍？為何人民的政府會充斥著游擊隊？」裴隆回答，游擊隊是「有用處的白痴」。公平說來，裴隆向來反對共產主義。可是在他流亡時，他的許多支持者，尤其是那些不認識他的年輕一輩，卻變得比共產黨還要共產黨。

一九七四年七月一號，裴隆死於心臟病。雷格想再次施法讓裴隆回魂。顯然雷格還真的相信過去這段時間內，是他讓總統青春常駐。在死去的裴隆身旁，雷格抓住裴隆的腳踝，旁人聽到他口中念念有詞：「我做不到，我不行，這十年來我都做得到，但這次我辦不到……」

民粹主義經濟

一九九〇年，兩位經濟學家魯迪格・多爾布許（Rudiger Dornbusch）和賽巴斯坦・愛德華（Sebastian Edward）對拉丁美洲的新興民粹主義風潮做出呼籲。兩位經濟學者表示，民粹主義政府總是一再重複，採用爛到不行的經濟政策。民粹主義政府開銷過大造成通膨失控，然後再企圖用價格控制來解決通膨。長期下來，只會讓情況愈演愈烈。

經濟學家們在跟沒有經濟背景的人溝通時，雖然立意良好，但態度上都有些高人一等。這兩人也是這樣。他們寫道：「政府相關人士在制定政策並推動計畫時，想法非常誠懇，這點我們不懷疑。我們也認同他們的觀點，也就是收入與財富不均，已經到了令人難以接受的地步。」但是，「民粹主義的政策最終都會失敗，而且一旦失敗，會讓那些原本應該受惠的族群，付出慘重代價。」

裴隆就是個經典的例子。他第一任期內，的確讓阿根廷的民眾共享財富，但這個成功曇花一現。沒多久，通貨膨脹愈演愈烈到失去控制；一九四八到一九五二年，工人薪資的消費能力降低將近百分之二十，傷害了裴隆原本想幫助的族群。

不管後果的經濟政策

事實的真相是，所謂的「民粹主義政策」跟「民粹主義意識形態」之間，並無多大的關聯（民粹意識型態常常主張對抗菁英和殘破體制）。但是，「民粹主義政策」一詞因為好用，所以已是常見的用詞。有些字典對民粹主義下的定義包括「無視對未來會造成何種結果的政策」。既然就其定義而言，民粹主義份子主張對抗社會菁英，所以一旦出現整個政治體制都不喜歡的政策，那麼制定這些政策的背後，肯定有一位民粹主義份子。如政治理論家法蘭西斯・福山（Francis Fukuyama）所言：「『民粹主義』是政治精英份子給被平民支持的政策所貼上的標籤，菁英份子並不喜歡這群平民。」

被前述兩位經濟學家貼上「民粹主義」標籤的經濟政策，跟收入與財富不均之間的關係重大。依據歷史經驗，收入不均程度較高的國家，會採取下列的措施：提高政治預算赤字、承擔較大的政府負債、債務違約常態化、高通膨率（在特定情況下）。經濟學家一直想搞懂為何「收入不均」與「花費超支」之間會出現這些關聯，畢竟，拉丁美洲的選民總是不斷讓民粹主義者當選，也不在意他們的政策常常落空。起初，學者推測窮人是經濟文盲，且一再被魅力惑人、油嘴滑舌的候選人所愚弄。實際上不然，這種推測與資料並不太相符。有一波新理論（包括著名的新政治總體經濟學 new political macroeconomics）認為，收入不均的國家，其實也想要努力當個負責任的政府，只不過他們的努力失了方向。

事實證明，像阿根廷這樣的國家並不是政府開支太大，而是賦稅太少。拿當今的拉丁美洲和西歐比較，丹麥、芬蘭、愛爾蘭和葡萄牙在財富分配上，其實跟阿根廷一樣不平等——但這是把課稅和政府開銷列入考慮之前。這些西歐政府耗費大筆納稅人的錢在窮人身上（例如補助教育與健康保健），而這些國家稅後的收入分配就會比阿根廷來的公平些。所以，阿根廷的國家開銷程度並沒有太過份。只是，阿根廷實施的政策到後來會導致政府負債或通膨，是因為國家的稅收漲幅無法跟國家開銷打平。拉丁美洲美人平均稅率約百分之二十九，而西歐則是大約百分之四十五。

收入與財富分配極度不均的拉丁美洲國家，為何無法在支出國家開銷的同時，做適當比例的課稅，原因並不全然清楚。其中最有力的解釋認為，貧富之間存在著政治角力。有錢人比窮人擁有更大的政治勢力，選民們寧可忍受通膨，也不願被課稅。重點是，在財富分配極度不公平的國家，領導人通常會試著將富人的財產與平民百姓分享，可是只做了一半：政府願意多花錢，但是窮人則必須忍受高額的政府負債與通膨。

事實上，雖然上述兩位經濟學家把焦點放在民粹主義上，但在財富分配不均的國家裡，許多型態的政府，像是民粹主義、保守派。左派或右派，都傾向執行這類的政策。伊朗國王在一九六〇年代和一九七〇年代就是這樣，一直到他的價格控制專門針對傳統市集商人。而將裴隆逐出的軍政府，在民粹主義經濟上加碼，一年之內就將預算赤字提高至一點四倍。此作法在裴隆第二次重掌執政後更是變本加厲（及他太太的短命政府）。到了一九七〇年代中期，阿根廷政府開始印鈔票以求緩解赤字，把通膨演搞成「惡性通貨膨脹」，每年通膨率高達五倍。

裴隆過世後，雷格被趕出阿根廷，裴隆的妻子也暫時離開阿根廷，但之後重返，治理阿根廷約六個月。一九七六年三月，軍方又發動另一次軍事政變，新的軍政府透過強力鎮壓來控制社會，至少有八千九百人「被失蹤」，有的估計甚至達三萬人。剛開始，被失蹤的人大多是左派份子、游擊隊隊員、貿易工會領袖還有裴隆政黨的成員，接著是裴隆青年隊（政府認為他們支持游擊隊），爾後只要是反對政府的都被失蹤。軍政府一度宣稱這些失蹤人口被囚禁在秘密處所，最後很清楚顯示，軍政府幾乎殺掉所有的人。阿根廷稱此年代為「悲傷年代」。

軍政府的執政只維持到一九八二年，因為在從英國手中搶奪福克蘭群島一事上，軍政府完全搞砸，顯示其無能之處。軍政府執政結束後，阿根廷選出了中產階級的激進黨，全力推動和平與和解計畫。新上任的民主政府在進行此計畫的用心令人敬佩。重新實行民主制度後的第一要項便是立法禁止政府酷刑。

為阿根廷哭泣，其實很OK

〈阿根廷別為我哭泣〉是瑪丹娜在演譯艾薇塔一生的歌舞劇中所唱的歌曲。但另一方面，替阿根廷哭泣，則是一件很OK的事。阿根廷已經民主化了，可是政治兩極化的情況猶然存在。中產階級的激進黨政府仍追求著民粹主義經濟政策，且熱衷程度是裴隆做夢也沒想過的。到了一九八五年，年通膨率已超過十倍；一九八九年，通膨率高達四十九倍。餐廳沒了菜單，直接把價格寫在黑板上，每小時更新一次。超市裡沒有任何標價，顧客只能在收銀檯才知道物價。坐在匯率換算櫃台的員工，電話緊貼著耳朵，在螢幕上顯示最新匯率，讓人們可以即時看到披索跌幅。水電費帳單上印著好幾個應繳總額期限的日期，以防繳費者寄出支票時，幣值已經改變了。一切都很荒謬，但永遠很苦。阿根廷人民把憤怒化作文字寫信給總統，一位退休人士寫道：「您已經把工人和退休人士給忘了！我們吃不飽！」（對依賴存款維生的人來說，惡性通膨是個夢魘。）人民不知所措的失望，在其他的信函裡表露無遺。「雖然我仍相信民主是最好的政府制度，可是我們已陷入絕境，總統大人！」一位名叫瑪麗亞·路伊莎的民眾寫著，「如果連生活必需品都買不起，你要怎麼生活？」

對自己國家的情況，阿根廷人已不知如何是好，許多人轉而自責。「腐敗就活在我們的心臟。」一名布宜諾艾利斯的心理分析師跟社會學家沙拉·穆耶（Sara Muir）這麼說。「在所有的關係裡面，我們都很腐敗……所以有這樣的政治人物是我們的報應。」而一名湯品廚房員工則解釋：「我們這群中產階級，在今日幾乎根本不存在。」然後，她繼續說道：「但是別同情我們，畢竟我們都是腐敗的一群人……我們是沒有道德的人。」阿根廷足球隊員馬拉多納（Maradona）在電視上坦承在與英國隊廝殺的八強賽中，用手將足球擊進球門。他的告解在阿根廷國內引發討論。一位小型企業主是這麼說的：「馬拉多納的直言不諱，給我們機會討論我們一直都知道卻又不想提到的事情，那就是這個國家的腐敗，令我們同時感到驕傲卻又丟臉。」腐敗或許將阿根廷帶向毀滅，但是贏得世界杯足球賽可能還是值得的。

阿根廷的西班牙文字chanta意思是假冒內行人的騙子，或是有自信的人。Chanta令人厭惡，卻也讓人景仰。自從裴隆後，阿根廷人一直引頸期盼他們的政治領袖在某些方面會是個chantas。一九八九年就任的民粹主義派總統卡羅斯·麥寧姆（Carlos Menem），就符合人民的期待。他以左派份子之姿參加競選，一就任後馬上轉向為另一極端的政治形態（採用了華麗的民粹主義風格）。他的政府改走資產私有化路線，追隨正統經濟政策的腳步，對美國所採取的經濟政策是麥寧姆口中所說的「肉體關係」。有一度，這些新政策看似有效。不過阿根廷政府課的稅依舊還是太少，不足以跟政府開銷打平。阿根廷政府仍舊追求民粹主義經濟：他們不再印鈔票，取而代之的方式是借錢。短短十年內，政府債務就從六百二十億元加倍至一千兩百七十億元。二〇〇一年，阿根廷債務違約，當時在歷史上是最大的主權違約，導致四年的經濟衰退，實質上就是經濟大蕭條。

阿根廷的恐怖平衡：七十年對峙

當然，阿根廷的基本問題並非腐敗。難道阿根廷會比現在較有錢的智利更腐敗？會比巴西腐敗？阿根廷的問題根源在於，其領導者都曾經面臨艱難的抉擇。阿根廷領導人之所以必須做出那樣的選擇，是因為國內政治非常的兩極化。政治領袖人物（特別是右翼人士）為了削弱對手的勢力（尤其是工會），寧可犧牲國家經濟的進步。這個兩極化現象，可能是由動員政治和民粹主義造成，破壞了民主制度中的中間派走向。無論原因為何，這些艱難的選擇，其實並不是愚蠢的決策，在許多案例中反而是刻意的選擇，有時還搭配著響亮的口號（例如「無須工業革命的工業化」）。就算到現在，有些阿根廷人可能仍認為那些都是正確的選擇。畢竟，誰能夠鐵口直斷「如果當初不要反對裴隆的政策，那麼阿根廷的情況就不會那麼糟了」呢？

在阿根廷的案例中，很可能是有些更深層的基本問題出了差錯，比裴隆政治更深層的問題。兩千多年前，亞里斯多德就主張民主在極度不公平的社會是無法存活的。「有人什麼都有，有人身無分文，那麼必定會產生極端的國家治理型態，抑或是鮮明的寡頭政治或暴政……被控制的不是自由的人民，而是奴隸與主人；奴隸心裡充滿了妒忌，主人心中只有滿滿的不屑。」經典當代作品對民主的探討，與亞里斯多德的主張有幾分雷同。例如，十九世紀偉大的美國政治觀察家亞歷克斯．托克威爾（Alexis de Tocqueville）表示：「當富人大權獨攬，窮人的利益總是遭殃；當窮人制定法律，富人的利益就危險了。」較近代的學者杭亭頓在一九九〇年代曾寫道：「就某種程度上說來，民主的前提是多數統治；可是在非常不平等的狀況下——意指絕大多數赤貧的民眾對上一小群富裕的寡頭政治，那麼民主就很難實施。」

窮人 vs 富人

最近由經濟學家達朗．阿西默路（Daron Acemoglu）、詹姆士．羅賓森（James

Robinson）所組成的研究團隊，與獨立工作的政治科學家卡里斯·波厄斯（Careles Boix），他們對全球的數據與稍早的理論模式有獨特的見解。阿西默路與羅賓森所研究的對象之一就是阿根廷。阿根廷的財富分配極為不均，尤其是土地的分配。一連串的意外，其中有些可能是故意的，在阿根廷的那塊彭巴草原上，造成大量私人地產的增加。例如，一項惡意的政策讓五百三十八位幸運的個體戶（很多早就是有錢人），以特權取得超過七萬八千平方公里的土地，只需要繳交便宜的五千披索租金給政府。另一批有錢人出資發起武裝行動，費了點力終於把在地原住民趕進保留區，然後這些有錢人就極盡能事犒賞自己，把另外大約七萬八千平方公里的土地轉讓給區區四百名地主。一九一四年的統計顯示，五百八十四筆龐大的土地所有權，就將近佔了阿根廷彭巴草原的五分之一面積。

民主國家中勝選的政黨，比較會迎合那群死氣沉沉、但很有影響力的公民，即中間選民。而中間路線份子就常會努力維持現況。在相對平等的國家，平民百姓通常是中產階級，基本上對於財富分配不均這個政治議題沒太大興趣。但是在財富分配極度不公的社會，一般人很窮（尤其與富人相較下），或至少自覺得很窮。因此在民主制度之下，有的政黨就有可能會提出將財富重新分配給大眾的想法，像是更慷慨的退休金（由稅收補貼）、失業補助、更完善的公共服務（如教育、醫療保健或基礎建設）等。

事實上，當獨裁政權轉變為民主政治後，這類的財富分享易於發生，也較為可靠。波厄斯以西班牙為例，在佛朗哥的獨裁統治下，西班牙的稅收佔了全國經濟產值的百分之二十三。西班牙民主化後，政府稅收很快攀升到佔全國經濟產值的百分之三十三。如果平民百姓口袋空空，但是國家財庫豐盈，有的政治人物就會以財富分配作為打贏選戰的平台。

到目前為止的論述看來沒什麼大問題（但對持保守立場的讀者可能覺得頗為惱人）。不過，此論述令人憂慮的含意是，在財富分配極度不公平的國家，有錢人有可能會認為如果沒有民主，他們的處境可能會更好。對此阿西默路與羅賓森指出，若回顧歷史，許多國家的確有這方面的困擾。一開始，許多國家的民主只有富人才能享受，在十八世紀到十九世紀，不少民主國家只有擁有地產的男性才可以投票。十八世紀的英國，上議院成員只限神職人員與貴族擔任，而下議院候選人的選擇，原則上是受控於大地主或貴族的手中。

美國憲法的制定者在爭論此議題時便直言不諱。一名立憲會議的代表說：「美國參議院的成員組成應該『獨具特色』，尤其是他們生活層級與資產狀況，這樣方能建立平衡，來監督民主。」要不然，窮人有可能會把票投給主張分配財富的候選人。其他的代表指出另一個問題：「如果賦予投票權給沒有財產的人，他們的票會被有錢人買走。」

（就如同我們稍早所看到，像是泰國那樣不公平的國家，這種顧慮是可以理解的。）然而，這些論述並不長久，因為在歷史上缺少貴族角色的美國，是相對平等的國家。亞歷山大・漢彌爾頓（Alexander Hamilton）表示美國資產分配「頗為平均」，所以全民的投票權不會引發階級戰爭。以著作第一部美國字典而聞名的諾亞・韋伯斯特（Noah Webster）指出，美國的「資產分配不公比例很小」。他們說的沒錯，最新的估算顯示，一七七四年美國金字塔頂端百分之一的人口，其所得只佔了全國總收入的百分之九。而二〇一二年的比例則是百分之十九。換句話說，就算把奴隸也包括在內，一七七四年的美國遠比今天還要來得公平。

誰來摧毀民主

因此美國的風險，至少在十八世紀，沒有那麼大。但如果原本財富分配極為不均的國家演變為成熟的民主國家，窮人享有投票權，又或者一個民主國家變得高度不公平，假如出現上述狀況，那會產生什麼結果？

有一個理論上的可能是：有錢人會起來對抗貧民（不只有富豪會反抗民主，受過教育和都市中產階級都可能會反抗民主，就像我們所看到的泰國一樣）。杭亭頓審視一九七〇和八〇年代，發生在新興民主國家的十件軍事政變，他注意到成功的軍事政變，不只純粹是那群渴望權力的將領所主導，每件幾乎都有外來勢力的支持。阿根廷一位前總統也注意到，阿根廷成功的軍事政變，背後都是軍民合體，例如讓「犰狳」和裴隆下台的軍事政變。

因此，假若有很多有錢人，坐在占地廣闊的豪宅陽台上、啜飲著咖啡拿鐵，滿腦子想著那「骯髒十年」其實一點也不可怕，這對一個國家來說將會是非常、非常危險。

財富分配不均會摧毀民主這件事情，仍未有定論。有錢人和受教育的中產階級有可能會強力支持民主，或者擔心獨裁政權可能會造成混亂。而平民百姓可能相信自己有一天也會變得富有，且未來有可能會過著錢滿為患、整天沒事幹的好日子，想到這點，他們也偏好低稅賦。或者當平民百姓讀到俄國的歷史，了解到共產主義並不總能創造出完美的烏托邦，平民百姓也可能認為低賦稅能提高經濟成長率。

在近代，到底要不要分享財富，則成了民主失敗的主要原因。史蒂芬・海格（Stephan Haggard）與羅伯特・考夫曼（Robert Kaufman）決定加以詳細探究，尤其是一九八〇到二〇〇八年間，全球發生的民主失敗事件，因為有超過上百件案例（這是個很龐大的研究任務，但還算應付得來）。他們發現，在百分之三十五到五十五的案例中（有的難以分類），因分配國家財富而引發的衝突，至少是民主失敗的部分導因。而約有百分之二十五到百分之四十的案例中，民主會遭到推翻是因為，當政治抗爭運動，帶來了「對富人大肆增稅」的威脅時，會讓有錢人起身對抗民主。而有約百分之十到百分之十五的案例，是獨裁者誓言要把富人的財富分給窮人時，民主便會遭到推翻。

財富與選票的恐怖平衡

這些發現其實有些諷刺。懦弱政治會讓民主崩潰，是因為讓有錢的富人更有錢根本就是個懦弱的行為。這個措施所引發的風險遠高過於讓人們相信自己的國家其實很富裕，而且人民的收入在未來是不太可能增加。這些狀況最能公允描述阿根廷，尤其是相對衰敗的那幾年。而原則上，此情況也適用於現今的美國和英國。

我們可以稱阿根廷的情況為「阿根廷恐怖平衡」。「恐怖平衡」是好萊塢最喜歡的劇本：主角與反派在近距離持槍互指，彼此面對面。因為其戲劇張力，成為好萊塢百看不厭的劇情，雙方皆無贏面，也無處可逃。在財富分配極度不公的民主國家，就有可能產生恐怖平衡，也就是說，富有人家和其手中的財富，與平民百姓和其手中的選票，在同一個國家內相互對峙。最終，有錢人知道有些領袖有可能會迎合大眾的利益，也就是重新分配財富；而一般大眾則心知肚明，有錢人一定會運用其可觀的影響力，去支持壓抑民主的勢力。

唯一剩下的問題是，誰先開槍。

實際上，還有一個問題：雙方何時會停止互相攻擊對方？在阿根廷的情況中，雙方對峙了七十年，直到曾是世上最富裕的民主政體，最後變成一個收入普通的國家。

論美國的恐怖平衡

阿根廷送給了全世界一些鮮明非凡的人物角色。裴隆是最純粹的民粹主義者；羅佩茲·雷格是拉丁美洲版的拉斯普丁（俄國僧侶，惡名昭彰，對尼古拉二世及皇后有極大影響力，後遇刺身亡）；當然還有啟發百老匯歌舞劇的艾薇塔傳奇，她的政治手腕至今仍廣為人所仿效。她從大眾身上取錢，艾薇塔裴隆基金會的主要資金來源包括工人的捐款和樂透彩券收入，過程卻讓每個人都覺得很舒服。經濟學家都有點困惑，艾薇塔為什麼會受到民眾愛戴？但從民眾的角度看來，經濟學家才是狀況外的人，一群書呆子。（如果你想模仿艾薇塔，政治分析家賀吉斯最近以英文出版了第一本有關艾薇塔傳記的權威著作。）

儘管如此，我還是想試著從經濟學家的角度解釋。認知心理學家康納曼的粉絲都清楚，人們若對一個事件的想像太過生動，就容易將之過度戲劇化。最經典的例子是恐怖主義，由於媒體的過度渲染，人們容易高估其危險性。同樣地，經過媒體不斷報導，艾薇塔的魅力與個人風格，完美地結合了她的分享財富之舉。也許她的慈善事業所帶來的效果，還不如政府稍微加一點稅。可是，阿根廷人每天耳聞艾薇塔慷慨解囊的傳奇故事，對他們來說，她的付出簡直是多出太多了。艾薇塔說過：「我把我的夢想拋在一旁，為的就是能夠守護其他人的夢想。」「我極盡所能……我的靈魂知道，我的軀體也感受的到。」這般的用心，大概只有鐵石心腸的人才會看了沒感覺。

許多政治人物也想走類似的路線。塔克辛有自己專屬的實境節目，只見他在鄉下村落四處遊走，一次終結一個村莊的貧窮問題。而有屬於自己的看板和典禮的班漢，基本上模仿艾薇塔的功夫比較強，把公家開銷變成個人的慷慨解囊。連在川普身上也能看到一點艾薇塔的影子，他喜歡在推特上寫著拯救小型工廠的工作機會。然而增加工作機會這種說法，大概只有經濟學家會有興趣了解。

讀者或許也想知道，阿根廷為世界歷史帶來的另一個禮物：恐怖平衡，現在變得怎麼樣了。與其他國家相比，美國和英國都是財富分配極為不均的國家（這兩國與自己的近代史相比之下，現在的財富也比以前更不平均）。就某種角度來看，現在的美國比以前最糟糕時期的阿根廷，還要更加財富不均。美國是否也陷入了阿根廷式的恐怖平衡？摧毀民主的槍枝是否已經上膛了？

先來個好消息：提出阿根廷式恐怖平衡的學者，並不認為這種情況適用於美國。阿西默路和羅賓森宣稱，全球化削弱了利益團體，例如曾帶頭進行財富重新分配的工會。而如果沒有任何「財富重新分配」的潮流，有錢人就沒有理由對抗民主。

不過，我也不確定我們是否已走出困境。如果幾個富豪盯著自家豪宅的天花板，漫無目的地想著：「假如窮人可以少投一點票，那該有多好！」這聽起來好像有點可怕，不是嗎？

這麼可怕的事，在美國就曾經發生過。下一章節會介紹。

第五章
美國非革命：如何拯救現況？

「革命來臨，我們就有草莓和奶油可吃了。」
「可是我又不喜歡草莓和奶油！」
「革命來臨，你就得喜歡了。」

——歌舞劇 Ballyhoo of 1932

政客與酒

路易斯安那州的政治人物脩義龍（Huey Long）以闖禍出名。在一個飲酒狂歡的夜晚，脩義龍走近紐約州沙點鎮上一間夜店的廁所，結果出來之後，臉上多了一個大瘀青。他的各種解釋比他的傷勢更荒謬，他說一群歹徒尾隨他進入廁所攻擊他，又說他在廁所跟三、四個男人起了衝突；另外一個說法是美國金融大亨「摩根財團」雇用的打手趁他如廁之際意圖殺害他。目擊證人稍後指出，脩義龍從後面接近一位站在便斗前面的男性，想從這名男子的雙腿間小便。不難想像這個場景有多荒謬，也難怪脩義龍臉上會出現熊貓眼。

這起事件躍上美國各大新聞頭條。芝加哥軍人球場公開邀請脩義參加十回合的拳擊賽。據說，另有人開價每晚一千元（折合現值約一萬八千五百美元）給脩義龍，請他去紐約娛樂聖地康尼島演出怪人秀。脩義龍的政敵還製作一個馬桶蓋造型獎牌，頒給任何揍他一拳的人士。獎牌上必備的拉丁文提辭則由一名普林斯頓大學教授撰寫：「私下動手，公開表揚。」

酒後記者會

幾年後，一九三五年七月，脩義龍宣布一個令人詫異的消息：他要向紐約客介紹「紐奧良人最愛的飲料」。各大新聞媒體迅速聚集，原因無他，有關他的報導一定會帶來閱聽率。一開始，情況很好（雖然很多人期待醜聞），脩義龍在他最喜愛的一間路易斯安那州飯店酒吧，由調酒師為他調酒。調酒師以琴酒為基酒，加入一兩滴橙花水，些許香草精，濃濃的奶油，一個蛋白和糖霜。加入冰塊後，調酒師把調和物搖晃了約十分鐘左右，接著倒進一只玻璃杯，再加上一點氣泡水，杯面漂浮著漂亮的白色氣泡。脩義龍貪心的雙眼緊盯著調酒的過程。那個時候的他正在執行健康生活，有超過一年的時間沒有喝酒。調酒師把調好的雞尾酒遞給脩義龍，他啜飲了一口（其實蠻大口），「我覺得還好而已耶。」他說：「最好再確定一下。」然後一口飲盡。接著又點了一杯，有點口齒不清的說：「我只是在抽樣調查，以確定在場的各位都能喝到貨真價實的好酒。」接著他又再點了一杯。沒多久，他的手臂就搭在他身邊的一名觀眾身上，開始嘲弄羅斯福總統：「為什麼他不乾脆舉辦民主黨和共產黨聯合大會，好省些錢？」一個小時內喝了五杯後，他不穩地舉起另一杯酒大喊：「各位，這是我送給紐約的禮物。」

他就是有辦法能毫無意外地持續完成他的酒醉記者會。有可能是因為每一杯中間間隔十分鐘這點救了他。但這也是一場高風險噱頭。風險之高，讓歷史學家提出陰謀論來解釋脩義龍的行為。脩義龍傳記的作者哈利・威廉斯（Harry T. Williams）指出，脩義龍這場活動是想要分散美國財政部的注意力，免得財政部介入路易斯安那州即將開賣的債券。

脩義龍就是無法不搞笑。他在路易斯安那州電台的固定節目中，常高唱自己做的歌曲，即席表演一人分飾兩角的獨角戲，把他的政敵塑造成惡棍。歷史留給我們的黑白影像畫面，無法正確呈現他誇張俗豔的衣著。典型的打扮有：白西裝，紫襯衫，領口打著紅色領帶，雙色翼紋皮鞋；或者碳黑色西裝，圓點領帶，翻領上別朵大紅花；還有咖啡色粗花呢西裝，紅色絲質領帶，胸口口袋的粉紅色手巾；以及白西裝，粉紅色領帶搭配橘色手帕。他曾穿著方格花紋西裝搭粉紅色領帶和蘭花襯衫去見美國總統。

搏版面的方法

脩義龍給自己的丑角定位是有理由的。不少美國傳統政治人物、商業界、媒體界都厭惡他，因此他要取得媒體版面的最好方法，就是讓自己變成新聞故事。他首度競選路易斯安那州州長時，沒有一家報紙挺他。他競選參議員的時候，也發生同樣的窘境。但是當他出盡洋相時，媒體簡直愛死他了。

脩義龍首次吸引全國的注意力，是有次與人唇槍舌戰爭辯如何正確享用美國南方菜餚波特湯（Potlikker）。煮法是將蔬菜湯搭配由粗粒玉米粉、熱水和鹽揉製所做成的玉米厚煎餅。脩義龍大力倡導飲用波特湯的重點在於「把玉米厚煎餅放進湯裡蘸一下再吃」。《亞特蘭大憲法日報》的主編撰寫一篇社論，援往例批評了脩義龍，然後在文章結尾語帶輕鬆的指出，真正有水準的南方人並不是用玉米厚煎餅蘸湯吃，而是會把玉米餅搗碎在湯裡一起食用。脩義龍以電報回應這篇專欄，完全無視主編對他的批評，反而是長篇大論抨擊「把玉米厚煎餅搗碎在湯裡」的這種吃法。主編把脩義龍的電報原樣刊出，並撰寫一篇回應指出，脩義龍私底下也是把玉米厚煎餅擣碎在湯裡才吃。脩義龍憤怒地回應說，他任何私下搗碎玉米餅的行為，都只是想要凸顯這種吃法有多噁。雙方一來一往，很快就讓「怎麼喝波特湯才正確」成為全國性討論議題。《憲法日報》收到超過六百封寄給主編討論此話題的信件。羅斯福總統也參一腳，建議在民主黨全國代表大會的時候，把這個問題交給黨的政綱委員會處理。一名八十五歲參加過美國內戰的老兵表示，喝波特湯最理想的方法是取決於牙齒：「不是要看看喝湯的人本身是否有完整的上下排牙齒嗎？」

倫義龍也許看上去像個小丑，但是他可是認真的。他說：「等時機到了，我絕對會徹底粉碎大家把我當成小丑或怪物的想法。」他計畫參加一九三九年總統大選，據說他曾說過如果他當選的話，他就會「廢除美國選舉人團，落實全民普選，對那些想在四年任期間把我攆走的狗雜碎，我絕對不會不吭一聲」。不過，倫義龍的政治對手也是認真的。羅斯福總統稱倫義龍為「全美國前兩位最危險的政治人物之一」。羅斯福將倫義龍的人氣歸咎於不穩定的經濟。他說：「現在是非常時期，人民浮動不安，且打算跟著被造神運動捧紅的怪人走。」

倫義龍確實是個危險的人物。他變得近乎像是路易斯安那州的獨裁者，而且他的政治運動與暴動造反沒什麼兩樣。倫義龍在美國政治界中，如大浪般崛起的傳說，可為現代人帶來不少啟示。

木屋起家

身為一名民粹主義政治人物，脩義龍的成長背景真是再完美不過了。他出生於一八九三年，當時他們家住在路易斯安那州小城鎮溫菲爾德的木屋裡，鎮上街道泥濘不堪，沒有電也沒有自來水。不過情況也沒有如脩義龍所說的那麼貧困潦倒。他的家世背景在小鎮上是數一數二的，他的父親也叫脩義龍，只是剛好喜歡小木屋。而他的母親卻很討厭，因為冷風一直灌進屋內。所以他們後來在原地重新建造傳統美式房子。

脩義龍是與生俱來的革命份子，比本書所提到的任何人都還會搞革命。他高中時就發起人生中第一場暴動。他事後回憶：「我們成立了秘密協會，就是那種負責辦活動的組織。」這個組織「有設立規定，學生必須加以遵守。如果他們聽老師的話，而沒有遵守我們的規矩，我們就把他們從棒球隊或辯論社踢出。」脩義龍想從高中教職人員手中搶奪管控學生，此舉惹火了學校，在一九一〇年將他開除。為了報復，脩義龍哄騙鎮上的居民，要他們簽署請願書革職校長，後來校長也真的被迫辭職。脩義龍的父親替兒子的行為辯解：「都是老師自找的，我兒子只是叫他們該怎麼做。真是一群可悲的老師，我兒子跟他們就是不對盤。」或許老脩義龍從來沒想過，學校是老師在負責，而不是學生。

離開學校後，脩義龍找到旅遊業務的工作。他很有天分，也或許該說很有說服力。十九歲那年，一間公司雇用他去曼菲斯市主管分公司。雇用他的人後來說：「他是我看過最要命的角色，我分不出他到底是天才還是瘋子。」

脩義龍似乎也特別能和人感同身受。他執業律師時的合夥人回憶，脩義龍聆聽當事人講述案情時，有時候還會哭。好幾次有人看到脩義龍掏空身上所有的錢，施捨給路邊的乞丐。脩義龍很早就立定目標。他執業時，碰到利潤可觀的大公司案件，幾乎全部拒絕，只專注接手個人法律案件。脩義龍為身無分文的寡婦辯護，對抗富有的銀行，有時候還打贏官司。脩義龍就是會為了人民而戰。

不過這在路易斯安那州將會是個挑戰。

封建的路易斯安那州

路易斯安那州廢奴之後，社會的轉變並不如預期來的大。在大規模農業的行政區，美國黑人農場勞工數量遠超過白人，但幾乎所有的土地都是白人的。以富有的麥迪遜區為例，五十戶黑人家庭中只有一家擁有土地，而且絕大多數的家庭飽受貧窮之苦，未來的發展很有限。甚至到了一八八〇年，路易斯安那州的許多行政區連一間公立學校都沒有。州裡的黑人八成不識字，當時全國文盲比例則是五成七。貧窮白人的生活條件也很糟，十九世紀的路易斯安那州是全國文盲比例唯一增加的州。

為何公立教育如此貧乏？部分可歸咎於掌控全州政治的農莊園主，他們免除了自己繳納資產稅的義務。但最主要的原因是有心人刻意削弱路易斯安那州一般大眾的人民力量，例如有次美國國會終於注意到該州近乎災難的教育狀況，國會於是打算出資替該州學校紓困。農莊的園主聞訊之後回應：「聯邦政府要給錢？真多謝，可是不用了。」

路易斯安那州的立法人士義正嚴詞的說道：「全民普選和教育普及是兩項最糟糕的事情。」保守的《倡議日報》說得更是直白：「素質差的公民受教育，只會增加他邪惡的力量，讓他變得更糟糕。」如果他們所謂的邪惡意指反抗州內的大農莊，那這句話倒是講對了。

所以可以理解，為何許多路易斯安那州的貧窮白人對所處的境遇感到不滿，更別提黑人了。一家主要讀者為黑人的報紙就提到：「皮膚顏色不對，這不是罪；但顏色不對產生的不方便，真令人害怕。」十九世紀發生一起「堪薩斯熱潮」，就是美國黑人逃離路易斯安那州，而通常都往堪薩斯州跑。至少有五萬人試圖逃跑，但終究都因資金不足或農莊園主的干涉而被遣返。約有一萬人成功脫逃，而他們不知情的是：就算他們已離開，卻仍能繼續在路易斯安那州投票多年——他們的選票被農莊園主造假。脩義龍形容路易斯安那州是「美國實行封建制度的州」，他的說法也算其來有自。

農莊園主慌了

到了一八九〇年代，一波民粹風潮橫掃美國。一八九二年總統大選中，民粹背景的候選人贏了四個州的選票；四年後的大選中，民粹主義背景的威廉·詹寧斯（William Jennings）則贏得了二十州的選票，他的政治演說在美國歷史上也可說是數一數二的精彩，例如「你不可以把荊棘冠冕，強行按在勞動者的頭上，更不該把人釘在金色十字架上」。而民粹熱潮在路易斯安那州引發的現象，對農莊園主更如同利刃穿心般可畏：貧窮的黑人和白人有了交集。

一八九〇年起的十年間，在超過二十五個行政區就發行了將近五十份民粹主義週報。一八九四到九六年，出乎意料的事情發生了：貧窮白人與黑人一起參加民粹主義黨的政治集會。農莊園主對此迅速反應，他們快速通過新的選舉法案，賦予戶籍管理員直接的權力，只要薄弱理由就可取消選民投票的資格。保守的《倡議日報》指出，這些法律等於「對黑鬼和那些有投票意向的民粹主義者，宣判了死刑」。

一八九八年，新的州憲法通過，內容規定選民必須通過讀寫測驗或出示證明擁有超過三百元的資產（約合現值八千八百元）。這兩項新規定使得全州選民名單上約百分之九十五的黑人失去投票的權利，而公民權遭到剝奪的白人選民也多達上萬人。

這樣的結果對農莊園主來說是場魔鬼的交易。他們看來是解決了眼前的問題，但也同時放棄了他們用來掌控州政治的優勢。事情是這樣的：在路易斯安那州，只有白人才可以決定政治候選人，但是在挑選過程中，各個行政區的勢力強弱是由每個行政區的總選民數量所決定（包括白人和黑人）。因此，農莊園主原本可以利用居住在他們行政區中的大量黑人選民（密西西比河的河漫灘上的六個農業行政區，白人人口數不到百分之十五），當成是自己的勢力。問題在於，新憲法通過後，黑人選民幾乎全數消失，一九〇六年時州內只有約百分之一點四的黑人能註冊投票。

不過農莊園主手中還有招數可應對，例如選舉舞弊。但是民粹潮流給路易斯安那州帶來一個結果：該州政治在白人人口中的競爭更為公開。只待有心人出現抓住機會。

農莊有什麼問題

二十世紀初，美國民主制度也實施了一百多年，為什麼路易斯安那州還是如此的封建？

早在阿根廷式恐怖平衡理論提出前，社會科學家便認知到農場地主較具反民主傾向。巴陵頓・摩爾（Barrington Moore）出版於一九九六年的經典《獨裁與民主的社會起因》（Social Origins of Dictatorship and Democracy）指出，二次大戰之前，守舊的德國和日本封建地主（還有其他傳統人士）贊助法西斯主義分子，想要藉此推翻民主制度。杭亭頓也說，地主經常參與推翻民主的軍事政變。「在鄉村和貧窮的社會中，有軍事政變傾向的軍官，常能從地主和主要天然資源礦主那邊得到主動的支持與合作。」

多年來，一直不斷有大量的研究想解釋為何農莊園主會如此厭惡民主制度。其中一個說法是，農莊園主常需要強迫性的勞工制度，例如美南奴隸制度與俄國農奴，但民主政治不能容忍這種強迫性的勞動，沒有人會投票支持被奴役。另一個說法是，土地比較不易受到損害（比起工廠、辦公室），因此農莊園主較能忍受醜陋的政治。如果偶有零星暴動，需要血腥鎮壓才能平息，那就鎮壓吧。

但最有影響力的解釋，則跟阿根廷式恐怖平衡有關：建立於土地上的財富，因為是不動產，所以較容易成為課稅的目標。如同亞當・史密斯（Adam Smith）寫道：「跟土地相較下，貨幣較不適合作為課稅的來源；土地無法移動，但是股票則可以。」因此阿根廷式恐怖平衡在農莊經濟中發生的機率比較大。

整體而言，沒有多少人會害怕平民百姓，畢竟一般大眾的個性都是無所求且不愛出風頭。但在一個不平等社會裡面的地主，他就會怕一般平民百姓了，所以地主們養成了想要壓制民主的壞習慣。

當然，在現今社會中，絕大多數的國家早就脫離農業社會中「經濟由種植業主導」的態勢。因此阿根廷式恐怖平衡在政治中雖然還是會帶來隱憂，但在現今對民主所帶來的傷害遠比昔日來得小——原因之一，就是前述的「經濟已經脫離了由種植業主導的情形」。

但是路易斯安那州的種植業仍舊是個問題，因此脩義龍決心動手解決。

脩義龍新官上任

一九一八年，脩義龍首次在政府機關任職，擔任路易斯安那州鐵路局長。必須說，這只是個芝麻大的官。但是脩義龍當的是「人民」的鐵路局長。他強制在鐵道沿線上的門羅市（Monroe）興建了一個新的機廠，也在列斯敦（Reston）火車站搭建遮雨棚；又將貝奧沙拉（Bayou Sara）和普拉騰堡（Plattenburg）車站的月台高度增加，還修好了波德隆菲爾（Bordelonville）的儲水槽。不過他發現到，大眾對他的鐵道政績無感，於是他立刻在一家報紙兼差當特約記者，只要他一有施政成果，馬上發文報導。

當時，只要有心宣傳路易斯安那州政府的無能，都能成功達成目的。一九二〇年間該州的文盲率是全美平均值的三倍，校園內普遍黑白隔離，全州僅有三所黑人高中。除了不提倡教育，路易斯安那州的政治菁英也拒絕了聯邦政府給予的基礎建設補助，有可能是為了避開相關的稅賦麻煩。當年全州鋪設完善的道路總長還不到六百公里，從紐奧良開車到巴頓魯治市（Baton Rouge）得在碎石路面上痛苦顛簸五個小時（今日高速公路只需八十分鐘）。

可是想要攻擊州政府執政無能的候選人，卻會面臨一個問題，那就是一般民眾不喜歡參與政治。路易斯安那州設有「一美元投票稅」的制度（折合現值十二美元），嚴重降低民眾投票的意願——尤其考慮到當時路易斯安那州人民的平均年收入只有一千兩百七十美元（約折合現值一萬五千美元）。可是，對於脩義龍這種民粹人士來說（他們有辦法策動從不投票的選民出來），這可是天大的好機會。

通往州長之路

脩義龍於一九二四年出馬競選州長，積極爭取小農選票，結果當然沒贏，但雖敗猶榮，因為他動員得漂亮，並在二十一個選區贏得多數選票。他敗選的那天，立刻買了一套新西裝，宣布投入下次選舉。路易斯安那州的日報幾乎炮口一致猛打他，一位專欄作家以「本州拒絕共產黨」標題宣稱脩義龍很會做宣傳，跟列寧一樣。這位作家對俄國歷史可能認識不多，但他想要傳達的訊息卻很清楚。

儘管困難重重，脩義龍不出多久的時間就令州內政治體制感到懼怕，他的個人魅力浮誇到近幾神人等級的地步。有次他在巴頓魯治市對著一群不支持他的群眾說話，現場一位男士回憶：「他一開頭十五分鐘都在試水溫，拋出各種話題試探群眾，然後他找到一個群眾有興趣的話題，他知道這下可以發揮了。現場群眾態度轉變之快，我從沒見過。」另一名男士授命到脩義龍的集會探刺情勢，但他才聽了第一場就中途離開。他說道：「我選擇離開，因為我害怕，他正逐漸說服我，我一定要先離開。」在旁觀看演講的一名州警一語道破脩義龍的魅力：「我簡直不敢相信一個人可以讓群眾這麼如癡如醉。」

脩義龍是個精力充沛的人物，過動的能量滿溢到讓他動個不停。脩義龍總是不斷揮舞雙手，弓起肩膀，或是擺動腳跟。脩義龍的同事形容：「他的身體總是隨心所欲的律動著。頭、頭髮、手臂和肩膀，每一處都往不同方向擺動。」他步行的速度比較像小跑步，永遠維持著這種旺盛的能量。「他總是無法放鬆，甚至連吃飯的時候也是。他總是忙著講電話忙著說話。」據說他每天只睡四個小時。在他競選州長連任期間，他四處奔波所累積的旅程數幾乎接近兩萬五千公里，發表了近六百場演講。他放鬆的方式是躺在床上舉行會議。就算是待在床上，他也總是不停用手指輕拍著床頭板，或是在床上動來動去。

當電話響起，他馬上彈下床接電話，講完就又迅速飛衝回床，這樣的快動作能讓他頭部與肩膀同時躺平，在動作的同時，他還繼續跟房裡的人說話。脩義龍就像個剛吃完糖、亢奮到不行的孩子。一位小說家形容他是個「有著壞習慣的大孩子」。用芝加哥大學一位英文教授的話來說，脩義龍「男童模樣般的舉止很吸引人，快活又放肆，就像是湯姆歷險記中的湯姆，只不過身上披著官袍」。

接地氣的民粹言詞

脩義龍的演說辛辣，也愛夾雜著鄉村式格言：「像虱子般嗜血」、「歪掉了，就像小山豬的尾巴」、「像臭鼬油一樣油條」、「麻煩多到連一艘船都裝不下」。脩義龍也擅長羞辱政治對手，每位政敵他都取了綽號：娼妓蘇立文、膽小吉姆、草包金斯鮑、戴拉好賽。有些人的綽號就這麼一輩子如影隨形，包括「老雞毛撢蘭斯戴爾」，取笑一位蓄山羊鬍的貴族；「鞋油菲爾波斯」，用來嘲諷一個吝嗇的有錢人，鞋子都自己擦。在這裡我們又可看出一個常出現的歷史模式：民粹主義人士很擅長貶低政敵。川普給對手取的綽號就是最現代的例子，包括「狡詐」的希拉蕊，還有「提不起勁」的傑布．布希。

脩義龍二度參選州長期間，他的綽號攻勢效果之強大，很輕易就把對手扳倒。他的主要對手，也就是前副州長，造勢活動辦得糟透了，民主黨趕緊叫他停止造勢，先回家涼快去，讓民主黨人可以專心籌劃如何選舉作弊。反觀脩義龍，他的目標明確，競選標語反映了整體戰略：「人人是國王，但沒人高高在上。」這個目標引自美國第一位民粹總統侯選人威廉·詹寧斯。儘管作風隨意親民，脩義龍還是很能言善道。他宣稱說，前任副州長之所以要出來參選州長，正因為他就是保守傳統勢力份子的代理人，這股保守勢力簡直就是王公貴族、權貴、郡守與邦主，出門就包下整列火車，全程有樂團隨行。

脩義龍在路易斯安那州發動支持者參與造勢大會，場場都撼動人心。他贏得壓倒性的勝利，比第二名的對手多了五成的選票。他在州首府巴頓魯治市並未獲勝，這裡仍是州內傳統政治階層的主要陣地，然而卻有一萬五千名脩義龍的支持者由各地湧進首府，展開一場失控的勝選派對。「大家緊跟著我！」脩義龍喊著：「一切才正要開始。」那是個既歡欣又緊繃的時刻。一年一度的狂歡節慶祝活動正要進入高潮，包括一系列的舞會、樂團演奏、全國最可口的美食。傳統上，舉辦舞會的大地主家族都會正式邀請州長共襄盛舉。但那一年，脩義龍卻沒收到邀請函。一位大地主的女繼承人稍後解釋：「脩義龍並不是第一個選上州長的惡棍，過去本州也有不少惡棍州長當選，但他們總是彬彬有禮。」

脩義龍贏得了一場重要的選戰，但是戰火才剛點燃。他的大兒子出生時，脩義龍的妻子打算取名為脩義龍三世，可是脩義龍覺得不好。「我的兒子最好有屬於自己的名字，如果我出了什麼差錯，他才不會因為名字而受累。」

進步主義

脩義龍並非唯一一個為美國貧民發聲的政治人物。脩義龍的崛起，與另一個發生在十八世紀早期的大型社會運動——進步主義——密不可分。脩義龍採用許多進步主義的新做法，為自己塑造人民捍衛者的形象：工傷賠償法（他執業初期都接這類案子）、鐵路局長（這是他的政治跳板，該局是在進步主義風潮下帶動成立的）等。可是由於工業化和都市化的影響，民粹主義主要支持者小農的相對影響力迅速縮減，因此民粹能用的資源漸受限制。接下來撼動美國政治基礎的社會運動，是由一個新興族群所引領，那就是美國的中產階級，他們所發動的社會運動可能是有史以來最有效果的。

身為中產階級雖能充分掌有自主權，卻也面臨令人焦慮的困境。中產階級的努力的確有成績，但終究只能靠自己的力量維持局面。他們的財富規模小到只要稍有失算或是大走霉運，都能把他們打回貧窮。這樣讓人倍感壓力，但是打拼創造未來的壓力可能更大。身為中產階級與剝削脫不了關係，但是最殘酷的一種是自我剝削：中產階級總是不斷為了明日、為了往後、為了下一代，而否決掉今日的享樂（最乖的中產階級小朋友，在接受棉花糖測試時會堅持到最後，直到棉花糖被研究人員吃掉）。中產階級的生活就是交新朋友，然後努力跟上他們的腳步。中產階級的世界，就是不斷否定自己的慾望（假設這個慾望太俗氣的話）。中產階級的世界，就是不斷擔憂著芝麻蒜皮的小事。這就是虎媽的世界。這是一個充滿紀律、過度努力的世界，也是一個設立目標、有點精神錯亂的世界。**當這群中產階級，對達成目標感到無望時，他們就會變得具危險性**。沒有什麼事情，比一隻關在牢籠裡的虎媽還來得更致命。

拿美國史上有名的禁酒主義者凱莉・奈軒（Carrie Nation）來說，她嫁給一名後來成為牧師的律師。她的人生並不順遂，第一任丈夫後來變成酒鬼，第二任丈夫欺騙她，她的女兒體弱多病。她曾站在一間酒館外頭怒吼：「你們到底要不要讓你老媽進去？你娘想跟你說話。」酒館內畏縮的男人可是一點都不想要。那個時候凱莉・奈軒已頗負「盛名」，她砸壞了許多酒館，又拿磚頭打破酒瓶，還曾持鐵棒砸毀豪華酒吧，她因此遭到逮捕。獲釋後，她又手持鐵棒在支持者的協助下砸毀許多酒吧。警方多次逮捕她，她的牧師老公跟她離婚，可是凱莉很快樂，她說：「我的心從來沒有感到這麼輕鬆滿足過。」在砸酒吧之餘，她也抽空四處演說，譴責飲酒，譴責「把女人當玩具、漂亮洋娃娃、男人寄生蟲的沙文思想」。

進步主義份子的政治有點像凱莉，手裡握著中產階級的武器：不認同。凱莉用鐵棒凸顯她不認同的方式有點極端，而絕大多數進步主義份子就算立場強硬，但手法較為細緻。美國社會最頂端和最底部的階層，已經明顯不太在意社會規範這件事了。一八九四年，一位典型的中產階級，來自肯德基州的醫生寫道：「有錢人變得柔弱、虛化又沒有道德，而低下階層則利用這樣的道德渙散，在他們稍帶野蠻的個性驅使下，發動抗議、聚眾滋事、抵制還有暴動。」女性家庭雜誌的編輯則譴責「騷動不安的中下階層和迂腐不堪的上流社會」。有位醫生的言詞聽來頗為激昂：「多虧了清醒、理性的中產階級發揮影響力，否則人類文明早就從這個世界消失，人類也變成野蠻人。中產階級的確是世界警察。」

專家的興起

美國中產階級的後盾，就是群眾的力量。中產是美國工業革命中最大的贏家之一。一八七〇年的時候，只有百分之六的美國勞工是白領階級。三十年後，全美的中產階層約占了兩成，其中包括一百二十萬名專業人士（脩義龍就是律師），一百七十萬名專業經理人、業主或政府員工，一百三十萬名銷售員與約九十萬名辦公室員工。這些人享有可支配的收入，而他們的房子樣式也不再只著重實用性，建築設計會隨著時尚風潮改變：英式巴洛克風格、歌德復興風、殖民復興風，還有羅馬式（或者小木屋風，就跟脩義龍的父親所住的房子一樣）。一名堪薩斯州報紙的編輯是這樣形容進步主義人士的會議：「在這裡，我們看到的是成功的中產鄉鎮居民，穀倉上了油漆的農夫、待遇優渥的鐵路工程師，還有鄉鎮報社的編輯。這些群眾衣著得體，在場沒有無產階級和財閥的影子。」

令人訝異的是，當年有不少頂尖的進步主義者，都是牧師的子女，而今日德國總理梅克爾及歐盟競爭委員瑪格烈特（Margrethe Vestager）這兩位可說是現代進步主義的代表性人物，也是牧師子女。然而界定進步主義運動的信仰並非宗教，而是對專業力量的堅信。一位十九世紀末期的經濟學家說，專家是「天生的貴族」。他們是菁英，但不是獨一無二的，任何受過教育的人都可以加入這個書呆子的王國。如同另一名經濟學家所說，這是「資優的貴族」。在這個充滿自私的世界，專家可以超越這一切。十九世紀一位社會學家表示，科學的研究就是「專家的道德資產，這個神聖火花是讓專家保持忠誠和清高的主因。」另一位社會學家解釋，我們所需的是一套「能以科學化管理人類的完善方法」。

「科學化管理」是帶有預設立場的詞彙，首見於菲德烈克．泰勒（Frederick Taylor）在一九〇九年出版的《科學化管理原則》（The Principles of Scientific Management）。泰勒提出時間與動作的研究，用微觀管理的方式管理勞工的一舉一動，以達到更大的效益。

「在過去，人類總擺在第一順位；而在未來，必須將系統擺第一。」泰勒口中那些受過教育的中產白領階級經理會「替人類思考」，進而提升公司的生產力。進步主義運動人士很快就將此原則應用到社會中。如著名的經濟學家艾爾文．費勳（Irving Fishing）所言：「這個世界是由兩種階級所組成：受過教育的和無知的。為了進步，應該讓受過教育的階層支配無知的族群，這非常重要。」

讓一群人來支配另一群人

這種支配的運作核心，就是政府。一位威斯康辛大學的社會學家在一九〇七年出版一本大受讀者歡迎的書，書中提到政府必須管理大眾的行為來，這樣才能「建立公義」。一名經濟學家認為，「若政府的介入能達到更好的健康、更棒的教育、更高尚的道德、更舒適的社區，那麼政府就應該在每件事情插手干涉。」進步主義份子珍．亞當斯（Jane Adams）也認為：「如果某些工廠的工作條件，迫使工人的尊嚴降低，那就政府的法規就應發揮權力。」也就是說，如果有錢人不善待自己的員工，那政府就應該強迫有錢人這麼做。

在這種精神緊繃、努力往上爬的流動式階級之下，進步主義份子可以發揮極大的政治效力，這點大家都可以猜到。他們會與他方結盟，跟勞工討論特定問題，或與大企業商討更高層次的議題。他們也能找到願意理解、願意聆聽他們的政治領袖（一名進步主義份子有點樂昏了頭，告訴珍．亞當斯說，他寫的報告對羅斯福總統非常有幫助……「他把我寫的幾個段落，放進他的主題演講稿中」）。進步主義者發動了幾個經典的社會運動。但最重要的是，進步主義份子擅長政治組織。民主國家的社會運動，主要都是透過群眾集會、公開會議、遊說、散發傳單、示威遊行、連署請願書等形式出現，這些事情進步主義份子當然也會做（少數人會採取老派的暴力手法，例如專砸酒吧的凱莉）。然而，進步主義份子的作法是將社會運動的本質昇華。他們所採取的組織策略內斂、創新，更重要的是有效果。就像列寧的母親，他們非常了解政治的運作是危險的事，而且是非常危險。

體制內的改革

進步主義份子採取創新的組織策略，其中一項是「專家委員會」。進步主義份子會找出問題，然後尋求認同其立場的政府官員支持；必要時會試著向官員施壓，受到催促的官員就會委任一群專家對議題加以討論。專家團隊則如實地建議這些問題需要受到持續的專業管理，然後建議設立新的政府部門，並指派專家負責。

第一個類似這樣的委員會是美國工業委員會，專家團隊在一八九八年到一九〇二年之間開會討論，並建議成立一個政府部門，也就是今天的聯邦貿易委員會。而在一九〇八年到一九一二年之間開會的國家貨幣委員會，則在一九一三成立了美國聯邦儲備局。透過這種方式，在二十世紀初期，美國成立無數個新的規範機構：永久關稅委員會、勞工部、商務部，以及食品藥物管理局。這些專家組成的委員會還有新的政府部門，理所當然都是指派受過教育的中產階級美國人所負責掌管。進步主義份子因為做有益國家的事，所以表現優異。

俄國的工人大概想從未過事情可以這樣做。美國的進步主義份子並沒有推翻政府，因為他們沒有必要這麼做。他們所進行的革命是改革美國的法律、政策、政治架構與領導階層，重新塑造成為理想中的模式。勞工階層想要的是工傷賠償法、新設的健康與安全法規、八小時工時、最低薪資、舊屋改建、廢止童工、限制移民等。為了管控或是至少約束有錢人的行為，進步主義份子贊成制定反壟斷法案，設立新規範保護消費者，制定新的收入與財富賦稅制度，以及大量的立法來管理工業界的行為，正如設立脩義龍擔任的鐵路局局長一職，來監督路易斯安那州的鐵路系統。

為了提升政府選舉機制的效率，進步主義也贊成美國參議員的直選，先前參議員是由州立法機關指定。脩義龍也善加利用此政治改革所帶來的效益。進步主義份子最後也替婦女爭取投票權，使更多平民百姓首次在現況中有發聲的機會。

在第一次世界大戰發生的前幾年，進步主義份子勢力大到令人有些畏懼。一九一二年的美國總統選舉，民主黨總統候選人威爾遜（Woodrow Wilson）就是典型的進步主義份子。他在造勢活動中表示：「如果你不是進步主義派，那你最好小心一點。」他的共和黨對手塔夫特（William Howard Taft）也是進步主義人士。老羅斯福（Theodore Roosevelt）可能因為不夠進步，無法從塔夫特手中贏得共和黨的黨魁一職，老羅斯福便決定自組第三個政黨，無可避免地取名為進步黨。進步主義運動人士珍・亞當斯在老羅斯福的總統提名大會上發表演說。這樣的大選，只會有一種結果，那就是進步主義份子的勝利。

由於老羅斯福組成的第三黨瓜分了共和黨的選票，於是進步主義派的威爾森宣告當選。在威爾森的執政下，進步主義份子迅速增稅（為了資助成立由更多專家負責的政府部門），並在第一次大戰期間成立戰爭時期計畫，大舉提高政府對工業界的掌控力。

隨著情勢發展，就像焦慮的中產階級父母親一樣，在發現「不認同」這個手段已無法約束正值青少年的孩子後，進步主義份子開始出現強迫症傾向。他們強制禁止飲酒，提倡限制電影院的新設，也想限制離婚。

如此一來，無可避免地帶來了反效果。第一次世界大戰後，美國開始走向小型政府的保守派政治（本篇章一開頭的引言，是引用自百老匯歌舞短劇的一個詼諧抗議場景，民眾群起反抗進步主義份子所實施的、目不暇給的政府新措施）。話雖如此，就算發生反效果，進步主義並未從政治界消失，而且還早得很呢。到了一九二〇年，脩義龍已蓄勢待發，準備撼動美國政治，不但採取傳統的進步主義路線，還有前所未見的行事風格。

本土天王脩義龍

脩義龍有完美的進步主義經歷。他在路易斯安那州首次接觸政治，就是以專家的身分，辯證工傷賠償法律的細節。上任州長後，他效仿威斯康辛州的州長（也是社會主義先驅），也在州內創立大學，土地是政府所贈與——雖然脩義龍對學校成立美式足球隊可能比成立經濟系來的有興趣。此外他還對有錢人課徵新稅賦。脩義龍的核心支持者多半是中產階級而非貧民（路易斯安那州的選舉稅剝奪窮人投票的權利）。一個恰當的例子是政府前督察長包利（A.L.Boley）。從第一次世界大戰退役後，包利仰賴殘疾退休金維生，不過因為政府縮減開銷讓他的退休金縮水，他轉向支持脩義龍（本書先前就說過，樽節政策是很危險的）。包利寫信給脩義龍：「對您與日俱增的尊敬，因為您為了平民百姓的福祉挺身而出。」

操作階級對立

但是脩義龍有一點特別凸顯他絕非普通的進步主義份子。進步主義份子幾乎都想盡量消弭階級間的對立。進步主義人士珍．亞當斯說道：「我們並不喜歡提到美國內部兩派對立壁壘分明。」而一名進步主義派的記者表示：「當財富迅速累積的同時，我們未必硬要劫富濟貧，因為還是有能讓大眾也吃飽的方式。」然而相對的，挑起階級對立正是脩義龍的典型手段。在他的競選活動過程中，脩義龍引用《周六晚報》的一篇文章，內容提到美國有百分之二的人口掌握全美七成的財富（這個數據是正確的，因為自十九世紀開始，財富和收入不公的狀況就日益激增）。

一九二八年的州長選舉中，脩義龍興致勃勃的致力推動新法，競選承諾之一就是學生課本免費。不出所料，路易斯安那州內的舊體制派系，對此計畫並不感興趣，就如同他們對聯邦政府資助州立學校一樣的意興闌珊。什里夫波特市（Shreveport）市長李．托瑪斯（Lee Thomas）闡述了他的立場：「本市位在本州富裕區域，我們絕不宣傳『本校的孩子需要免費課本』，免得給自己丟臉。」一位反對免費課本計畫的民代更毫不保留地說道：「我會當選全靠有錢人支持，他們反對這項計畫。」

可是脩義龍還留有一手。在他第一次的立法會議，他加快進度，讓所有審查中的法案都快速通過立法程序，減少議會辯論，直接投票——包括他自己和對手的法案。此舉讓民代大受感動，於是通過了大量雙方的法案，其中包括免費課本法。然後心情明顯大好的脩義龍，馬上又以州長職權否決掉對手的每條法案，卻只保留自己的。這下大家都知道，脩義龍一心求勝，志在必得。法案通過後，州政府印製了六十萬本新課本，結果上學的學生人數增加了約一萬五千名。

接著，脩義龍著手建設他允諾過的道路。一開始，他的高速公路改善計畫圖看起來很奇怪，他並不是一次修好整條路，而是在每個城鎮都先修造幾公里的段落，而剩下的路途還是原先那種塵土飛揚的碎石路，讓駕駛人去繼續顛簸。脩義龍的用意是要讓大家先嚐點甜頭，才會念念不忘。「當大家體認到馳騁在鋪設平坦的高速公路上是多麼享受的一件事情，那他們肯定會贊成建造交通網絡的計畫。」

一九三〇年，脩義龍宣布參選美國參議員。路易斯安那州全部十八份日報都持反對意見。但是脩義龍卻大獲全勝，在路易斯安那州六十四個區中就贏了五十三個。這是動員政治的勝利。在絕大多數路易斯安那州的參議員選舉中，選民的投票率並不高，但脩義龍的得票數幾乎與他參選州長時差不多。

他贏得參議員的選舉後，聲勢已經到達了一個臨界點。路易斯安那州的部分政治菁英開始承認脩義龍已經銳不可擋，他也獲得路易斯安那眾議院的多數支持。脩義龍大幅增加長期以來受到忽略的公共服務支出。一九三一年，脩義龍的高速公路修建計畫雇用了一千人，將州內有鋪面的道路，從原本不到五百公里擴大到超過超過三千兩百公里。他的道路工程計畫後來所雇用的人力，差不多占了全美國建造高速公路總人數的一成。

又是民粹經濟路線

脩義龍確實是大受民眾歡迎，儘管他深得民心的原因令人費解，但他之所以廣受支持，跟他的分享財富政治手腕有很深的關係。他擔任州長的四年任期內，路易斯安那州的政府開支，比過去十二年加起來的總開銷還要多。他也提高有錢人的稅賦，但是調幅不大。他走的是民粹主義經濟路線。到後來，嚴峻的債務狀況使得路易斯安那州的信用評比滑落到連州債券都沒人敢買的地步。

他也很擅長玩弄政治酬庸。一上任州長後，在他的權限範圍內，馬上撤換所有州立委員會的成員，一律改用效忠自己的保皇派，州內所有委員會幾乎無一倖免，包括高速公路委員會、醫院委員會、州立醫療委員會及防洪委員會等。為確保手下人馬的忠誠度，脩義龍要每一位新任委員簽署沒有附註日期的辭職信，由他存檔。整體來看，這些委員會手握上千名州政府員工的雇用權。

脩義龍也掌控了路易斯安那州的立法機構，方式是在州內的委員會安插議員擔任成員，或是利用委員會的職權，給予議員肥厚的合約。脩義龍也成立秘密帳戶。州政府員工必須支付薪水的百分之五到百分之十給脩義龍的私人機構，一年總計約有一百萬美元（折合現值約一千四百萬美元）。與州政府合作的承包商，必須從標案中拿出兩成的回扣。脩義龍稱這些經費為「扣款箱」，專門用來掌控足夠的選票，以控制地方政治及行政資源（亦稱政治機器）。脩義龍的高民意再加上政治機器的運作讓大家對他效忠，他的勢力儼然已勢不可擋。

脩義龍開始稱自己為「魚王」，取自當時一齣廣播喜劇的角色。他說自己深愛這個「樸素、在地又威嚴」的角色。脩義龍在州長官邸內接起電話都會說：「你好，我是魚王。」然而農業大地主這個族群對脩義龍一點好感都沒有。一位前州長夫人形容他「低階到讓人無言……他不只是低階，他是個庸俗、卑鄙、骯髒的靈魂」。

地方首長要選總統

脩義龍一進入美國國會，在參議院立刻遇上麻煩。他不是一個合群的人，他天生就要統治別人，如果要他協調服從，那簡直是要他的命。脩義龍馬上與他所屬的民主黨領袖交惡，結果是脩義龍怒氣沖沖地退出國會所有委員會。在一個逐漸不公平的社會中，他的政策或許能獲得平民百姓的支持，但是脩義龍的想法非常極端。他推出的法案中，有一個是打算把家族財富限制在一億美元內。這當然沒有下文。脩義龍發出鄭重警告：「這不是榨乾有錢人的政策，而是保護他們的政策。這是在還來得及以前，讓人能得到他們想要的成功。」

儘管脩義龍與小羅斯福總統在進步主義相關議題上，還有彼此間的民主黨同志情誼，確實有氣味相投之處，但雙方還是很快就槓上，相互對立格格不入。羅斯福曾邀請脩義龍到家裡吃晚餐，席間在氣氛尷尬的對話中，羅斯福的母親發問：「那個糟透的男人是誰？」這句話被脩義龍聽得一清二楚。在總統大選期間，脩義龍主動表示願意替羅斯福造勢，卻被羅斯福的競選總幹事拒絕，還直指脩義龍就是個怪胎——這點老實說倒是無可否認。雖然未正式獲邀，脩義龍還是決定在達科他州、愛荷華州、堪薩斯州與明尼蘇達州，替羅斯福造勢。脩義龍所到之處必定吸引大批群眾到場。一位民主黨的州主席向羅斯福表示：「如果您對哪一州的選情感到不樂觀，就叫脩義龍去一趟。」後來，羅斯福的競選總幹事也承認：「我們輕忽脩義龍的群眾號召力了。」他繼續說：「我們以後不會再低估他了。」

小羅斯福入主白宮的第一年，脩義龍就反對政府所提將近一半的法案。他的反對也不全然無理，因為羅斯福起初似乎對財富分配沒有太濃厚的興趣。事實上，當美國的經濟持續深陷泥淖之際，羅斯福總統大幅刪減預算，並在經濟低迷時期實施樽節措施。脩義龍批評羅斯福是個「假貨」，又說羅斯福「就是靠遺產在過日子」。到了一九三三年春天，脩義龍跟總統公開撕破臉，開始為反對而反對，甚至連政府所提出的進步派政策也一概否決。

脩義龍的作風益發虛無，炒作一些根本不存在的議題。他在參議院提出幾乎是不可能通過的激進法案，像是將遺產繼承額限制到五百萬美元（折合現值約九千五百萬），還有將十億美元（現值約一百九十億美元）分配給接受大學教育的貧窮學子。他所提的法案全軍覆沒，他的言詞也愈趨激進。他將經濟大蕭條歸咎於財富分配不均。「一九二九年，美國有錢人的財富愈積愈多，全國區區百分之一的人口幾乎擁有一切，而剩下百分之九十九的人身無分文，連債務都還不起，隨時都可能崩潰。」

脩義龍也著手提高他的全國知名度，推出「國家財富分享會」來配合自己的宣傳，高喊他的口號「人人稱王」。脩義龍在一次廣播演說時正式宣布「國家財富分享會」的成立。到了一九三四年中，他的全國支持度開始上升。脩義龍在一系列的廣播中，砲火猛烈不斷抨擊羅斯福，之後他每天都收到三萬多封的信件，盛況持續二十四天。沒多久，魚王所收到的信件數量，遠比其他所有參議員的信件總和還多，甚至還超過總統。脩義龍擴建他位於參議院的辦公室，需要五個房間來容納替他處理信件的二十五個人，還有十四名員工值夜班。一九三四年底，脩義龍的「國家財富分享會」已有超過三百萬名會員，第二年春天人數更衝至約四百五十萬到八百萬人之間，他平均每週收到六萬封信。

無法當選，但可讓你落選

一九三五年的勞工日，他宣布參選一九三六年的總統選舉。民主黨提名他的機率微乎其微。這也沒關係，他跟友人說，他會以第三黨候選人的身分參選，把羅斯福的選票瓜分掉，讓共和黨的候選人當選。那麼四年後，也就是一九四〇年的總統大選，民主黨就會提名他，以避免重蹈覆轍。脩義龍有可能只是開開玩笑。但是他有的是時間：一九三五年八月，他才四十二歲。

羅斯福可擔心了。脩義龍並非是美國唯一的非典型政治人物。有固定廣播節目的反猶太主義牧師查爾斯・科夫林（Charles Coughlin）吸引了廣大聽眾群。一位退休的加州醫師法蘭西斯・湯勝德（Francis Townsend）所提出的年長者社會保障計畫，也有大批的支持者。但是脩義龍是最具威脅性的人物。羅斯福的競選總幹事做了一項民調，結果顯示脩義龍可能贏得的票數介於三百萬到六百萬之間，這樣的數量極可能讓羅斯福落選。羅斯福告訴幕僚團隊：「大家怎麼取笑他都沒關係，但是對他，我們得開始採取行動才行。」一九三五年十月，脩義龍登上了《時代雜誌》的封面人物。

脩義龍同時也開始衡量局勢。他向一位參議員同僚提到：「當一大群人衝過來，想吊死你們這群惡棍，我到底是要跟你們同在，還是加入群眾帶領他們？我還尚未有定論。」

太超過

在路易斯安那州，脩義龍成為美國政治界中可說是空前絕後的人物。他在路易斯安那州議會討論法案的議事廳裡面四處遊蕩，他當然不是議會成員，所以不能待在裡面。有一次議會警衛強制把他趕出去，此舉贏得滿堂彩。後來他扭轉了局面，他會坐在路易斯納州眾議院的會議廳後方，口中吃著花生，投票開始後他就扮演類似「樓管」的角色，在不同的議員身旁遊走穿梭，告訴他們應該怎麼投票。其他的時間，他則會坐在眾議院議長旁的主席台，或是站在路易斯安那州參議院會議廳，在每位參議員投票時，目不轉睛地緊盯著投票機。當有議員躊躇不定，反對黨的議員就會做出諷刺地觀察評論：「我希望脩義龍先生趕快做決定，這位議員才會知道該怎麼投。」如果有一個議員在關鍵的投票中缺席，脩義龍就會自己代缺席的人投票，而且現場無人反對這種事。他也會在各個會議室奔跑穿梭，半途闖入進行中的會議。委員會主席會問說：「有人持反對意見嗎？」這時只聽見脩義龍回答：「沒有。」然後這項法案就會繼續往下一個程序進行。

當年的委員會會議紀錄顯示，會議進行中，出現了類似「絕地武士控心術」影響法案。例如有一回，路易斯安那州眾議院以壓倒性多數八十四票對六票通過一項法案，接著法案進入參議院委員會，脩義龍卻半途殺入，跟委員會主席大喊：「我反對這項法案。」這時有另一位議員跟著複誦一次：「我也反對這項法案。」脩義龍再喊：「海伍德議員（Haywood）調動了一份不利法案的報告。」不料海伍德議員也跟著複誦：「我調動了一份不利法案的報告。」主席接著說：「有人說有份報告對此法案不利。」一位與會人士形容這次的經驗：「脩義龍跟你解釋法案的時候，你的眼睛會自動無視任何缺失，就算你知道法案就是有缺陷存在。我常在想為何這麼多理性的議員，可以坐著聽脩義龍說話，而且還相信他。我們簡直就像受到催眠般，被他牽著鼻子走。」

一個法案兩分鐘

脩義龍在一九三四到三五年間，在路易斯安那州議會召開了七次特別會議，期間議員們通過了四百六十三件法律，絕大多數是由脩義龍所擬定，且多數未經正常程序研議和辯論。在其中一次的會議中，委員會考量法案的時間是每件平均兩分鐘，而路易斯安那州參議院平均每二十分鐘就通過七項脩義龍所提出的法案。在另一個議程中，議事紀錄人員僅宣讀每項法案標題的前幾個字，讓參議員能在三十五分鐘內審查三十三項法案。一位參議員忿忿不平質問說，他們何時才能知道剛剛投票表決的法案內容。脩義龍回說：「星期二，等法案通過以後。」在另一個議程中，議事紀錄人員宣讀法案的速度太快，語焉不詳讓與會者根本聽不清楚法案內容。但脩義龍還是覺得不滿意：「叫他念快一點啦！議員只要負責投票就好。」

脩義龍通過的法律，到頭來賦予他近乎獨裁的權力。這些法律包括：允許州長依需求使用國家層級的保鑣、賦予州級官員權力（而非地方官員）雇用和開除警察和消防隊員、州立委員會為資產價值進行各項稅務評估、將毛皮貿易專賣權交給三大家族（這些家族大概給了脩義龍肥滋滋的回扣）、把一位出資贊助政敵陣營的參議員降職。

必須要說，在這段時間內，脩義龍在路易斯安那州確實是深得民心，受歡迎到令人瞠目結舌、甚至心驚膽戰的地步。魚王的許多獨裁措施必須經過修憲程序，也因此需要得到路易斯安那州選民的認可。脩義龍法案的憲法修正案，平均以七比一的絕大多數比例通過。「如果仔細觀察完美的民主制度，其實看起來比較接近獨裁政治。」脩義龍解釋道：「在民主國家裡，人民感到富足沒有怨言。」

脩義龍的對手給他起了另一個稱謂：蠱惑民心的政客。一位前州長公開痛斥脩義龍「蠱惑民心、布爾什維克黨風格」的行事。路易斯安那州一份日報稱他是「怯懦愛哭、又會煽動人心的政客」。一位美國參議員說脩義龍是「來自路易斯安那州沼澤區的貓頭鷹，叫聲尖銳，蠱惑人心」。一份巴頓魯治市的報紙早在脩義龍擔任鐵路局長期間，意圖制定法規管理輸油管時，就給他貼上「煽動者」的標籤。面對這些控訴，脩義龍也覺得累了，他回應說：「就乾脆叫我怪胎就好。」

沒錯，他正是個怪胎。有人宣稱脩義龍的作為很像希特勒，魚王回說：「別拿我跟其他人做比較。任何將公共政策與宗教偏見混為一談的人，都是他媽的蠢蛋。」有人拿他跟墨索里尼相提並論，脩義龍說他跟墨索里尼不一樣，因為他會「讓政治犯喝辣椒水，這麼一來政治犯就會喜歡路易斯安那州」。（墨索里尼強灌政治犯蓖麻油。）脩義龍喜好穿著綠色絲質睡衣和睡袍，以放鬆的姿態在床上開會。他擔任州長的早期，以這副穿著打扮與來訪的德國軍艦艦長會面，還因此差點引起國際糾紛。他辯白說，當時正值懺悔節，他可能剛好有宿醉。有人說這種行為舉止，正反映著脩義龍低下階層的草包背景。不過老實說，路易斯安那州從上到下，沒有任何一個階級會穿成這樣。一位觀察入微的記者在州長官邸睡房內，親眼目睹脩義龍主持的會議，這樣的畫面讓這名記者聯想到歷史課本，或畫作裡出現過的場景：法國太陽王路易十四與眾人會談的姿態。在路易斯安那州議會的一場議事過程中，一位議員推出一項決議，指出路易斯安那州的每個人都應該獲賞一棟城堡、一位皇后，一套綠色絲質睡衣、九萬美元的年收入，以及「殿下」的頭銜。這項決議在大家的嘻笑聲和些許焦慮中通過。

小羅斯福的反擊

儘管不像脩義龍那麼誇張，小羅斯福總統的行事作為也一樣很超過。跟脩義龍還有進步主義份子不同的地方是，驅動羅斯福的力量不是求勝，而是恐懼。脩義龍讓他感到害怕。羅斯福的「新政」計畫創造了大量的就業機會，計畫包括：公民保育團（Civilian Conservation Corps）、公共工程管理局（Public Works Administration）、土木建設工程管理局（Civil Works Administration）以及公共事業振興局（Works Progress Administration）。隨著工作機會而來的是酬庸：在振興產業、改革農業、失業救濟等事務上，指派官員負責。到了一九三三年，約有三十二萬六千名路易斯安那州州民，擔任聯邦政府的工作，或是領取不同形式的聯邦福利支票。一九三五年，聯邦緊急救助局（the Federal Emergency Relief Administration）在路易斯安那州就雇用了七萬名員工，而公民保育團則雇用四萬兩千人。

一開始，羅斯福並未打擊政敵，不過等他體會到脩義龍的威脅有多大，以及脩義龍在路易斯安那州的政治勢力有多可怕之後，羅斯福開始採取行動。羅斯福政府將「新政」計劃衍生的工作機會決定權，全權交給脩義龍在路易斯安那州的政治對手，向反對脩義龍領袖討教聘用人選。羅斯福說：「凡是替脩義龍人馬工作的，一律封殺，絕無例外！」

演變到後來，羅斯福開始減少路易斯安那州的聯邦補助和工作機會。一九三五年二月，羅斯福請他的助理檢視一份名單，內容是路易斯安那州的聯邦雇員，只要是脩義龍的支持者就開除。同年四月，羅斯福暫停聯邦對路易斯安那州所提供的兩百五十萬美元補助款，這個款項可聘用約兩千名路易斯安那州州民。

同樣是四月，羅斯福也暫停贊助公共工程管理局工作計畫的一千萬美元經費，與計畫有關的工作也遭殃。這是骯髒的政治手段，可是總比其他的替代方案來得好：一九三四年，羅斯福曾一度討論一項計畫，打算派遣聯邦軍隊直接進駐路易斯安那州，重新恢復「共和黨政府」。

在美國參議院的脩義龍，對羅斯福的動作頻頻，氣極敗壞到怒火中燒，《洛杉磯時報》形容此時的脩義龍「火氣直比噴火怪獸」。他說：「我們受到牽連的人馬都深感困惑。」「死神之手奪走我方領袖們的靈魂，麻痺了他們的心，潰敗了他們的心智。」脩義龍嘲弄羅斯福為「法蘭克林王子」、「公爵號」，指的是羅斯福搭乘大財閥阿斯托爾家族（Astor family）的遊艇。

脩義龍想要怎麼生氣都可以，不過羅斯福贊助脩義龍對手的計畫開始見效。在路易斯安那州，有羅斯福政府撐腰的脩義龍政敵，重新整裝反抗脩義龍。魚王的對手發動一項計畫，打算彈劾脩義龍的州長朋友，計畫包括用五百名武裝人士，包圍路易斯安那州國會大廈。基本上來說，派出武裝份子的大動作帶有先發制人的意圖：一九三一年一場備受爭議的政治紛爭，脩義龍派出美國國民警衛隊，手持機關槍，包圍州議會。脩義龍趕回路易斯安那州，並在他掌控足夠選票的地區發動示威遊行，他在這些地方的勢力足以讓敵對陣營議員下台。沒多久，擔心受怕的州議會成員開始換邊站，脩義龍的對手陣營因而挫敗，了解自己無法獲得足夠的選票讓彈劾案手段生效。

另一次的路易斯安那州選舉時間日益逼近。就在基層選舉日之前，脩義龍下令國民警衛隊進駐紐奧良，並宣布戒嚴。這一次是脩義龍先發制人：他的對手找來專業傭兵，他們之前才從拉丁美洲的戰役中回國，這些傭兵負責指揮市內警力。就在最後一刻，兩方達成協議同意投票所周圍不得有國民警衛隊或傭兵警力出現，一場小規模的軍事衝突得以避免。在一場還算公平卻情勢緊張的選舉中，脩義龍支持的候選人席捲紐奧良的選票。而在紐奧良之外，脩義龍的支持者，卻在地方議會選舉失利，因為在這些地區，反對脩義龍陣營的候選人獲得羅斯福的政治酬庸全力支持。

在這些大風大浪當中，脩義龍顯然很享受他的人生。在婚後沒多久，他跟妻子說：「我天生就是要從政的，一個為新娘帶來風暴的已婚男人。」後來有次他在一場如火如荼的政治戰爭當中，告訴一位瞠目結舌的旁觀者：「這是屬於國王的運動。」

選前一顆子彈

一九三五年六月，羅斯福總統推出新的稅賦法案，目標是全面重新分配財富。法案內容包括加重遺產稅，還有新的薪資所得稅，瞄準那些年收入超過三萬元（折合現值約五十一萬八千元）的富有納稅人。路易斯安那州眾議院對此法案讚許有加，而參議院也未表異議，只有脩義龍在讀完法案後大聲表示：「我只想說聲『老天保佑』！」專欄家和喜劇演員威爾．羅傑斯（Will Rogers）寫道：「如果脩義龍半夜睡醒，看到枕邊人羅斯福跟他說：『來，靠過來，小脩脩，我想與你共枕而眠。』我超想看看脩義龍的表情。」幾天後，魚王在美國參議院表示，他會很高興身邊有羅斯福的陪伴。

但對脩義龍來說，這還不夠。他說：「富豪只會愈變愈有錢，窮人則是愈變愈窮，中產階級則會消失不見。」在得知羅斯福的稅賦法案一年能新增三億四千萬美元的稅收（折合現值約為可觀的五十九億），脩義龍說他會提出一項財富共享法案，預計能達到一千六百九十億的年稅收（差不多折合現值兩兆九千萬美元）。脩義龍承諾會把這筆款項，做為基本薪資來源，及每個美國家庭的「家園」經費補助款（房子、汽車和收音機，這些是當年中產階級的象徵）。

脩義龍在全國的聲望大漲，當時也愈來愈接近一九三六年的總統大選。羅斯福的團隊也愈來愈擔心脩義龍背後的廣大民意支持。羅斯福一位幕僚寫著：「反猶太主義牧師科夫林還有湯勝德醫師等人，跟脩義龍相較下，根本就是無足輕重的咖。」

一九三五年九月八日，脩義龍行經路易斯安那州議會時，一名男子在距離脩義龍一公尺處朝他的胸部打了一槍。脩義龍的保鑣立即回擊，暗殺者當場斃命。同時，脩義龍則步伐踉蹌往後退，跑過長廊下了樓梯，跟一名助理說：「我……我中槍了！」助理隨即攔下一台行經的車輛，馬上將脩義龍送往醫院。

其實脩義龍的傷可能不致於致命。兩位全州頂尖的外科醫生奉命從紐奧良趕來，不幸的是，他們在前往醫院的路上發生車禍。路易斯安那州慈善醫院的院長恰巧人在首府，自願提供幫忙。儘管他的開刀經驗有限，仍將子彈移除，不過他卻沒有檢查出內出血。脩義龍於遇刺後的三十一個小時傷重不治。據說他最後的遺言是：「老天爺，別讓我死，我還有好多事要做。」

脩義龍的暗殺者卡爾．懷斯（Carl Weiss）是一名三十三歲來自巴頓魯治市的醫生。先前有次州議會開議時，脩義龍通過了一項法案，內容是終結了政敵班哲明．帕威（Benjamin Pavy）的政治生涯，而卡爾正是他的女婿。卡爾的喪禮，可能是美國政治暗殺歷史上，最多人出席哀悼的，人數陣仗之大，實在驚人。出席的包括許多路易斯安那州農莊園主及相關人士，還有一位前州長，都前來向卡爾．懷斯致意。

脩義龍死後，藏有數百萬元的「扣款箱」，從此消失得無影無蹤。

分享財富為何如此困難

本書前面章節提到不少「分享財富」的政治主張，但真正去做的人很少。列寧去做了，卻付出慘重的人力和經濟代價。裴隆也成功分享財富，不過曇花一現。就連羅斯福，縱使他分配財富的作為留名青史，但羅斯福傳記作者也形容他背叛了自己所屬的社會階層，而且羅斯福執政期間所通過的稅法，還是遠遠不及脩義龍所提出的財富重新分配政策。到底分享財富為何會如此困難？

這個問題是現今眾多研究的探討核心，因為在全球許多富裕的民主國家中，財富分配不均的程度急遽增加。從第二次世界大戰結束後到一九七〇年代中期，富裕國家的財富不均程度相對平衡，大概與現代的挪威或芬蘭不相上下。自一九九〇年代以來，挪威和芬蘭的財富分配不公現象只有微幅上升的跡象，但此狀況在美國卻激升，某些程度上與墨西哥、奈及利亞或保加利亞差不多。而在英國、義大利、希臘和西班牙，財富分配不均的情況快要與俄羅斯或印度不相上下了。

民主國家課徵的稅額和國家開支差異很大。有些國家在重新分配收入時，做得頗為徹底。例如在瑞典，賦稅和社會福利的支出，有效降低了貧窮線以下的人口，與政府沒有任何支出的情況相較下，降幅達八成二。在美國，平均的降幅只有一成三。因為美國稅前收入，已經比瑞典的稅前收入來得更不公平，再加上瑞典財富重新分配後的效應，那麼美國和瑞典之間，收入不均的差異就更大了。

那麼為什麼瑞典和美國會採取的方式如此迥異？針對這個問題一直眾說紛紜，但卻有幾個大多數學者皆認同的清晰模式。首先，在一個特定的國家裡，隨著時間的推移，左派政黨對財富的重新分配，會比右派政黨來得多，但也沒多到哪裡去。對絕大多數人而言，左派政黨會加稅並提高政府開銷，這是顯而易見的事情，根本沒有必要特別強調。但是，若想解釋政黨為何會貫徹執行他們的計畫，則是困難到令人訝異。我們大概可以假設，政黨關注一般平民百姓的利益，因此不太會走向極端（這是一般的趨勢）。但實際上，與其將關注的重心放在平民百姓身上，左右派政黨都傾向追求財富平均分配的政策，儘管兩派的操作方式會有這不同之處。

第二個顯著的模式是，選舉制度若是比例代表制，也就是國會內的議員席次，是依照每個政黨在大選中的得票比例來分配，這樣的國家，像是芬蘭、挪威和瑞典，會透過課稅和公共開銷來重新分配財富，也比多數決選舉制的國家，像是美國和英國，更具這樣的執政傾向。而多數決選舉制意指國會內的議員席次，是取決於政黨是否能在特定的選區勝出。為什麼會存在這樣的差異？這個問題向來備受爭議。有的說法是在比例代表制的國家內，工會的勢力較為強大。有的說法則認為比例代表制通常會形成聯合政府，而其主政下，窮人比較有發言的機會。也有一說是，一個國家的經濟結構會造成不同型態的選舉制度，進而形成不同型態的政策。

無論哪個說法正確，我們都能得出一個重要的結論：歷史的經驗是，不同民主國家之間在課稅額度、國家支出的差別，與哪個政黨執政沒有太大的關聯，反而是與那個國家所採取的政治體制有關係（例如選舉制度的型態不同，就會產生很大的影響）。這個結論含有一個重要、卻讓人不安的意義：如果政治體制沒有重大的改變，那麼想要改變一個國家的收入分配，可能困難重重。

所以列寧為何有辦法分享財富？因為他採用痛苦又暴力的方式，改變了國家的政治體制。裴隆又如何能達到部分成效？首先，善用國家「從獨裁到民主」的這個轉型期間（民主制度，比起極權專制，更容易向人民加稅並增加國家支出）。其次就是改變民主制度的規定，增加選民人數，例如賦予女性投票權。從理論來看，這種種改變會使得一般選民變得更窮。因此，如果政治人物真的動手搞起財富重新分配，就有贏得選戰的可能。歷史經驗顯示，一個國家的政治制度如果沒有歷經重大變革，分享財富就是不可能的任務。

然而，還是有個重大的例外。

戰爭時期的羅斯福

倏義龍遭到暗殺後，羅斯福仍繼續往左派傾斜，有可能是因為他了解到左派的政治主張其實很不錯。起初羅斯福對自己所提出的重新稅賦法案不太重視，也許是因為這個稅法，原本就只是象徵意義大於實質內容。不過到頭來，法案還是通過了，而且廣受歡迎。

所以羅斯福繼續卯起來努力提高他左派言詞的音量。一九三六年一月，他競選連任的造勢活動開跑，他說道：「權力在屬於人民的政府手中，是全然又適切的，可是若落在經濟獨裁的政治傀儡手裡，這樣的權力會成為人民自由的枷鎖。」美國人愛極了這樣的說詞，儘管說出這句話的羅斯福，其實來自富裕家庭。人民看來也很支持羅斯福的社會政策：一九三六年的總統大選，羅斯福得到六成一的過半選票順利連任，得票率是美國歷史上最高的。

美國在一九三八年又陷入經濟大蕭條，羅斯福怪罪「私人壟斷企業」以及「經濟寡頭政治」。他說：「濫用資本力量的情況，必須停止，否則資本主義系統會自我毀滅。」

一九三八年四月，羅斯福終於同意大舉提高公共支出，這是脩義龍會採取的作為，且這招在路易斯安那州也頗有成效。羅斯福告訴他的財政部長，在演講稿中加入一句話「我們要保護弱者，保障人性，也要全面的分配我國的財富」。財政部長並不喜歡這樣的說法，於是告訴羅斯福：「如果你想跟脩義龍一樣說類似的話，我可不愛。」但羅斯福仍堅持這麼做。

帶有革命氣息的稅制

而那項稅法的後續狀況為何？一九三八年夏天，美國國會通過該法，卻大幅刪減法案內容。剛開始，羅斯福威脅要祭出總統否決權，但最後他還是接受國會所通過的版本。這就是本書先前說的，想要改變一個國家的稅制並不容易。而羅斯福也不是個脫離現實的夢想家，他總是會仔細解讀大眾的意見。羅斯福於一九四〇年總統大選第三次連任成功，不過得票率並不如之前來的高。

在第三任期間，羅斯福再度改變路線，此時總算帶有革命的氣息。第二次世界大戰的花費讓聯邦預算陷入困境。羅斯福提出大幅度增稅的計畫，他要求他那些進步主義的幕僚想出辦法，彷彿像是對死去的脩義龍致意，他說：「高收入族群的稅率應該是，在課稅後，個人收入所得的最上限額度，只能限制在約兩萬五千美元左右。」（折合現值約三十六萬四千美元）。雖然後來羅斯福並沒有採取如此極端的方式，但是一九四二年的歲入法案仍舊很苛刻，把個人收入所得稅的最高稅率，調高至將近八成八，同時降低免稅額。另一項稅制是，只要收入超過六百二十四美元（約現值九千兩百元），就需從中扣掉百分之五的「勝利稅」，在戰後有退回部分款項。羅斯福後來也將遺產稅提升制超過百分之七十。

就算羅斯福的目的是為戰爭增加稅收，他的戰時稅務計畫終究還是帶有革命色彩，甚至超過了脩義龍的標準。這些極端的稅率，遠比當時任何歐洲大陸國家都還來得高（經濟學家湯瑪士・皮克緹 Thomas Piketty 稱之為「沒收」稅率），削減了美國金字塔頂端族群的收入與財富，果斷地終結了美國財富極度不均的時代。貧富不公的現象大幅減低，與歐洲大部分實行平等主義的國家不相上下，而且一直持續到一九七〇年代晚期。《財富》雜指指出，美國曾發生一場財富分配的革命，「儘管沒有揭竿起義，或是佔領火車站」。羅斯福謙虛的指出：「這些法律確保了，因戰爭所必須做出的犧牲，能夠公平分攤給所有人承擔。」

與羅斯福採取類似言論立場的，在歷史上也頗為常見。由肯尼斯・史其夫（Kenneth Scheve）、史塔薩瓦基（Stasavage）以及華特・錫德（Walter Schiedle）的團隊所進行的研究清楚的顯示，除了政治體制的改變之外，戰爭是會讓許多國家增稅的另一個主要原因。

舉例來說，十九世紀富裕國家實施最高收入所得稅率的案例，就發生在英國和美國，前者是在拿破崙戰爭期間，後者則是在內戰期間。當戰爭結束後，兩個國家馬上將此稅刪除。第一次大戰期間，全球的最高稅率急遽升高，英國由原本的百分之八升高至百分之六十，美國則由百分之七升高到百分之七十七。只有德國沒有提高收入所得稅，不過這也許也不奇怪，畢竟當時的德國還不是民主國家。

這類的稅務政策其實很危險。如同我們稍早所看到的，樽節政策有可能讓政府衰敗，這也是為何除了戰爭期間所面臨的壓力之外，一般國家很少會冒著風險大舉增稅。但是第二次世界大戰的開銷昂貴又有存亡威脅，大多數政府願意冒險。也因此，第二次世界大戰無意中讓大部分西方世界解決了收入不均的問題。日本也是一舉從原本半封建式社會，躍身成為全球較為均富的國家。

脩義龍為何非死不可

一九八〇年代，紀錄片製作人肯恩．伯恩（Ken Burns）製作了一部記載脩義龍生平的紀錄片。這是一部值得觀賞的片子，除了拍得好，更重要的是片中許多當時已邁入老年的受訪人士，都能暢所欲言。一位名為西索．摩根（Cecil Morgan）的受訪者說：「不管是哪些人，總之每次只要有兩、三個人聚在一起，其中肯定會有人喊著：『那個狗娘養的該被槍斃。』」摩根曾經擔任路易斯安那州議員，且曾反對脩義龍。「當時局勢非常緊張，情緒非常強烈，整個路易斯安那州，很多的對話內容都離不開這個話題。」當時反對脩義龍立場的日報總編輯，他的妻子說也是一位記者，她說：「每個週末，不管我到哪裡，大家都討論要殺了脩義龍，就是很一般的對話。」

聽聞這群受訪者的發言，其實讓人有些不寒而慄。他們都是聰穎又文明的美國人，但是在一個兩極化的政治情勢中，他們竟然開始考慮「殺人」這個選項。脩義龍掌權後，農莊園主那個階層的人並沒有思考如何建立屬於自己、且具吸引力的政策，大概是因為要有個同時滿足州內一般人民和地主的政策，根本是不太可能的事。因此農莊園主這個族群才開始想要幹掉脩義龍。那名女記者又說：「我想當時我們都歷經革命，脩義龍就是在搞革命。我們反抗他的革命，所以做好準備，要與他對幹，讓他停下腳步。」

現實中，脩義龍在奪取農莊園主的財富，並沒有太大的進度。但之後情勢就不同了。一九三五年，脩義龍廢除了路易斯安那州的選舉稅，上萬名路易斯安那州州民（其中包括很多窮人）頭一次註冊投票，這也讓路易斯安那州的選民人數增加了超過四分之三。但此新制剛上路，還來不及舉辦第一場選舉，脩義龍就被暗殺了。

民粹人物教我們的事

倴義龍為現代政治帶來了啟發。**凡是想要降低財富不均的政治人物，都應該把焦點放在政治上**。有許多進步主義的計畫，旨在解決社會不公，包括提高公立教育水準和增加稅賦。但是如果政治體制不變，這些計畫也不太可能實現——所謂的政治體制改變，指的是降低金權政治、增加窮人收入（倴義龍就是這麼做的），或是像阿根廷一樣實施強制投票（這可讓更多窮人出來投票）。若政治體制不變，想要改變財富的分配架構則非常困難，連倴義龍這樣的人也辦不到。

倴義龍帶來的另一個啟發是，**如果想要終結動員政治，方法之一是滿足人民的慾望**。歷史學家詳細研究羅斯福的稅制法案，得到的結論就是：他的法案非常可能是在回應倴義龍所推動的分享財富運動。羅斯福曾秘密地在全美進行一項民意調查，想要了解倴義龍在一九三六年總統大選中的勝算有多大（這是第一個在美國總統選戰期間，進行的科學式民意調查）。調查結束之後，羅斯福政權開始將「新政」中極大比例的金錢，分配給傾向支持倴義龍的州。

倴義龍的財富重新分配計畫，對總統大選產生了影響，這點可從「新政」中各州經費分配不一的情況得到證實。這也顯示，羅斯福在擔心之餘，也很樂意拿出行動。就在脩義龍宣布參選總統之後，羅斯福馬上推出一項抄襲脩義龍的稅法。脩義龍死後，羅斯福更是開始採用不少脩義龍的民粹主義言論。

當民粹主義份子宣稱體制殘破，我們可以用一個健全的民主制度來反證民粹的錯誤。一九七〇年代，提倡自由市場運作的偉大經濟學家米爾頓．傅利曼（Milton Friedman）說，美國社會主義黨其實才是當時最具影響力的政黨，儘管他們在一九二八年的選舉中才拿不到百分之一的選票。傅利曼表示：「因為這個政黨在一九二八年總統大選提出的經濟準則，幾乎每一項到最後都落實成為法律。」（包括失業保險、公共退休金制度、工時限制、廢除童工以及課徵高額度的賦稅）。這樣的情況說明了民主的重要。偏激的社會運動在美國鮮少有繼續延伸發展的機會，主要的原因是，主流政黨都有足夠的彈性，可以模仿偏激運動比較有人氣的政策。這些政策當時或許不夠完美，但也確實比其他的方式更佳。如果民主國家沒有這樣回應民意的需求，就會出現「代表性的鴻溝」。當這種鴻溝愈大，民粹主義候選人和政黨勝選的機會就愈大。

那麼現在這個時代的狀況又是如何呢？人民還會被動員嗎？民主制度能夠迎合民意，迅速反映在政治上嗎？這是下個章節要探討的主題。

第六章

亡國徵兆判讀指南

天賜良機

伊利諾州州長羅德．布拉戈維奇（Rod Blagojevich）是個快樂的男人。那一年，伊利諾州參議員歐巴馬（Barack Obama）剛剛當選美國總統。而指派新人接替歐巴馬完成參議員任期的重責大任，就落在州長布拉戈維奇的身上。

基本上，他可以選擇他中意的任何人。在一段被監聽的電話對話中，布拉戈維奇州長說：「我現在手中握有這個他媽的天賜良機，我才不會隨便給人。先來談代價！」布拉戈維奇還說，他想派自己的兒子接任參議員。

可是他心裡真正盤算的是錢，於是他叫有興趣的人出價。伊利諾州眾議員傑斯．傑克森二世（Jesse Jackson Jr.）的團隊提出了一百五十萬美元天價。可惜布拉戈維奇還來不及把歐巴馬空出來的參議員職位，賣給出價最高的人，他自己就被逮捕了。另外，傑克森眾議員也被抓了，罪名是盜用政治捐款去購買毛皮大衣和勞力士手錶。

比比看，誰偷的最多

其實傑克森眾議員的罪很小，有人偷的比他更多，例如一九九〇年代的伊利諾眾議員丹．羅騰科斯奇（Dan Rostenkowski）。不過州長布拉戈維奇的犯行倒是前所未見，他是伊利諾州史上第一位在任期間遭到彈劾，並以貪汙罪名定罪的州長。

可是，就算是「偷很多」的羅騰科斯奇眾議員，還是追不上前幾任州長的惡行。自一九七三年來，有四位伊利諾州長被關進聯邦監獄，其中包括布拉戈維奇的前一任州長。布拉戈維奇的特別之處在於他是唯一一位在任期間被逮的「現行犯」。

此外，按照伊利諾州的標準，布拉戈維奇只能算是業餘等級。一九九一年到二〇一二年之間，伊利諾州狄克森小鎮（Dixon）的財務長麗塔．克朗威爾（Rita Crundwell）竊取了五千多萬美元，狄克森鎮的年度預算也不過八百萬美元。在她成果最豐碩的一年，鎮上有將近三分之二的預算被她偷走，迫使該鎮不得不裁員。若按照這個比例算來，布拉戈維奇州長應該把盜取公款的金額目標訂在兩百億美金左右。最後羅騰科斯奇被判入獄服刑十四年。而克朗威爾對他的犯行默認不諱，刑期為十九年半。

如果大家想找出伊利諾州的貪腐大神，那麼上述這些無足輕重、多如狗毛的小偷還沾不上邊。最臭名昭彰的人物，非芝加哥市長戴禮（Richard J. Daley）莫屬。他手下有一大群獲得政治酬庸的市府員工，估計約有兩萬五千份工作。戴禮手中握有這些員工飯碗的生殺大權，憑藉這份權力，戴禮能獎勵他的支持者，懲罰他的反對者，並指揮市府員工執行與政治相關的任務。就是這群受到他恩惠的人而組成的勢力，使得戴禮能夠用鐵腕治理芝加哥，這是近乎鐵血的治理方式。所以，他從一九五五年上任後，持續治理芝加哥直到他於一九七六年任內過世為止。

他的兒子也很厲害。一九八九到二〇一一年間，李察・戴禮（Richard M. Daley）擔任芝加哥市長。戴禮二世並未如他父親一樣大權獨攬，但他的強勢仍令人訝異，而且沒人知道他是怎麼辦到的。他上任之際，許多美國法院（包括最高法院）直接介入處理芝加哥腐敗的政治。政治酬庸變成非法，市府員工再也不能在上班時間為政黨服務。市府員工再也不會因為拒絕為政黨服務而受到懲罰。以公職作為政治忠誠度的獎賞酬庸，更是違反法律。

那麼戴禮二世如何運作芝加哥的政治？答案是民營部門。一九九〇年代，戴禮將各種不同的市政服務項目外包給私人卡車公司，項目有剷除冬雪、鋪設瀝青等相關業務。二〇〇四年，一家報紙的調查報導揭露戴禮二世的詭計，市府未經合法招標就把工作交給廠商，廠商則是市長的朋友或政治圈內人。許多案例中，由於這些外包業務的主要目標是以政治為考量，與公共服務完全無關，因此廠商的卡車就整天停在原地，什麼都沒做。整個芝加哥市每年花在卡車相關業務的開銷高達四千萬美元之多，這些錢全都跑進了戴禮親友和支持者的口袋，尤其是政治賄賂基金。戴禮則運用這筆基金幫助自己贏得選舉，並讓芝加哥市的政治人物乖乖聽話。而金錢則是透過「西裔民主組織」來流通，很像是伊利諾州版的脩義龍扣款箱。當時有約四十六起與卡車雇用醜聞有關的案件被起訴，絕大多數的起訴案都遭到定罪。

永遠不會辦到最大尾的

儘管如此，檢察官就是沒有辦到戴禮頭上。就算到了今日，他在芝加哥仍有許多支持者（就連羅騰科斯奇也有人為他辯駁）。作者湯瑪士·葛瑞戴爾（Thomas Gradel）和狄克·辛普森（Dick Simpson）著有一本有關伊利諾州政治腐敗的書，他們指出，伊利諾州眾議院的議長仍繼續在全州運作一個政治酬庸網絡，而且依舊大受歡迎。這到底是為什麼？

給大家一點解答提示：伊利諾州是全美財富分配最不公平的州。有些統計指出，該州是全國十五個最不公平的州之一。若以最高所得百分之一家戶的所得佔整體的比例來計算，伊利諾州則位於不公平的前十名。美國整體的財富分配就不平均，伊利諾州的情況更是嚴重。如果伊利諾州是一個國家的話，財富分配會比尼加拉瓜來得更為不公平。

這樣到底有什麼關係？

我們可以用安德列斯．巴龐德羅（Andreas Papandreou）的故事來回答這個問題。他是一位優秀的經濟學家，在美國的學術生涯精彩優異，他後來決定去治理希臘。

希臘的軍事政變

安德列斯出生於希臘，但是後來被希臘國王手下的士兵打到下巴脫臼後，逃亡至美國。他在美國的表現大放異彩，很快就累積了無懈可擊的完美經歷：他是哈佛大學經濟學博士，娶了美籍太太，收了美籍小三（在牙醫診所認識的），和第一任太太離婚後又再娶了一位美籍妻子。一九五六年，他在加州大學取得教職。最後加州大學聖塔庫魯茲分校還想聘請他擔任校長。

安德列斯的父親喬治優斯（Georgios）是希臘政治圈中的重要人物，因此安德列斯與希臘有種切不斷的情感。一九六一年，希臘舉行選舉，喬治優斯所領導的政黨是最大反對黨，與保皇派保守黨對立。對這場選舉興致勃勃的安德列斯回到希臘，跟著父親的競選活動在希臘跑透透。但這場選舉不公，因此喬治優斯輸了選戰。安德列斯失望透頂。

他極為熱衷政治，一直夢想未來能有屬於自己的政治生涯。這次選舉之後他告訴妻子：「看到了吧，他們根本不可能讓我在這個國家有出頭的機會，肯定會斷了我的路。」對希臘的選舉結果，美國大使館發出一份聖誕卡片盛讚希臘民眾，因為「你們也跟美國一樣相信個人自由」。安德列斯造訪美國華盛頓之際，向華府友人吐露他滿肚子的怨氣：他在友人面前揮舞著這張卡片說，上面的訊息實在是「太了不起了」！其實，美國的聖誕卡片上面向來就會寫著天真樂觀的祝福之詞，這只是傳統而已。

政壇父子檔

奇蹟似的，這場不公的選舉結束後，大批示威者走上街頭，要求重辦選舉。喬治優斯在新的選舉中勝出，擔任總理。對美國仍舊憤憤難平的安德列斯，決定放棄美國護照，開始為自己在希臘的政治前途造勢鋪路。

安德列斯是道道地地的理想主義者，競選期間的造勢活動就像初入政壇的大學老師似的。他認為，希臘的民主制度，對世界來說是一種創造，人民應該「拋棄原本目光如豆的狹小眼界」，把力量賜給「新的、沒有受到汙染的政治新血」，因為這些新勢力才是「唯一能帶來真誠的改變與創新」的勢力。在他爸爸盛名的加持之下，他於一九六四年二月贏得國會議員席次。他的父親也同樣勝選，繼續擔任總理一職。

但不久之後就出事情了。希臘國王對喬治優斯父子政治勢力的崛起感到緊張，國王的憂慮不是沒有道理，遙想一九二〇年代的中產階級暴動，差點讓皇室被廢除。喬治優斯出任總理後，國王和許多軍官多次向美國提出要求，想要發動軍事政變。但美國不同意，因為美國在希臘有大規模軍事部署。國王和軍隊於是發表了一份帶有假證據的報告，想以此用叛國罪名起訴安德列斯。接著國王強逼喬治優斯辭去總理職，並在保皇派保守黨帶領下重組新政府。此舉引發更大規模的示威抗議，將近五十萬名希臘人走上雅典街頭。埃及大使稱之為「革命前夕的群眾」。希臘的軍事將領們再度向美國要求許可發動軍事政變。

老子跳船，兒子跳腳

事已至此，喬治優斯呼籲民眾停止暴動，並試圖向皇室做出退讓（原因可能是他有點心臟病）。當時的安德列斯年輕且滿腔熱情，想要不計代價推動真正的民主。他試著動員更大規模的群眾出來反抗國王。

令人震驚的是，喬治優斯趁著兒子在義大利度假的時候，背地與國王私下達成協議，而安德列斯則是看報紙才知道。安德列斯形容當時真是「整個房間天旋地轉」。他馬上打電話質問父親：「聽說你支持國王？這是真的嗎？」他的父親回說：「別太早下定論。」安德列斯又說：「我們昨晚明明在一起，你卻隻字未提，我們還聊了四個小時，我卻被蒙在鼓裡。」喬治優斯說：「不然你想怎樣？」就掛掉電話了。

安德列斯對他的父親向來是既敬畏又害怕。安德列斯小時候，父親永遠不在（父親忙著跟奪目耀眼的女演員談情說愛）。不過他的父親是英雄，安德列斯小時候對父親的回憶之一，就是看到他經歷保皇派暗殺，從醫院回家，身上纏著繃帶。安德列斯在校時可能是想吸引父親的注意，故意不乖，在五年級的時候被學校留級。父親將安德列帶進自己辦公室，好好訓斥了一頓，結果安德列斯隔年成績就躍升成為全班第一名。

對於父親與國王所達成的交易，安德列斯深感困惑與憤怒。剛開始，他試圖煽動父親喬治優斯的政黨反叛他父親。儘管成功說服了四十名國會議員與他站在同一陣線，他最後想了想還是取消叛變計畫。喬治優斯父子失和的事實，並未讓國王感到安心。國王派遣公使到美國要求美方允許發動軍事政變，得到的答案仍然沒變。但是一九六七年三月一日，三位美國大使館的官員，自安德列斯的一場演講中半途離席，外界將此舉解讀為「美國在示意，如果皇室想逮捕安德列斯，那就動手吧」。安德列斯的妻子瑪格麗特（Margaret）寫道：「我們疾呼吶喊，但是沒人聽到我們的隻字片語，字字句句都透露著我們絕望。」四月時，美國大使善意提醒安德列斯，外面有些人說他「已經死定了」。安德列斯盡力保持鎮靜，緊張卻又不失尊嚴的回答，他終有一天會東山再起，而當他成功時，他將會是「美國一位很難搞的朋友，但是還是朋友」。

四月二十一日凌晨兩點二十分，槍砲聲驚醒了睡夢中的安德列斯。他往窗外看去，持槍上刺刀的士兵包圍了房子。士兵闖入三樓時遇上安德列斯的兒子，於是用槍抵住他兒子的頭問：「你爸在哪裡？」他兒子很勇敢地回答「我不知道」，完全未顧慮到自身安危。安德列斯這時才大喊：「我在這裡。」然後從屋頂的藏匿處躍下陽台，膝蓋在慌亂中受傷。

發生政變後幾個月，軍事將領們已經鞏固了自己的勢力，便將安德列斯釋放。他隨後拜訪美國大使館，感謝美國大使協助他出獄，並承諾將聲明放棄所有的政治活動，接著流亡巴黎。他才剛剛安抵巴黎沒幾分鐘，立刻召開記者會，火力全開譴責美國，誓言將以流亡身分建立反抗勢力。

在國內，希臘的軍事將領們下令禁止迷你裙（這點和罷黜裴隆妻子的阿根廷軍政府一樣，也和伊朗的革命政府一樣），他們當然是以東正教之名，而非天主教或伊斯蘭而這麼做。他們也跟阿根廷的軍政府一樣，撤除公立教育，關掉兩千五百所小學。此舉所帶來的經濟代價慘重，但也是政府用來削弱人民力量的手段，歷代政府都喜歡這樣。

無法課稅的希臘船舶業

到底是誰支持上述的軍事政變，這很難說。諷刺的是，這場軍事政變的行動是依據北大西洋公約組織的一項「蘇聯入侵緊急應變計畫」，但是蘇聯並沒有入侵，因此並不是北約組織叫希臘發動軍事政變。後來的事實顯示，一位軍事將領在國王的聲聲催促下，做好後勤準備動作，好執行北約組織的應變計畫，這包括一千名人員的變動。因此國王也算是無意間發動軍事政變的。但希臘國王並沒有發動政變的意圖，而且政變之後幾天他立即發起一場反政變，雖然沒有成功。美國很快表達對希臘新軍政府的支持，但是也沒證據顯示美國想讓軍事政變發生，畢竟多年來美國一直阻止皇室跟軍隊發動軍事政變。發動政變的應該是一群低階軍官，看準了北約組織後勤準備計畫的時機，不想錯過這個機會。

有了權，就有錢

無論如何，所有的軍事政變都需要獲得支持，特別是一個想要長久掌權的軍政府（希臘這次的軍政府確實執政很長一段時間）。美國國家安全會議的一位成員寫道：「希臘國內的頂尖商人組成一個小圈圈，彼此不競爭，又受到特別協議與關稅的高度保護，所以也免於外國的競爭者。他們警覺到，一個由衷致力於現代化的政府可能會開放希臘經濟，帶來更多國內、外的競爭。」這名成員總結：「在我看來，希臘目前政治如火如荼的掙扎，反映的是檯面下利益的衝突。」

他所指的是強烈對抗喬治優斯父子的政治勢力。一位希臘裔美國富商湯姆．帕帕斯（Tom Pappas）從政府那裡獲得獨佔希臘市場的石油採購權，他是這股勢力的主要領袖之一。安德列斯先前想要終止帕帕斯的獨家壟斷權，但帕帕斯也不是省油的燈，他賄賂國會議員，讓他們轉而加入保皇派保守黨。政變之後，新上任的軍政府想要開展與美國的外交關係，湯姆．帕帕斯則現身華盛頓安排美國和希臘雙方的對話。

帕帕斯並不是唯一想巴結軍事將領的希臘富豪。一九六八年，軍政府領袖向船舶業工會的成員表示：「你們希望我們怎麼做，盡管告訴我們！政府保證實現你們的願望。」船舶業主欣喜若狂之餘，頒予這名軍政府領袖船業工會名譽主席的頭銜。沒多久，軍事將領與船舶業便開始互相奉承，關係緊密。希臘政府實施一項「噸位稅」修正案，也就是說無論船舶公司獲利多寡，政府只會以船隻重量計算課稅。此措施使船舶業的稅賦急遽降低，也因為這樣的稅務優勢，全球船舶公司紛紛跑來希臘註冊船隻。一九七〇年代初期，希臘是個不怎麼富裕的小國家，卻掌控了全球船舶業百分之十五的業務量。

有了錢，就不想被課稅

想當然爾，希臘船舶業主，並非是全球首批因為支持獨裁政權，而獲取利益的有錢人。但等到國家恢復民主制度，稅賦就會增加，那麼這些有錢人就會失去利益。不過，希臘的船舶業主不一樣，他們就是有辦法免稅。一九七〇年代希臘恢復了民主制度，新上任政府通過的第一項法律就是增加船舶業的稅賦，不過還是保留了噸位稅。這代表政府向希臘船舶業營利所課徵的實際稅率，只有貽笑大方的百分之一。接著，令人搞不懂的是，這種看似不公平的稅制卻在全球各地紛紛實施，其中包括幾個最有錢的國家，例如最先實施的就是荷蘭。今日，幾乎所有主要船舶經濟體都使用噸位稅。

為什麼會這樣呢？與一九六〇年代末和一九七〇年代初期的希臘不同的是，許多像希臘這種有錢的國家，都是以平等主義和大量社福支出的民主體制著稱。船舶公司之所以有這麼大的權力，主要因為船舶業資金的流動性很高。船舶業者與路易斯安那州的農莊地主相較下是兩個極端：船隻會繞行世界各地，而船舶則是資金投資中最為流動的型態。政府很難對這種極端的流動性營利課稅，只要政府這麼做，船舶公司就會遷移到其他的地方。因此，一旦希臘政府將船舶公司的稅賦負擔降低到近乎於零的地步，全世界就會起而傚尤，否則就會面臨國內船舶業搬遷至希臘的命運。

低稅率確實讓希臘船舶業蓬勃發展。一九七〇年代希臘國內百分之十的勞工都是受雇於船舶公司或從事相關的職業。到了二〇一〇年，船舶業就占了全希臘經濟效益的百分之七點五（英國也只有百分之零點二）。次年，船舶業的營利就占了希臘整體經濟利潤的百分之十二。

不過這些利潤基本上是無法課稅的，這對任何想要重新分配財富的人來說，將會造成很大的問題。

希臘式命運

起初，大家對希臘船舶業無法課稅的問題並不擔心。當時的希臘經濟正在起飛。一九五〇年代中期到一九七〇年代末期，希臘的經濟成長速度年平均達百分之七，通膨率則不到百分之二，雖然比不上日本，但也相差不遠。到了一九七〇年代中期，在與土耳其爭奪賽浦路斯的衝突中，希臘慘輸，這凸顯出希臘軍政府的無能。一群新組成的軍官推翻他們倒楣的同志，然後力推讓希臘政體重回文人統治。讓人高興的是，阿根廷式的恐怖平衡並未在希臘上演，因為希臘船舶業主跟阿根廷的地主，或路易斯安那州的農莊園主很不同，就算船舶業主的富裕已是舉世聞名，他們並沒有什麼理由反對恢復民主政治。畢竟，政府無法對船舶業主的財富課稅。

軍政府垮台後，安德列斯重返希臘。他所創建的政黨名為「泛希臘社會主義運動」，誓言關閉美軍駐希臘的軍事基地，讓希臘退出北約組織，舉辦脫歐公投，並且重新分配財富。此政黨在希臘的口號是「本黨執政，人民有權」，這是非常標準的民粹主義口號。在一場辯論中，他的對手支持希臘繼續留在歐盟，表示「希臘是西方世界的一分子」。安德列斯不假思索立刻回嗆：「我希望希臘是屬於希臘人民的。」

希臘恢復民主制度後的第一次選舉，「泛希臘社會主義運動」的選舉結果差強人意。但在第二次選舉中，他的政黨已是最大的反對黨。一九八一年十月的第三次選舉，打出「求新求變」選舉造勢口號的安德列斯與其政黨，輕而易舉地贏得選戰。

不過一上台的安德列斯，退出北約和歐盟的政見立刻跳票。經過談判後，關閉了幾個美國軍事基地，但仍讓美國保留重要的設施。安德列斯眼前最大的問題是如何兌現財富重新分配的選舉支票。希臘國內的財富都集中於特定的族群，但是這些都是流動性的財產。如果安德列斯想對船舶業主課稅，那他們就會將業務移轉到其他的國家。

所以安德列斯採取了驚人不已的分享政治。

國家的機器在動

選舉才剛結束，安德列斯・巴龐德羅就安排三千到四千名的泛希臘社會主義運動黨員擔任政府公職。這個機會千載難逢，不容錯過，大批希臘人立刻一窩蜂申請入黨。一九八〇年，泛希臘社會主義政黨約有七萬五千多名黨員，四年後暴增到二十二萬人。為了滿足新加入的黨員，政府通過了一項法律，廢止競爭激烈的公職考試，這是申請很多公家部門工作的條件之一。廢除考試的主要目的是讓政府依照政治忠誠度來安插職位。一九八四年通過的法律更讓聘用公務人員的條件，幾乎完全變成個案考量，又將工作表現與薪資脫鉤。這樣一來，安德列斯就能隨心所欲雇用想用的人，且給付優渥的薪資。過了不久，公務人員的平均收入將近私人企業員工的兩倍。希臘人民擔任政府公務員的比例，從一九七六年的百分之八點五攀升至一九八八年的百分之十點一。

平心而論，升幅並不大，而且如果依歐洲的標準而論，希臘如此的政府勞力規模也稱不上多。不過公務員僅是安德列斯政治機器運作的一環而已，希臘政府還在一九八二、八三和八七年分別通過了法律，讓政府掌控貿易工會、農會、商人與工匠協會，此外更讓大批黨員加入這些機構。執政沒多久的安德列斯也將四十間「有問題」的公司國有化，政府再把這些公司的職位酬庸給支持者，而這些公司也開始承包政府的案件。到了一九八四年，有百分之九十的社會主義政黨黨員，其職業與公家機關有關，無論是正職員工、臨時工還是與國有公司有簽約關係。一九八〇年代末期，全希臘直接或間接為國家工作的人數，比例接近百分之二十。之後攀升幅度趨緩，不過也沒有下滑。一直到最近，比例差不多為百分之二十二。

幾乎像阿根廷那樣的滑落

安德列斯也採取民粹主義經濟，也就是增加政府開銷卻不增稅。他並沒有和阿根廷一樣藉由通貨膨脹來花錢，反之，安德列斯讓政府舉債。通常一個政府的預算赤字在經濟不景氣的時候會增加，而在景氣好的時候減少。而希臘的預算赤字則是永遠上升，從一九八一年的百分之四，來到一九八五年的百分之六，又一直上升到一九九〇年的百分之十四。結果在整個一九八〇年代期間，希臘的國家債務增加了四倍之多。經濟合作暨發展組織（OECD）曾經發表一份報告，內容對於希臘的赤字如何能攀升到那樣的數值，卻不會引發金融危機的狀況，感到百般不解。

希臘的經濟撐了二十年才開始崩壞，這個時候安德列斯早就不在人世（與本章先前提到的芝加哥市長戴禮一樣，安德列斯是在任期內過世的。他對希臘政治有著舉足輕重的強勢影響力，因此他剛去世時，希臘政府可說是整個陷入癱瘓）。安德列斯的兒子、喬治優斯的孫子喬治・巴龐德羅（George Papandreou）出馬角逐總理一職，他的競爭對手打算透過撒錢來贏得選舉。不想被專美於前，喬治也承諾更大筆的開銷，其中包括三十億歐元的振興方案（約折合現值二十五億美元）。喬治信誓旦旦的說：「希臘是有錢的。」沒錯，希臘的確是有錢，問題是這些錢希臘政府卻碰不到。

諷刺的是，當經濟崩盤時，希臘的財政狀況，還比安德烈斯在任時期來得更好。不幸的是，當希臘手頭最不方便的時候，德國堅持要希臘償還債務。喬治只會怪罪前朝沒有老實交代預算赤字有多大，加深了債權市場的恐慌。後來，希臘被迫債務違約，債務規模甚至還比阿根廷大。希臘經濟萎縮超過百分之四十，這是自戰前德國以來，歐洲內衰落最嚴重的經濟體。

二〇一二年，我和幾位朋友在雅典憲法廣場附近一間酒吧小酌，有個景象讓我甚感不解：約有三十人在酒吧的廁所外排隊。我後來才知道原因。當時街上滿是參與暴動的人們（經濟崩盤後所實施的樽節措施，引發多起暴動事件），這些群眾需要上廁所。而他們也是我看過最溫文有禮的暴動群眾。希臘仍舊是一個既富有又文明的國家，男性平均壽命是七十八歲，女性則是八十三歲，比美國的平均壽命稍微長一點。

話雖如此，富裕的國家不應該有嚴重的政治酬庸存在，也不應該讓國家的主權債務違約。希臘陷入違約後，摩根史坦利國際控股公司將希臘的信用評比調降至「新興市場」。到目前為止，全球還沒有一個富裕的民主國家，有達到阿根廷那樣的衰落規模，但是希臘已經步上其後塵。

希臘圈套

當今的希臘並未出現典型阿根廷式恐怖平衡的跡象（美國伊利諾州也沒有）。儘管希臘的船舶業主與之前的軍政府交情匪淺，但是他們並不反對恢復民主制度。而戴禮父子雖然貪腐，也算不上是獨裁者。然而，在實施「後物質主義」政治的國家和區域（亦即人們不再依據階級的差別來決定手中的選票），假如財富分配太不平均，還是容易出現分配主義政治。有時是以政治酬庸或是政治機器的方式出現，有時則是以分享財富的民粹主義經濟方式現身。例如，在伊利諾州，財富分配不均還稱不上是重大的政治議題，可是，分享財富式政治仍舊大行其道。

美國主要城市和幾個印度南部的邦證明，財富不均與分配式政治之間的關係確實存在，而分配式政治則包括明目張膽的買票和較為低調的政治酬庸。在全世界幾個最平等的國家中，學者找不到任何證據顯示這類政治型態的存在。舉例來說，瑞典由一個小農為主的平等國家，進步發展成為一個平等服務型經濟。瑞典語甚至沒有用來形容這種政治機器的用字，根本也沒有這個需要。所以每當瑞典的報紙有專題篇幅報導，發生在其他國家的這類事件，總必須要對此觀念先下定義。

即便是治理品質良好的國家，也有可能出現分配式政治。本書提到了許多紛擾的政治情勢，為了避免這種亂象，只能仰賴良好的國家治理。我稍早就提到，良好的治理也能讓一個國家避免暴力的政治動盪。好的國家治理層面包括：人民信賴民主、實施法治、公務員服務有績效、保護個人權利、享有公民自由等。這些都與理想中的社會指標有關聯，包含較長的平均壽命、較高的收入所得、較平均的教育水平、較多的自我幸福感，以及小孩能養寵物等。

也許不見得是寵物，只要是人們想要的事物就可以。不幸的是，盡管大家都知道「良好國家治理」的萬能神力，但還是沒人知道這種優秀的國家治理要到哪裡去求來（若說需要奇蹟也不為而過）。可是，很多人仍會贊同，中產階級扮演著重要的角色。在脩義龍熱潮席捲美國的時候，進步主義份子在美國各大城市改善了政治腐敗，也消滅了絕大部分的買票（雖然無法除掉政治酬庸）。學者研究發現，較不腐敗的政治、風險較低的政治暴力與較強大的民主制度這三者，與人數眾多的中產階級有關聯性。亞里斯多德在兩千多年前就曾說過：「最優秀的政治社會是由中產階級所組成，而中產階級人數如果眾多，這樣的國家的治理品質就會比較良好。」

上述所言只凸顯出現代希臘的經歷是多麼令人困惑又憂心。一九八〇年代，希臘迅速致富（在全盛時期，一般希臘民眾與一般日本人民差不多富有）。就在希臘中產階級數量增加的時候，安德列斯·巴龐德羅也在發展他的政治酬庸。希臘人其實都知道安德列斯是如何贏得選票，許多希臘人，尤其是中產階級並不喜歡這種行為。在一九八五年的選舉中，泛希臘社會主義運動在雅典富裕的區域贏得的選票，只比一九八一年的選舉表現好一點（當時他們獲得半數以上的得票率）。但是希臘國內的財富分配極為不公平，社會福利也很有限，所以安德列斯從政治酬庸中所獲得支持，比他失去的還多。當時，希臘最底層約百分之四十的人口所分配到的國民收入，還不到百分之十。這個比率甚至比今日的墨西哥、哥倫比亞或巴西都來得低。因此政府提供的工作機會，能激勵許多民眾對政府的支持，而退休金和醫療照護通常也是政府公家職務的連帶好處。

我們將此現象稱為「希臘圈套」：這涵蓋了高度的貧富不均、民粹主義經濟、不信任政治人物、政治酬庸、政治機器運作，以及時而會出現的民粹主義。之所以稱之為圈套，是因為政治和經濟的動盪乃是互相影響的，希臘就是一個明顯的例子。一個國家一旦陷入這個圈套，就很難擺脫。希臘圈套並不是命中注定，也並不是所有財富分配不均的國家都會掉進圈套。然而希臘就掉入這個陷阱中，泰國和後裴隆時期的阿根廷也逃不過。伊利諾州至少還沒掉進去。根據一項調查顯示，只有百分之二十八的伊利諾州州民對州政府感到信任（在那樣的情況下，這樣的數據算是很高了）。「有拿錢，但也有辦事」的政治風格在芝加哥特別受到歡迎。伊利諾州熱烈擁抱民粹主義經濟，到了二〇一七夏天，伊利諾州的未償債務超過一百億美元，其信用評比也遭降級到近乎一文不值的等級。

在政治風險分析的領域，傳統上不會出現北美和西歐治理良好的先進經濟國家。從全球的角度來看，其實存在一個「針對政治暴力風險或國家主權債務違約」的保險市場。在先進的經濟國家，這樣的保險市場不可能存在，因為這些國家不會選出民粹主義總統，不會投票脫離國際組織，不會有動盪不安的地區突然宣布分裂獨立，也不會出現主權債務違約的情況。可是最近，這些先進國家突然開始出現上述的狀況。二〇一七年二月，我接到我職業生涯中第一份要求，請我為美國寫一份政治風險分析的報告。美國從此也開始有了「不良紀錄」。

如同電影《銀翼殺手》般的未來

這本書的開頭提到，事情有時候難免會出差錯。就美國和英國而言，至少在過去十年間，與政治風險和政府治理的相關指標趨勢，都是指向錯誤的方向。可是要等到二〇一六年在這兩個國家的政治發生巨大動盪後，才開始引起大家的注意，覺得世界末日已到來。美國著名的政治經濟學者法蘭西斯·福山在一九九〇年代曾提出著名的「歷史終結論」，也就是人類歷史的前進與意識型態之間的鬥爭正走向「終結」。不過他在二〇一六年宣布放棄自己之前的說法，表示這個世界對自由民主已經不是一個安全的地方。

他在一個訪談中對此立場做了進一步的闡述：「川普有一次曾提到主流媒體是美國人民的敵人，自史達林後，就再也沒有一個領袖說過這樣的話。」

次年秋天，我參加了由國際政經分析機構「牛津分析」舉辦的年度會議。在閉幕晚宴中，一位芬蘭前首相替全球化做出激烈的辯護。他指出了近代史上三個象徵歷史轉捩點的年份：一九四五、一九八九、還有你大概也猜得出來的二〇一六年，全球化體制在那年開始走下坡。

類似這樣的評論其實都有點激進。美國、英國甚至是希臘仍舊是國家治理良好的地方。我認識一些把票投給川普或是支持英國脫歐的人士。他們投票的目的並不是要終結自由民主。因此上述的評論在我看來，比較像是政治化而非政治風險分析的評論。換句話說這些評論家，都力求於彰顯反對勢力所提出的計畫對國家會有多糟糕的影響，而不是針對政局有可能產生的動盪風險，來作出嚴肅的評估。

世界要毀滅了嗎

同一場會議中，我有機會參與一個有關政治風險的小組討論。其他小組成員都是公司企業的風險評估經理，他們的公司都是在極不穩定的區域做生意，像是阿富汗和葉門。外界普遍認為英美的政治正在出現風險，小組成員對這樣的想法感到厭倦。對那些早就習慣在阿富汗做生意的人來說，二〇一六年發生的事件根本就沒什麼。沒有人喪命，沒有人需要撤離，也沒有人因為政治因素被捕入獄，更沒有人因此有大筆金錢的損失（除了英鎊和墨西哥披索貶值以外）。

沒錯，從提出阿根廷式恐怖平衡理論的學者角度來看，我們的確沒什麼好擔心的。根據美國政治科學學者卡斯斯・波厄斯的論述，財富日趨流動，因此無法課稅。我們早就不再是一九四〇年代的阿根廷或是路易斯安那州，當時的財富幾乎都是以土地為主。另外，運輸和通訊成本的降低，讓老闆能將公司遷移到任何地方。因此愈來愈多的業界，都發展類似希臘船舶業主所享有的免賦稅機制。在全世界最有富有的幾個國家中，大型企業營利的稅率已經由一九八〇年的平均百分之四十五以上調降至現在的百分之二十五（而且有持續降低的跡象）。如果我們擔心會發生恐怖平衡，其實這基本上算是件好事。如果無法向有錢人課稅，那他們就沒有理由反對民主。

美國經濟學家達朗・阿西默路和英國經濟學家詹姆士・羅賓森寫到，民主曾經是「支持多數決，甚至可能是支持窮人的……可是如果有人期待民主能改變社會，正如英國民主在二十世紀前半葉改變英國一樣，那麼就會發現，這可能是一種令人失望的民主形態」。基本上，兩位學者所說的就是《銀翼殺手》般的未來：一個充斥著極端不公平的世界，有錢人把持民主，窮人手無縛雞之力，而且有可能每個人的身後，都有安卓系統複製人在追趕著。

這種未來世界聽起來很還挺棒的，至少對安卓系統製造業者來說是好的，但我有點懷疑這種未來是否能夠永續（理論指出可以）。泰國的情況就顯示，就算在財富能高度流動的經濟體中，還是很有可能發生對峙的狀況。就算民粹主義與財富分配不公並沒有直接的關係，這種不公平會導致人們較不願意參與政治，這也給民粹主義份子絕佳的機會，動員平時沒有投票習慣的選民。

快速篩檢自己的國家是否快亡了

在這本書中，我們提到了許多政局不穩的因素與相關的研究。所以，未來我們是否註定會重蹈這些歷史的覆轍？又或者，自二戰以來政治治理上的進步，代表著當今的民粹主義份子無法像過去一樣，掀起政治滔天巨浪？

先前提到，全球金融危機和隨之發生的樽節措施，都給主流政黨帶來極大的打擊，而且在二〇一六年給民粹主義者一個千載難逢的機會，讓他們興起。當然，金融危機帶來的驚嚇退去後，民粹主義潮流也會消失。我不認為未來會有國家步上阿根廷衰敗的後塵，我也相信希臘能快速復原。

話雖這麼說，我覺得未來要面臨的挑戰，遠大於一些出人意外的選舉結果。有些國家正在一步一步地落入難以脫身的圈套。因此我整理出幾個重點式的簡易教戰守則，讓你用來評估你的國家是不是已經完蛋了，同時我也提出幾個建議，避免不愉快的歷史重新上演。

1、跳脫獲勝的思維框架

大多數的人談到政治，尤其是拯救國家的議題時，幾乎馬上就討論到如何讓對手陣營下架。美國的政治非常兩極化，到了極端對立的程度。我有不少朋友和點頭之交都已經無法通過「螢幕測試」，也就是如果總統出現在電視螢幕上或是網路，這些人的厭惡之情馬上溢於言表，馬上轉台。歐巴馬執政的那幾年，我有幾個從年輕時就認識的朋友，也同樣無法通過「螢幕測試」。（我成長於南達科他州和印第安那州，二〇一六年的總統大選，川普在這兩州贏得多數選票。）而我那些比較左翼的朋友，對川普政府的反應也是很激烈。

不過，請再思考一下泰國與阿根廷的歷史。就算是推翻裴隆和塔克辛，甚至讓他們流亡海外，國家並沒有因此得救。這種勝利也可算是代價慘重。大家只要談到自己國家的政治，通常都是以所擁護的政黨而非政治風險的角度去考慮。但總體來說，若要思考國家完不完蛋這個問題，誰執政其實所只佔了這個議題的一小部分而已。當大家都只顧著討論讓誰下台的問題時，這可能象徵著：事情基本上已經出了很大的問題。

2、瘋狂的政治不代表民眾也瘋了

希拉蕊在她的自傳中提到，她和柯林頓重新閱讀了艾瑞克．霍夫（Eric Hoffer）的經典之作《狂熱份子：群眾運動聖經》，並且在二〇一六年的總統競選過程中，分送幾本給在她手下工作的資深員工。我可以理解希拉蕊的用意。本書第二章提過，《狂熱份子》宣稱大型群眾運動通常會吸引到那些絕望又憤怒的魯蛇。假如我們是以這個角度看待川普的支持者，那麼柯林頓夫婦肯定覺得非常滿意。

但是，就像我們在前面幾個章節所讀到的，把所發生的政治事件歸咎是群眾情緒集體失控，這樣的說法是不正確的。革命之所以會發生，並不是由於群眾情緒集體失控，也不是極端困頓的個人生活導致暴力出現。《狂熱份子》一書中所提到的論述，正好和會形成有效率大規模群眾運動的原因完全背道而馳。霍夫指出，發動俄國革命群眾運動的，正是那些人生失敗的魯蛇，這群人在崩潰的社會底層苟延殘喘，極度想逃脫因為自己錯誤的選擇而造成的後果，這些人正好成為列寧教義眼中的獵物。

可是我們在第二章也看到，俄國大革命發生的原因，完全不是霍夫所說的。事實上是那群在社會中有機會往上爬的俄國工人，這群人所凝聚的群眾力量之所以所以變得強大，並不是因為社會結構的崩解，而是因為他們本身不斷提升的社區組織效率，最顯著的例子就是幫助他們克服群眾弱點的工會。

當然，任何人都有權利稱呼對手是瘋子，這是民主自由中最值得珍惜的部分。但是一直計算這個國家有多少人瘋了，絕不是評估國家風險的好方法。

3、政治是一種群體運動

與其擔心那些孤僻又憤怒的個人，不如把重點放在氣憤填膺的團體，因為政治是群體運動。人們透過選票讓政府下台的主因，並不是自己的荷包縮水，而是因為不滿政府在治理國家經濟上的無能。我們會起身參與政治，跟我們個人所受的痛苦沒什麼關係，而是當我們覺得「自己所屬的群體正在受苦」，於是挺身而出。

二〇一六年，美國和英國那些感到委屈的社會群體，在大選中投下支持川普和脫歐的一票。這些選票中也許有參雜著部分選民的種族歧視和排他的心態。不過最近的研究顯示這些社會群體本身也有滿腹的牢騷：全球化衝擊著他們、職場就業不順利、自己有過親友因濫用藥物而死亡的切身經驗。在這些社會群體中，有些人還是過得不錯，有的就過得很慘。無論個人處境是什麼，處於這種社會群體的人，容易把票投給民粹主義份子。

有人說二〇一六年其實見證了一場階級的戰爭。如同《紐約時報》記者奈特．柯恩（Nate Cohn）在他的一則現在已經出名的推特上所言：「如何解讀這場選舉？就是白人勞工階級選民，想以弱勢族群之姿投票，而他們所佔的比例就超過總選民人數的百分之四十。」

我並不完全同意階級之戰的這個說法。我所認識把票投給川普的友人，都有受過大學教育，他們只是剛好處在一個正在苦苦掙扎的群體中。事實上，那些勞工階層中相對處境相對比較好的成員，比較容易把票投給川普。這也不難理解，如同我們在稍早的章節所看到的，在一個滿肚子怨氣的社會群體中，通常是境遇比較優渥的成員，例如俄羅斯的工人，首先發起動員之戰。

二〇一六年令人驚訝的選舉結果，起因是突發的。例如聯邦調查局局長詹姆士．柯米（James Comey）在不對的時機點上，決定宣布有關希拉蕊郵件門的新證據；而英國的強森決定加入脫歐的陣營。我認為滿腔怒火的社會群體所發起的動員運動早已行之有年，歐洲的社會群體為二〇一四年的歐洲議會選舉帶來重大的紛擾，讓英國和法國的右派民粹主義政黨在歐洲議會中成為最大的陣營。投票率低的地區容易成為發起動員的領頭羊（就像歐洲議會選舉中，英國的合格選民只有不到百分之三十七的人投票），因為規模不大但意志堅定的族群就可以帶來改變。同樣的道理，美國的右派民粹主義茶黨運動，多年來都不斷發揮其影響力，尤其是在投票率不高的議會初選。

動員政治並不是在二〇一六年造成民粹主義紛擾現象的唯一力量。許多會針對議題投票的慣性選民，也把票投給民粹主義份子，例如恪守宗教教條的美國白人也容易投給川普。但是，當今政治的兩極化態勢是否會繼續升高，主要還是取決於動員政治。社會特定族群為生活載浮載沉的掙扎故事——特別是當那個族群式微且受到不平等待遇時，會激發出群體認同感與影響政治的機會，讓上百萬非慣性選民投下支持英國脫歐的一票。如果這些社會群體依舊對政治不滿，他們就會將想法轉化成政治行動，也有可能會繼續發起動員。

4、不穩定的政治有利於社會主義份子

動員政治當然也有優點。當政治出現新的聲音時，常能為社會公正帶來進步的動力。二〇一七年，眾議院議員在全美各地的市議廳為大眾所舉辦的公民會議，平均出席率從原本不到五十人增加至兩百八十多人。看到美國民眾參與自己國家民主的熱情，的確很振奮人心。川普總統大選勝選後，是女性發起引人注目、大規模動員的活動。這可能是美國有史以來，女性遊行活動單日人數最多的示威抗議；而參與群眾較為多元的反性騷

擾抗議活動，人數也不遑多讓。

許多人讚揚這種類型的動員，因為這樣才能帶來實質的政治改革。回顧歷史，歐洲的民主曾是富人的專享權利。更早之前，統治階層則由世襲貴族所掌控。當然，動員中產階級參與歐洲民主運動的人士，可算得上是英雄而非壞蛋；歐洲政治能不斷進步，與法國大革命脫不了關係。就算政治動員的最終目標是令人稱頌的，還是有比較輕鬆愉快的方式能達成目標。

動員政治所帶來最大的危險就是分裂社會。稍早的章節中提到，當人們認定自己所屬的社會群體出現了政治問題，他們就會決定採取政治行動，因此一個社會族群所發起的群眾動員，會引發其他社會族群的政治動員。導致英國脫歐結果的群眾動員，讓更多年輕世代在隔年的選舉中出來投票，因為他們也覺得自己看政治不順眼。川普的勝選讓許多美國女性相信，她們的問題跟個人沒關係，反而跟政治有關。動員會導致動員，展開循環，使對立情勢升高。在塔克辛讓鄉村選民成為泰國選舉政治的一股勢力後，黃衫軍搶先一步走上街頭，接著大批紅衫軍也湧入曼谷市中心，而事情的演變就是從此開始每下愈況。

不穩定的政治也成為民粹主義份子大展身手的表演舞台。民粹主義份子常是成功動員了對政治不滿的非慣性選民。民粹主義份子也能在經濟動盪的時局中，藉著打擊執政的政黨而獲得利益。民粹主義份子在兩極化的環境中壯大，因為他們發現，可以輕而易舉地獲得不同政治立場選民的支持。希臘的主權違約讓左派民粹主義者贏得勝利，之後又與右派民粹主義者共同組成聯合政府。這種做法著實跌破評論家的眼鏡，但是裴隆肯定能夠理解的。

從更廣義的面向看來，如同我們在前面的章節所讀到的，民粹主義份子喜歡鼓吹大家起來反對「危害人民的這個國家」。而民粹主義者在這種情況下的宣傳，如果摻雜著些許事實的話，那就更容易贏得選票，在「封建路易斯安那州」的脩義龍就是最好的例子。今日的民粹主義者，更容易做出類似的宣傳。在美國政治中，金錢可以買到很大的影響力，而左派民粹主義者柏尼．桑德斯（Bernie Sanders）在選戰中特別呼籲大家提防這件事。在英國及其他歐洲國家的人民，普遍認為歐盟的治理方式走菁英路線，一般大眾無法影響歐盟政府。這種「民主上的不足」，會導致一般人對政治領導人逐漸失去信任感，這也反映在選民用選票支持民粹主義者的投票行為上。美國和英國如果不進行政治改革，則民粹主義者用「政治體制真糟糕」作為藉口，很可能會繼續贏得選票，為自己增加政治勢力。

5、有錢人會帶來危險

一般來說，有錢人是平淡政治最好的密友。保守派慣於拘泥守舊，偶爾也會打打馬球、獵獵狐狸打發時間。不過如同稍早所提，自從一九八〇年以來，學術界對民主失靈做了詳盡的研究，結果發現有錢人的干政與貧窮人所發起的暴動相較下，前者更容易讓民主失效。

大多數人認為，在阿根廷式的恐怖平衡中，必須要有像脩義龍這樣的人物——巧取豪奪的駭人野獸，也是富人們的惡夢，脩義龍積極發動階級之戰。但是到了今天，像脩義龍的這種行徑，只有外表可怕，卻無法發揮太大效果。一九八〇年之後研究民主失靈的統計數字顯示，這種造勢行為很少真的會威脅到民主。有關財富分配的研究也指出，這種挑起階級戰爭的行為，幾乎從未真正造成財富的重新分配。

已有證明顯示，近年來的恐怖平衡更加危險，也同時更加常見。有錢人不滿長期受到課稅，也不爽平民百姓一天到晚覬覦富人財富，想分一杯羹，於是把他們的怨氣轉化，變成對抗民主制度的行動。這是恐怖平衡原本就帶有的一種反差。「民主」與「財富不均」這兩者處不來，因為在某些情況下，最好的辦法就是吸乾有錢人。換句話說，在貧富高度不均的國家，「重新分配財富」的想法對那些普通的投票者是有號召力的。而會製造這種危險恐怖平衡的政治人物，通常是思路細膩、溫文儒雅甚至是專業的政治家，簡言之就是像歐巴馬那樣。歐巴馬的「平價醫療法」（Affordable Care Act），或是俗稱的「歐巴馬健保」，就是最近三十年來美國最具有財富分配性質的立法內容。歐巴馬把從有錢人那課徵來的稅，用來擔負窮人的健康保險費用；內容包括對那些高額的醫療保健計畫課稅、對醫療保健公司課稅、從薪資裡扣繳額外的百分之零點九聯邦醫療保險稅，以及外加百分之三點八的投資收益稅。

許多持右派民粹立場的人們並不喜歡「歐巴馬健保」，因為他們擔心自己的健康保險會受到牽連。而美國有錢人對財富重新分配的激烈反應，更是到了歇斯底里的地步。記者珍．梅爾（Jane Mayer）曾報導，美國共和黨大金主、石油大亨柯氏兄弟（Koch brothers）組成了反歐巴馬政府論壇，並且募得將近十億美元的政治獻金。我知道不應該將恐怖平衡套用在美國身上，因為在希臘的案例中，是沒辦法對有錢人課稅的。不過柯氏兄弟的資產，多半是與美國本土息息相關的重工業，因此不像希臘船舶業者的財富具有流動性而可以免於課稅。

理性的人可能認為，柯氏兄弟的反政府計畫，其本質並非是「反民主」的。基本上來說，這只是柯氏兄弟先想出來的聰明政治策略罷了（現在民主黨也急起直追採取行動好加以反制）。歷史上看來，有錢人熱衷投入政治，通常只會讓事情往壞的方向演變。如果有人撒下大把銀子想贏得選舉（像柯氏兄弟還有泰國塔克辛那樣），那麼社會大眾不會把這種行為解讀為「有錢人有錢有閒的嗜好」；相反地，這一定是追求更大政治影響力的行為。如果柯氏兄弟和其他富豪能有其他的嗜好，我大概會睡得比較安心。過去數十年來，富裕國家都不會遇到阿根廷式恐怖平衡這個問題；然而過去數十年來，財富不均的情況在富裕國家也不嚴重。現在，財富不均的情況愈來愈嚴重，我們還真是「幸運」。

6、進步主義份子也會帶來危險

「牛津分析」年度會議閉幕晚宴，於金碧輝煌的布倫亨宮殿（Blenheim Palace）舉辦，所有與會者都盛裝出席。台上講者演講完畢後，一位與會女性（有支持民粹主義的傾向）說：「這聽起來簡直就像是法國大革命前夕，在凡爾賽宮所發表的演說。」我語帶風趣的回說：「而且我們還吃著山珍海味。」她又說：「我們在這會場中支持全球化，外面則有百分之九十的人想終結全球化。」

她說的沒錯。在布倫亨宮裡出席會議閉幕晚宴的人，都想改善世界，這群人絕大多數是地緣政治專家，大家集思廣益計畫著如何拯救全球化和自由民主。但是這群專家並沒有考慮其他人是否也認同他們的觀點。政治科學家卡斯．穆德（Cas Mudde）也提出類似的觀察，他注意到歐洲政治科學領域的學者，非常有興趣研究極右派民粹主義的崛起，可是沒有一個學者認同民粹主義。所有的學者，都是把民粹當成一個「該被根除的社會問題」來研究。

進步主義者在這樣的形勢下，免不了受到牽連。有抱負、高成就且受過良好教育的中產階級，總是持續拼命提升自我，而他們也希望全世界跟他們一樣努力。但歷史上進步主義者拯救世界的計畫也是一波三折。在脩義龍時代，進步主義者就曾走偏，帶著錯誤的科學認知投入一些領域，其中最糟的負面案例就是優生學：以優生學為題材的書籍曾是排行榜暢銷書，農業博覽會中也舉辦「美滿家庭」和「健康寶寶」比賽。進步主義者對提升人類基因品質的信念，到了走火入魔的境界，還鼓吹立法強制絕育精神病患者，美國也竟然有三十多州實施強制絕育。進步主義者的這種想法的確是走在科學的尖端。後來希特勒將此思想「發揚光大」，把社會帶往一個進步主義者不想要的境界。

並非只有「壞政治」會搞砸進步主義。進步主義時期的專家，他們提出的政策建議都無可避免的只對他們自己有利。最明顯的例子是想掌權的知識份子所弄出來的「政府第四權」，即在行政權、立法權、司法權之外的第四種制衡力量。在今天，這種制衡力量的權力早已遠遠超過脩義龍時代那些最有野心的進步主義者所能想像的。舉例來說，中央銀行作為獨立機關，民選的政治領袖幾乎不會介入專家的決策。但是，就算是這些地位崇高的專家，他們的計畫有時候仍會失敗。中央銀行的經濟學家正是如此，在全球金融危機爆發前，他們提出了災難性的政策。此外，這些高級知識份子本身也是個利益團體，而且他們的「專家建議」也常出錯（就算真的都是依據他們的專業所擬定的），很少是客觀無私的。如同歷史學家薛爾頓．史托若姆奇斯（Shelton Stromquist）所指出，進步主義者不喜歡玩階級戰，但是到頭來，他們打的正是一場代表自己的階級戰。「牛津分析」年度會議閉幕晚宴的與會者也差不多一個樣：想運用專業拯救這個世界，但我們真正想的是拯救我們自己的世界。這可能就是進步主義的原罪。

當社會變得兩極化，或是民主受到威脅時，挽救政治穩定的責任，往往落在中產階級的社會進步者身上。但是，他們的努力有可能會出錯。最糟糕的情況是，受過教育的中產階級，最後可能會動員起來，對抗傳統的中產階級或是窮人。伊朗革命結束後的混亂時期就曾發生這種事，阿里．沙里亞提（Ali Shariati）夢想中的理想伊斯蘭革命，後來演變成獨裁。而一九八〇年代，希臘和阿根廷的中產階級起身對抗貧民。最戲劇化的例子莫過是當今的泰國。這些都是不利於政局穩定的情況。

進步主義者表現最好的時候是在一九二〇年代的美國，當時他們與社會各階級結盟。這並不容易，很難想像現代的進步主義者和工會成為合作夥伴；而進步主義者也常稱呼投票給川普及贊成英國脫歐的選民是瘋子，會被民粹主義利用。這種想法對任何跨階級結盟的動作來說，都沒有幫助。這種想法同時也忽視了大多數研究的重點，也就是造成政局不穩的成因到底是什麼。當一個社會群體對政治不滿而被動員起來，此時的他們絕不是一群待宰的羔羊。他們會積極參與傳講自己的苦難故事，形成更多群體認同，讓他們能夠動員。他們之所以會站出來，是因為他們相信自己能夠改變局勢，而二〇一六年證明這種想法的確是正確的。

7、當心兩難抉擇

這也帶我們進入最後一點：當心兩難抉擇，而且如果你看到它迎面而來，感到恐慌之餘趕快逃得愈遠愈好。我最近收聽波士頓公立廣播電台所播放的節目，內容是一名記者的訪談，她出版的書獲得國家好書獎（National Book Award），主題是有關俄羅斯總統普丁執政下的蘇俄。她說當川普當選總統時，歐巴馬和希拉蕊應該要宣布國家進入緊急狀態，並宣布選舉無效。

這聽起來的確是兩難的抉擇。

當社會變得兩極化，兩難的抉擇很容易成為政治議題。最常發生的是，在民粹主義者取得勝利後，下一場選戰反而是民粹主義者彼此之間的對抗，而非民粹主義者與中間路線者的競爭。人民可能會被迫在「犧牲經濟發展」或「犧牲民主」這兩者間做出選擇。當阿根廷的經濟長期陷入衰退，阿根廷的民眾就得不斷在一籃爛蘋果中做出選擇。這樣的兩難抉擇，容易造成政局不穩。有時候，受到動員的團體之間會仇恨彼此，他們在爭執之於就會開始搞破壞；或是當情勢失控後，乾脆一把火同歸於盡。

春風裡的巴黎

接下來，讓我們以一段性愛情節來為本書畫上句點。一切必須從一群情慾流動的學生開始說起。

有關當局明文規定，大學宿舍是男女分居。這是在開什麼玩笑？這裡是巴黎，而且恰好是春風徐徐的時節。一九六七年春天，樹枝初吐新芽，一大票男學生進攻巴黎第十大學的女生宿舍，驚動了警察和消防隊，到場把男學生強行拖走，因為有人舉報現場正在舉辦令人震驚的自由濫交大趴體。

主管當局為了樹立典範，矯正風氣，開除了近三十名學生。但是春心蕩漾的學生已經是一發不可收拾了。一九六八年一月，一名政府部長級官員造訪第十大學校園，看到牆壁上滿是猥褻的塗鴉，還有一根巨大的陽具。當這名部長級官員經過時，一位名為丹尼爾．龔本第（Daniel Cohn-Bendit）的學生從人群中站出來，大聲嗆說，政府最新發表的府院白皮書當中對於「青少年的兩性議題隻字未提」。部長大概認為這個學生是出來搞笑的，並未搭理。龔本第繼續大聲闡述男女合宿的重要性。這位部長終於失去耐性說：「你看看你長的這個樣子，難怪你沒有女友。我建議你跳到泳池裡冷靜一下！」

龔本第回嗆：「這樣的回答，跟希特勒手下青年部長會說的話差不多！」

龔本第後來成為眾所皆知的「紅色丹尼」，他腦中想的可不是只有性愛而已。他是一位業餘的哲學家，他許多的哲學辯思大多都與革命有關係。龔本第認為，列寧的「革命先鋒」概念是過時的想法，也就是菁英部隊在大規模暴動中引領著人民。他相信革命家的任務就是要挑起衝突，接著讓混亂的局勢自然發展。他告訴法國著名哲學家沙特（Jean-Paul Sartre）：「群眾運動唯一的機會就是製造混亂局勢，讓人們可以自由的表達。」

後來消息傳出，學校可能會開除龔本第或驅逐出境（按，他是生在法國的德國籍猶太人），於是一群學生佔據了社會系校舍。警察也出動了。接下來，龔本第的非典型政治暴動理論竟然準確到令人訝異。警方動手處理掙扎反抗的學生時，剛好是下課午餐的時間，差不多有一千名的同學突然抵達現場，場面完全失控近乎暴動，窗戶破了，車輛翻倒了，警察退後了。

法國學生通常不太攻擊警察。可是一九六八年的情勢非常緊繃，總統戴高樂（Charles de Gaulle）十年前用令人懷疑的手段取得權力（當年法國政府擔心殖民地阿爾及利亞首都阿爾及爾的暴動，會延燒到法國本土，於是要求戴高樂接受總統一職，國會甚至讓他全權重新制憲）。到了一九六八年，戴高樂邁入第二任的七年總統任期，儘管他不是獨裁者，但也稱不上是民主楷模。他的政權重複不斷用老掉牙的手段，起訴污辱總統的人。

一九六八年的情人節，為了支持男女混合教育運動，法國的全國學生會發起了「男性攻佔女生宿舍」的活動，在全國各大學舉辦。這一次，在巴黎國際大學城女生宿舍堅守到最後的，是幾位美國男學生——這到底是因為他們情慾力量太強，還是警察對外國學生下手比較沒那麼重，則無從得知。三月，約有五百名學生加入定期抗議活動在第十大學靜坐。四月時，龔本第帶領了一場抗議活動（儘管他宣稱自己不想領導群眾），集結了社會主義者、無政府主義者、反戰抗議人士，以及要求男女混合宿舍的學生們。五月時，這項抗議活動由位於市郊的第十大學校園移師到索邦大學。

一九六八年五月三日，當局派出警力前去逮捕索邦大學的抗議學生，不料執法過當，一次就逮捕了超過五百名學生，並且關閉了索邦大學校園，這是該校成立七百年以來的第一次。接著又發生了學生與警察之間長達六小時的暴力對峙，情勢還蔓延到拉丁區。這才只是開端而已。五月七日，全國學生會與部分教師工會表達對抗議人士的支持。五月十日，抗議人士在聖米希大道上搭起障礙物，砍樹，推倒路邊的車輛，還破壞路面。警察於凌晨兩點十五分採取驅除行動，兩方激戰直到清晨六點。學生投擲汽油彈，大約有四百人受傷。上千人目睹了這場巴黎市中心的暴力事件。

按照典型的法國風格，事發後一定要討論這場暴力背後的哲學啟發：到底是哪位哲學家的學說啟發了學生。有人認為這些學生是哲學家赫伯特・馬爾庫塞（Herbert Marcuse）的追隨者。但龔本第說：「我們沒人讀過馬爾庫賽的作品。」

五月中，工業勞工工會也加入這場暴動。將近有一百萬人走上街頭遊行抗議。鐵路、航空與道路運出工會則展開罷工。到了五月二十日，巴黎所有的卡車運輸和郵件發送完全停擺。事態演變到這個地步，政府已經無法控制大學和拉丁區，這裡大部分遭到老師和學生佔領。巴黎整個陷入癱瘓。一名學生回憶：「那個時候的巴黎真是美好，大家都在議論紛紛。」受到佔領的索邦大學，牆上的塗鴉寫著：「我愈是參與革命，就愈是感到像在做愛一樣。」巴黎政治大學的政治科學家們，所寫的內容更是充飢渴：「女孩們，別讓你的男人疏遠你。將你自己奉獻給革命吧！」

有幾個地方仍舊一切正常。一位巴黎國際留學生大學城的斯里蘭卡學生回憶當時的情景：「比利時和瑞士學舍是整個大學城最乾淨、最安靜也最有秩序的區域，並沒有受到波及。」

抗議群眾對於自己內部的立場並沒有共識——代表共產的紅旗與代表無政府狀態的黑旗，在現場一起飄揚。但他們都同意：我們反對戴高樂。「我對形而上學沒什麼興趣。」龔本第告訴沙特：「我其實並不在乎一個先進的資本主義社會是否仍舊可以有革命……眼前的目標是推翻政權。」

到了五月底，約有三分之二的法國勞工參與罷工。戴高樂也問出了幾個非常哲學的問題，例如他問內政部長福歇（Christian Fouchet）：「你能跟我拍胸脯保證，福歇呀，你能真的向我保證，暴動沒有勝過秩序的力量的可能性嗎？」歷史並未記載福歇給戴高樂的答覆，但戴高樂大概不喜歡聽到的答案，於是戴高樂說：「好，我決定離開。」然後搭乘直升機逃回巴黎，表面上是要去他的鄉間住所，但是隨後就帶著他的個人文件和財產消失不見。學生最後得到他們想要的男女混合宿舍，並推翻了法國政府。

幾個小時之後，戴高樂在德國的法國佔領區軍事指揮部現身。他應該是想要尋求軍方的支持，而他也得償宿願（另有說法表示，戴高樂原本打算放棄他的總統職務，但軍方領袖給他帶來勇氣）。五月三十日，戴高樂回到法國，宣布將舉辦新的選舉。

這時候發生了一件真正完全讓人意想不到的事情：左派政黨竟然在選舉中潰不成軍，失去將近一半的國會席次，而戴高樂的保守右派政黨則成為絕對多數。這下戴高樂的執政可以說是高枕無憂。他禁止抗議示威活動，查禁極左派刊物。拉丁區原來的石頭路全都換鋪成柏油路，以防止任何人撿石頭丟警察。宿舍改成了男女混合，學生領袖們拿到了出書的合約，龔本第則流亡海外長達十年。

現在，人們回想起一九六八年五月的暴亂，並未依照它的本質來定位它（它的規模應該接近革命了），而是把它定位成「因為學生性事引發的動亂」。

所以，如果你因為民粹興起而失去了希望，請打起精神。就算是最反常的政治事件，也可能在事發後馬上恢復到原狀。最有名的例子是，一九六八年巴黎暴動發生的兩個月前，《世界報》的社論寫道：「法國真是平淡無聊。」在短暫的與革命擦身而過後，法國民眾用選票決定重新擁抱無聊。

我必須說，我並不認為我們可以像一九六〇年代的法國，能輕易的脫離我們目前的困境。嚴重的財富不均，將會不斷挑戰政局的穩定，也會挑戰區域結盟的可能性（例如打造更強的歐元區）——雖然局勢在不久的將來有可能會好轉。

幸好，大部分國家的基本面都很扎實。在過去，民主也撐過激烈的動亂，甚至在有脩義龍這號政治人物那樣的年代，民主都能安然無恙。本書所談到的歷史事件模式將會影響我們的未來，可是決定權卻是掌握在我們的手中。

作者引用文獻與附帶說明

導論

首先說明，全書內所有歷史上的幣值我都換算成其現今匯率購買等值。除非我有另外指明，我都是採用 the Penn World 表格來進行匯率換算，以及 Measuring Worth 所提供的換算工具，可以參見：Robert C. Feenstra, Robert Inklaar and Marcel P. Timmer, 2015, 'The Next Generation of the Penn World Table', American Economic Review, 2015, pp. 3150– 3182. www.ggdc.net/pwt/（accessed 30/10/2017）. 以及 Samuel H. Williamson, 2017, 'Seven Ways to Compute the Relative Value of a U.S. Dollar Amount, 1774 to Present', MeasuringWorth, 2017. www.measuringworth. com/uscompare/（accessed 30/10/2017）.

在這本書的第一個章節，我說過切．格瓦拉的死等於否認掉他自己所提出的革命理論。他知道玻利維亞註定要失敗，而他的革命理論比他所宣傳的蘋果與樹的說法來得更為複雜。話雖如此，他也無法成功在剛果點燃革命的戰火。

我在泰國有進行一些了解局勢的訪談，但是這本書中大部分引用的話和書目都來自大眾歷史和媒體。想要靠寫作賺錢並不容易，所以只要是我有大幅引用的作者，我都盡力提及他們的姓名。而如果我忘記提到的，他們至少會出現在附錄中。

第一章

在中古世紀，泰皇在選擇寵物的時候，優先考慮的是大象，尤其是白象，而不是狗。白象象徵皇室權力。

在東南亞的封建國家裡，大象是用來衡量權力的動物。當一個王國在戰爭中失利時，會把他們所養的大象交給征服者。當附屬國的國王前來朝貢時，他們會騎乘大象表示自己的威嚴。大象也總是有錢人財產中的首要資產。戰爭用的大象，最厲害的那幾隻，都會名震敵方。一則古老的銘文中記載著：「我跟公爵山姆．詹恩（Sam Jan）的大象交手過，牠叫瑪斯．莫恩（Mas Moan），我打敗了牠，公爵則逃跑了。」居住在那個區域的歐洲人估計，到了十七世紀，泰皇手下至少馴養三千隻大象，有的說法則是五千隻。

泰國歷史上發生在十六世紀最出名的一場戰爭，其中的坐騎就是大象。泰國的古老歷史詳細記載了這場戰爭。一位名為納瑞宣（Naresuan）的泰國王子挑戰緬甸的對手，兩方騎著大象對戰，納瑞宣王子把對方從大象上給砍殺落地。相反的，根據緬甸的歷史記載，緬甸的王子是被流彈給打死，一名士兵把王子給撐住。就在納瑞宣王子恰巧騎大象經過時，他並不知道之前所發生的事，帶著恐懼從緬甸王子屍體旁逃走。
（有一齣於二〇〇七年上映的精彩電影，是泰國版本，名稱為《國王納瑞宣的傳奇故事》。）

泰皇的寵物從大象變成貴賓狗。這本書有關福福的資料大都來自大眾傳媒，以及外流的生日影片（只要輸入泰國王子的生日，就可以輕易在 YouTube 上找到影片。）美國大使的引言則是來自維基解密。而這本書有關泰皇蒲美蓬愛犬通丹的故事則參考下列著作：His Majesty King Bhumibol Adulyadej, The Story of Tongdaeng: Biography of a Pet Dog, Bangkok, Amarin, 2002.

福福死於二〇一五年，牠獲頒將軍的頭銜，在經過四天的佛教儀式後火化。

著名的中間選民定理是由下列作者所提出：Anthony Downs, 'An Economic Theory of Political Action in a Democracy', Journal of Political Economy, 1957, pp. 135–150. 中間選民的理論基礎，是建立於「企業在何處落腳才是最理想」之理論。很難相信吧。見：Harold Hotelling, 'Stability in Competition', The Economic Journal, 1929, pp. 41–57.

我對美國、英國選民和一般百姓有何差異的見解，是受到下列文章的啟發：

'Voter Turnout Demographics', United States Elections Project. http://www. electproject.org/home/voter-turnout/demographics（accessed 30/10/2017）.

有關在英國選舉與歐洲公投時，出來投票的選民，請參照：

'Who Makes it to the Polling Station', The Economist Blog. http://www.economist. com/blogs/graphicdetail/2016/06/daily-chart-16（accessed 30/10/2017）.

有關這個議題有很多相關的著作，有的理論宣稱這些選民的特徵，只有在先進的國家才會出現。在新興的市場，窮人比較會把票投給有錢人，這可能是機器政治運作的結果，有關這點有許多的理論，請見：

Kimuli Kasara & Pavithra Suryanarayan, 'When Do the Rich Vote Less Than the Poor and Why? Explaining Turnout Inequality Across the World', 2015, American Journal of Political Science, pp. 613–627.

有關塔克辛崛起的主要討論資料來源：

Federico Ferrara, Thailand Unhinged: The Death of Thai-Style Democracy, Singapore, Equinox Publishing, 2011. 這本書是一本充滿作者個人意見的書，但並不表示支持塔克辛，就等於強調反民主的黃衫軍運動是醜陋的。

Kevin Hewison, 'Thaksin Shinawatra and the Reshaping of Thai Politics', Contemporary Politics, 2010, pp. 119–133. 作者為這個章節的初稿提供寶貴建言，在此特表感謝。

Kevin Hewison, 'Class, Inequality and Politics', in Bangkok May 2010: Perspectives on a Divided Thailand, Singapore, Institute of Southeast Asian Studies, 2012.

Andrew MacGregor Marshall, Kingdom in Crisis: Thailand's Struggle for Democracy in the Twenty-First Century, London, Zed Books, 2015.

Pasuk Phongpaichit & Chris Baker, Thailand's Boom and Bust, Chiang Mai, Silkworm Books, 1998.

Pasuk Phongpaichit & Chris Baker, Thaksin, Chiang Mai, Silkworm Books, 2010. 有關塔克辛的生平資料，以及有關紅衫軍與黃衫軍對峙的情況（直到約莫 2010 年之前），這本書是主要的引用文獻。

Amar Siamwalla & Somchai Jitsuchon, 'The Socio-economic Bases of the Red/ Yellow Divide', in Bangkok May 2010: Perspectives on a Divided Thailand, Singapore, Institute of Southeast Asian Studies, 2012, pp. 64–71.

B. J. Terwiel, Thailand's Political History: From the 13th Century to Recent Times, Bangkok, River Books, 2011. 這是一本非常易讀好懂的歷史書籍，上述有關大象的故事也是參考此著作。

Mark R. Thompson, 'People Power Sours: Uncivil Society in Thailand and the Philippines', Current History, 2008, pp. 381–387.

這本書所提到的社會科學相關議題，民粹主義大概是最受爭議的題材。一直到二〇一六年之前，研究民粹主義的大多是拉丁美洲的學者。而現在全世界頂尖的學者，都把焦點放在此議題上，但是眾說紛紜卻沒有達成什麼共識。有關民粹主義的研究文獻，至少可分為四個派別：第一種是有關拉丁美洲歷史悠久的民粹主義。第二種是興起於一九八〇年代，有關歐洲右派民粹主義的研究，其中包括大量的統計研究。而美國也有大量的文獻在探討民粹主義的傳統，最遠可以追溯到美國第七任（一八二九年至一八三七年）總統安德魯・傑克森，他早在民粹主義一詞發明之前，就採取民粹主義的領導風格。最後一派是新興起於二〇一六年的研究文獻，從經濟學家到社會學家前仆後繼加入論戰。不過仍舊有許多問題，仍待進一步的探討。基本上大家對民粹主義一詞的定義，就已是意見分歧。是候選人抑或是政黨採取民粹主義路線嗎？或者民粹主義是一個政治論述的「框架」或「原型」，可以提供給主流政治候選人，像是羅斯福來應用？我們如何測量民粹主義？好辨別出誰是民粹主義者而誰又不是，又或者民粹主義其實是有程度上的差別。在本書中我所採用有關民粹主義的意識形態，是源自卡斯・穆德，他的研究焦點是歐洲的民粹主義，文獻如下：

Cas Mudde, 'The Populist Zeitgeist', Government and Opposition, 2004, pp. 541–563.

Cas Mudde, Populist Radical Right Parties in Europe, Cambridge, Cambridge University Press, 2007.

Cas Mudde & Cristobal Rovira Kaltwasse, Populism: A Very Short Introduction, Oxford, Oxford University Press, 2017. 如果你對民粹主義一無所知，這是一本入門書。書如其名，真的很短。話雖如此，作者跟他的合著者所寫的內容卻是言之有物。

最近兩本有關民粹主義的書籍出版了，所設定的讀者群是一般閱讀大眾。我所著作的這本書並沒有參照這兩本書，如果讀者有興趣的話，可以參考您尚未閱讀過的內容：

John B. Judis, The Populist Explosion: How the Great Recession Transformed American and European Politics, New York, Columbia Global Reports, 2016. 這本書充滿新聞寫作風格，內容很棒但卻急於下定論。

Jan-Werner Müller, What is Populism?, Philadelphia, University of Pennsylvania Press, 2016. 作者探討右派民粹主義，為何在本質上就是反民主的，口吻頗為挑釁。我不確定我是否同意作者的說法，但仍舊值得一讀。

第四章的部份會提供更多有關民粹主義的文獻資料。

有關非比尋常的班漢，請參照下列文獻：Yposhinori Nishizaki, Political Authority and Provincial Identity in Thailand: The Making of Banharn-buri, Ithaca, New York, Cornell Southeast Asia Program Publications, 2011.

相關背景資料來自：Elin Bjarnegård, 'Who's the Perfect Politician? Clientelism as a Determining Feature of Thai Politics', in Dirk Tomsa & Andreas Ufen（eds）, Party Politics in Southeast Asia: Clientelism and Electoral Competition in Indonesia, Thailand and the Philippines, Abingdon, Routledge, 2012.

有關「有拿錢，也有辦事」的政治手段，下列作品有詳盡解釋：Luigi Manzetti & Carole J. Wilson, 'Why Do Corrupt Governments Maintain Public Support ?' Comparative Political Studies, 2007, pp. 949–970.

在我決定成為顧問之前，我其實想成為一名學者。我有一本學術著作，議題是有關經濟導向投票行為。因此這一直是我最有興趣的題目。有關經濟對政治的影響，請參照下列文獻的說明：

Anne Case & Angus Deaton, 'Mortality and Morbidity in the 21st Century', Brookings Papers on Economic Activity, 2017, pp. 397–476. 這篇出名的研究連結了美國鄉村地帶的經濟困頓與毒品濫用之間的關係。

Michael S. Lewis-Beck & Mary Stegmaier, 'The VP-function Revisited: A Survey of the Literature on Vote and Popularity Functions After Over 40 Years', Public Choice, 2013, pp. 367–385. 在我探討經濟導向投票的篇章中，這是篇重要的文獻。

Sam Wilkin, Brandon Haller & Helmuth Norpoth, 'From Argentina to Zambia: A World-wide Test of Economic Voting', Electoral Studies, 1997, pp. 301–316. 這是一本內容還不錯的著作。

第二章

每個世代都重新創造俄國革命，部分原因是由於一直有源源不斷的新資料，另外一方面也是因為有關革命歷史的研究（正如同此書的著眼點），無可避免地反映了現今的政治，程度上並不亞於當時發生在俄國的革命。在冷戰期間，有關革命歷史的研究，不是被人們用來支持要不就是反對美國的反共議題。有些歷史學家的著作為崛起的工人族群說話，像是維多利亞・波恩奈爾（Victoria Bonnell）、雪拉費茲・派翠克（Victoria Bonnell）、以及李奧波德・海恩森（Leopold Haimson）。相關著作中對布爾什維克黨帶有敵意的作者，有李察・派波斯（Richard Pipes）。一九九〇年代冷戰結束，有關蘇聯的檔案也公諸於世。奧蘭多・斐吉斯（Orlando Figes）著作了第一本有關後現代革命歷史，這本書並非聚焦於宏大的論述，而是把重心放在各個單一人物的故事，而混亂的局勢是貫穿全書的主題。二〇一七年，也就是俄國革命一百週年紀念，又出現一批新的歷史研究，在這些文獻中，列寧變成一位操控政治於股掌的人物，同時也是對德國有興趣的人物。

有關俄國歷史論述的章節如下：

Edward Acton, Rethinking the Russian Revolution, 2010, London, Bloomsbury Academic. 我在討論「地下大學」的部份時，這本書為主要參照文獻。

Orlando Figes, A People's Tragedy: The Russian Revolution, 1891–1924, New York, Penguin, 1996. 這本書是我在闡述革命歷史的主要資料來源，是以戲謔的方式敘述布爾什維克黨接收政權的過程，還有有關工人卡納奇寇夫的傳記。這本書也是列寧生平資料的重要來源（也請參照下列文獻）。如果你想找一本有關俄國革命的書，我極力推薦這本。這本書很厚重，不過在探討有關布爾什維克黨接管政權的詭異書籍中，應該是我看過最精彩的。有關帝俄時期的神祕主義者拉斯普丁、革命家托爾斯基，甚至是自相殘殺的詳情，這本書都有探討。

Sean McMeekin, The Russian Revolution: A New History, London, Profile, 2017. 這本重新探討歷史的著作，是我最喜歡的一本。內容詳盡、平衡又顯示了革命的形成與德國外交政策之間有多大的關連性。

Richard Pipes, Russia Under the Old Regime, London, Penguin, 1974. 在我提及俄國沙皇的背景時，曾參考這本書的部份內容。

Richard Pipes, The Russian Revolution, New York, Alfred A. Knopf, 1990. 馬文・忠尼斯曾跟我說：「每位國家分析師都會愛上自己所分析的國家。」這對研究蘇聯的歷史學家來說，確實也是如此。不過，這本書的作者，卻巧妙地避免了這樣的立論，也或許他愛的是沙皇時期的俄國。這本書主要是用來參照有關列寧的生平細節。

John Reed, Ten Days that Shook the World, New York, Penguin, 1977. 這本書主要偏重親卡納奇寇夫人士在目擊暴動後的敘述。我引用部份內容作為本章節的開場。

下列文獻是作者對沙皇藏酒的意見：

Michael Broadbent, Michael Broadbent's Pocket Vintage Wine Companion: Over Fifty Years of Tasting Three Centuries of Wine, London, Pavilion Books, 2007.

有關工人的崛起：

Victoria E. Bonnell, 'Radical Politics and Organized Labour in Pre-Revolutionary Moscow 1905–1914', Journal of Social History, 1978, pp. 282–300. 這本書也涵蓋有關工人卡納奇寇夫的資料（尤以其自傳最為出名）。

Victoria E. Bonnell, Roots of Rebellion: Workers' Politics and Organizations in St Petersburg and Moscow, 1900–1914, Berkeley, University of California Press, 1983.

Sheila Fitzpatrick, The Russian Revolution, Oxford, Oxford University Press, 2008. 雖然這本書針對革命歷史做了完整的討論，我主要引用在崛起工人的篇幅上。

Leopold Haimson, Russia's Revolutionary Experience, 1905–1917: Two Essays, New York, Columbia University Press, 2005. 有關崛起工人的章節，列納金礦大屠殺與工人的困苦掙扎故事，這本書是主要的參考文獻。

Diane Koenker & William G. Rosenberg, 'Skilled Workers and the Strike Movement in Revolutionary Russia', Journal of Social History, 1986, pp. 605–629. 羅森伯格教授為第二章的初稿提供意見，在此特別表達感激之意。

Deborah Pearl, Creating a Culture of Revolution: Workers and the Revolutionary Movement in Late Imperial Russia, Bloomington, Slavica, 2015. 我在本章節中提及有關共產黨的民間佚事，主要是參照這本著作。這些故事不少也都提及法國大革命。例如，有人說道「最聰穎的外國人」——法國人——推翻了他們自己的「沙

皇」。

S. A. Smith, Revolution and the People in Russia and China: A Comparative History, Cambridge, Cambridge University Press, 2008.

有關列寧生平的相關文獻：

Nikolay Chernyshevsky, What is to be Done?, Ithaca, Cornell University Press, 1989（1863）. 這本書的作者是列寧的偶像，真的不是一本好書，不過卻極具影響力。

Robert Payne, The Life and Death of Lenin, New York, Simon and Schuster, 1964.

這本著作有些過時，不過有些論述有新的資料佐證。有關列寧母親的角色，主要是參照這本著作。

Robert Service, Lenin: A Biography, Cambridge, Harvard University Press, 2000. 這是一本絕佳的著作，參考蘇聯歷史檔案，內容是有關列寧的生平。我在第二章節提及有關列寧的生平，主要都是參照這本書。

舍維斯（Robert Service）著作的這本有關列寧的自傳，書中最大的缺陷，就是作者把列寧寫成一位不把人命價值放在眼裡的人物。這對一個追求烏托邦完美社會的列寧來說，是件很奇怪的事情。流亡海外的列寧勸戒革命的隊伍「必須盡全力武裝自己——來福槍、左輪手槍、炸彈、刀子、指環銅套、木棒、浸滿煤油的布（好用來點火）、繩索或是繩梯、用來築起障礙物的鏟子、火棉膠、彈匣、鐵絲網、用來對付騎兵的釘子等」。列寧這樣的暴力想法，主要是從書中蒐集而來再加上他自己的想像。例如，擊敗柯薩克騎兵隊（Cossack）的方式是，將鋪路石給移除，好讓馬腳斷掉，此外還以自製的強酸朝警察投擲。在一九〇五年的暴動中，列寧有一度差點怒氣爆發，因為他覺得在俄國的布爾什維克黨黨員對暴力興趣缺缺（這在我看來，真是一件可怕至極的事，大家已經花了超過一年的時間討論如何製造炸彈，可是到現在連一個炸彈的影子都沒看到）。

列寧掌權後，並沒有改變他的立場。以下是他用來鼓勵軍隊的建議：「我們行軍約十到二十公里，然後就來動手吊死富農、牧師、地主。只要吊死一個就有十萬盧布的獎賞。」下面是列寧的經濟政策：「必須讓農民稍微挨餓，好讓工廠和城鎮從飢餓中完全解放。」再來是列寧就如何贏得人心所做出的建言：「我們必須殺雞儆猴……吊死至少一百個富農、有錢人、吸人民血汗的人，而且要確定是在大庭廣眾面前行刑。公布他們的姓名、沒收他們的穀糧。」他繼續模仿小說中，幫派老大的口吻說著：「電報我看到了，就這麼幹吧。謹致列寧。（P.S.）務必找夠狠的人。」作家馬西斯．高爾奇（Maxim Gorky）後來成為列寧的知心友人，但是對列寧的這一面感到非常反感。高爾奇對列寧的描述是：「大致上他是熱愛民眾的，但他壓抑這份愛。他的愛不夠務實，眼睛被仇恨給蒙蔽了。」列寧後來似乎也意識到他所鼓吹的是錯誤的想法，但是並未因此罷手。他有一次跟高爾奇說：「一定要殺掉一些人，不可以有一絲憐憫之情，就算我們的理想是反對所有的暴力。」

我在本篇章中，針對政治風險服務所提出的建議，請參照：Marvin Zonis, Dan Lefkovitz, Sam Wilkin & Joseph Yackley, Risk Rules: How Local Politics Threaten the Global Economy, Chicago, Agate, 2011.

第二章的重點當然是探討平民百姓為何會決定參與政治。有關人民力量的討論，主要是參照下列文獻：

Stephen G. Brush, 'Dynamics of Theory Change in the Social Sciences: Relative Deprivation and Collective Violence', The Journal of Conflict Resolution, 1996, pp. 523–545. 自古厄（Gurr）有名的著作後，這是另一本著作解釋著，我們對大型政治運動的理解發生了何種改變。

Jeff Goodwin & James M. Jasper（eds）, The Social Movements Reader: Cases and Concepts, Hoboken, Wiley-Blackwell, 2014. 有關知識份子的暴動內容，主要是參照這本著作。

Ted Robert Gurr, Why Men Rebel（Fortieth Anniversary Edition）, Abingdon, Routledge, 2016（2011）. 這是一本經典之作，但是可以考慮更新部分內容，因為現今人民的力量在暴動中所扮演的角色變得格外的重要（例如阿拉伯之春）。

Gustave Le Bon, The Crowd: A Study of the Popular Mind, New York, Dover Publications, 2002（1895）. 有關民眾如何受到列寧蠱惑好達成自己目的地的經典之作。

Karl Marx, The Communist Manifesto, Moscow, Progress Publishers, 1969（1848）. 我引用了一些馬克斯的名言，來闡述年輕時期的馬克斯，對革命的觀感。

Suzanne Staggenborg, Social Movements, Oxford, Oxford University Press, 2011. 這是一本可用於課堂的教科書，其所涵蓋的議題，是有關社會運動的近代研究潮流。

Jacquelien van Stekelenburg & Bert Klandermans, 'Individuals in Movements: A Social Psychology of Contention', in Handbook of Social Movements Across Disciplines, New York, Springer, 2010, pp. 103–139. 作者為本章節的初稿提供意見，特此表達謝意。

Jacquelien van Stekelenburg & Bert Klandermans, 'The Social Psychology of Protest', Current Sociology Review, 2013, pp. 886–905. 與上述所提及的章節一樣，本著作的內容主要提供最新研究的概況，主流的研究是以「由下往上」的方式觀察群眾運動，探究獨立個體為何會決定參與這些社會運動。

Martijn van Zomeren & Aart Iyer, 'Introduction to the Social and Psychological Dynamics of Collective Action', Journal of Social Issues, 2009, pp. 645–660. 這這本書也針對獨立個體，為何會決定參與群眾運動進行概述式的討論。

有關英國脫歐的所有資料，都是參照下列這本書：

Tim Shipman, All Out War: The Full Story of Brexit, London, William Collins, 2016.

我也在本篇章中，提到群眾集體行動的思維（也就是苦難的故事）。這個部分是參考下列書目：

Brush（1996）, Staggenborg（2011）and van Stekelenburg & Klandermans（2013）, 以及：

Jack A. Goldstone（ed）, Revolutions: Theoretical, Comparative and Historical Studies, Belmont,

Wadsworth/Thomson Learning, 2002. 我主要是參照此書編輯自己所撰寫的導論篇章。

Thomas F. Pettigrew, 'Samuel Stouffer and Relative Deprivation', Social Psychology Quarterly, 2015, pp. 7–24. 與下列兩項文獻一樣，這篇著作對知識分子的歷史做出精闢的概要說明，也提到有關現在對相對剝奪感的研究潮流。

Heather J. Smith & Thomas F. Pettigrew, 'Advances in Relative Deprivation Theory and Research', Social Justice Research, 2015, pp. 1–6.

Heather J. Smith, Thomas F. Pettigrew & Silvana Bialosiewicz, 'Relative Deprivation: A Theoretical and Meta-Analytic Review', Personality and Social Psychology Review, 2012, pp. 203–232.

Tom R. Tyler, 'Psychological Models of the Justice Motive: Antecedents of Distributive and Procedural Justice', Journal of Personality and Social Psychology, 1994, pp. 850–863. 我有點刻意選擇這篇著作作為代表文獻，用來探討不公義與集體行動之間的關聯性。有其他大量的文獻也將焦點放在這個議題上。郭德史東（Goldstone 2003）與史根柏格（Staggenborg 2011）也做出相同的論述。此篇論文有引用兩位作者的著作。

我曾提到列寧的經濟政策其實是魔幻式的想法。他試圖關閉市場，但這是件難上加難的事情。因為限縮供給只會造成物價上漲，物價一旦飆升到一個地步，肯定有人會在想辦法規避限制。因此逮捕穀袋人的作法是根本行不通的。同理可證，在現代，製毒是違法的，原先的立意是要控制毒品的濫用，不過這只會讓毒品價錢上漲，價格之高讓供毒者願意以身試法。話雖如此，蘇聯的確費盡心機想改變人性，並讓市場停止運作。身為一個經濟學家，這種方式是否有效，我抱著懷疑的態度。但是蘇聯早期有一段時期的經濟成長卓越，這樣的手段似乎又有其效果。下面這本大作就是有關蘇聯的手法：

Jochen Hellbeck, Revolution on My Mind, Cambridge, Harvard University Press, 2009.

在第二章的尾聲，我提到列寧分配資產，我主要是參照下列文獻：

Walter Scheidel, The Great Leveler: Violence and the History of Inequality from the Stone Age to the 21st Century, Princeton, Princeton University Press, 2017.

第五章會提到更多有關薛德爾（Scheidel）的著作，我也引用了 Hannah Arendt, On Revolution, London, Faber and Faber, 1963.

我引用了政治科學家傑克．郭史德在一場講課中的演說，讀者可以上網點閱：

Jack Goldstone, 'A World in Revolution: The Inevitable Backlash against Global Elites', Watson Institute for International and Public Affairs at Brown University, 2017. http://watson.brown.edu/events/2017/jack-goldstone-world-revolution- inevitable-backlash-against-global-elites

我短暫提及為何集體行動這個問題，並不會給民主制度中的投票行為帶來毀滅。據我所知，下列是第一個提出這個論點的文獻：Gordon Tullock, Toward a Mathematics of Politics, Ann Arbor, University of Michigan Press, 1967.

我任意挑選的幾篇論文，就包含了與下列議題有關的廣泛研究，像是人們為何投票、整體投票率與個體選民的決定，我所選的這幾篇皆有提出精闢的概述：

André Blais, 'What Affects Voter Turnout?', Annual Political Science Review, 2006, pp. 111–125.

Ching-Hsing Wang, 'Why do People Vote? Rationality or Emotion', International Political Science Review, 2013, pp. 483–501.

我在本章節中提到列寧因為執政過度，而意外地為激進民粹右派打開一扇窗，這也是第三章的主題，而我主要是參照以下的文獻：Philip Morgan, Fascism in Europe, 1919–1945, London, Routledge, 2003.

無論好壞，美國與伊朗現在的關係是密不可分的。第二次世界大戰，在聯軍介入伊朗政局後（讓伊朗國王下台，因為他與軸心國眉來眼去），羅斯福建議美國介入伊朗政局，希望能藉此提升伊朗的國家發展。他寫道：「能夠利用伊朗作為樣板，來展示美國無私的政策所能達到的成就，對此想法我感到很興奮。」「我們再也找不到比伊朗更難應付的國家了。」——一個深受「最糟糕的封建制度之苦的國家。」不過美國的計畫並未如預期進行。封建的伊朗遠比羅斯福所想像的還來得更複雜。一九〇五年與一九〇六年這兩年，伊朗歷經中東地區第一場的憲政革命，也曾享受過短暫的民主。就美國的政策面來說，不是很好應付的狀況是——伊朗在一九四〇年代末期與一九五〇年代早期又恢復民主制度，當時由穆罕默德．穆薩德克（Mohammad Mossadeq）所帶頭的勢力所掌權，支持他的力量正是中產階級所發起的暴動。在德黑蘭發生一連串大規模的抗議後，穆薩德克從伊朗國往手中取得權力。穆薩德克個頭高大、有些駝背，而且情緒激昂已近乎浮誇。他會在大眾面前啜泣甚至昏厥。在一次發表紀念演說的過程中，他扯下椅子的把手，並大力揮舞用來加強他想表達的重點。伊朗國王曾試著把穆薩德克關進牢中，但是跟列寧一樣，穆薩德克有許多政府高層的友人，協助他逃過牢獄之災。

美國不喜歡穆薩德克，因為他所主導的聯合政府，雖然是透過民主選舉所產生的，但是所合作的政黨，還包括由蘇聯所贊助的共產黨。

更糟糕的是，穆薩德克將石油業國有化。他有理由這麼做：伊朗國王與當時的英伊石油公司（也就是今日的英國石油）達成協議，也就是英伊石油公司，協助伊朗國王成為全國最有錢的人，但是相對的，英伊石油公司則會把所有獲利繳交給英國。穆薩德克天真地以為，身為民主模範的美國會支持他所發動的叛變。在伊朗國王遭到推翻後，穆薩德克在美國待了四十天，向美方要求借貸與援助。

不幸的是，當時冷戰已開始，美國的眼裡只有如何對付共產黨。美國不僅不援助穆薩德克，還決定除掉他。在一次英美聯合行動中，美國中央情報局派遣特工克爾米特・羅斯福（Kermit Roosevelt）前往伊朗，他身上帶有約一百萬的資金（折合現值約八千九百萬美元），授命尋找願意支持軍事政變的人士。八月十九日高呼口號的群眾，在數輛雪曼戰車支持與美國資金的奧援下，往穆薩德克的住處前進。這些群眾有部分是帶有宗教意圖的。因為穆薩德克聯合政府內的共產份子是無神論者，許多什葉派領袖都起而反對穆薩德克，而且夠諷刺的是，他們也跟美國氣味相投。在經過兩個小時激烈的戰火後，穆薩德克住處前用來抵禦攻勢的三輛坦克車遭到摧毀，穆薩德克身著睡衣攀爬過花園的外牆逃走。

美國接著協助伊朗國王打壓民主，並成為他主要的海外金援來源，另外還幫助他成立秘密警察隊。穆薩德克遭到終身居家監禁，最後於一九六五年死於癌症。克爾米特・羅斯福出版了一本自鳴得意，闡述來龍去脈的書，伊朗也因此永遠成為美國的問題，美國相對來說也是伊朗的問題。在伊斯蘭革命期間，反叛陣營很確定美國會發動另一場軍事政變。美國國家安全顧問吉伊格紐・布茲金斯基（Zbigniew Brzezinski）確實是有要求發動軍事政變，以對抗新的伊斯蘭執政當局，這很顯然或多或少是他個人的計畫。但美國駐伊大使與美國高階將領在當時都表示這是不可能的事情。美伊之間不愉快的關係中，還是有好的一面。伊朗革命發生後，許多伊朗的知識份子都企圖逃到美國。其中有些成功抵達美國。結果，之後其中有不少人都成為作家，著作出版大量有關伊朗革命的絕佳英文著作（其中也有不少主題是有關伊朗的歷史與社會）。相對於蘇聯，伊朗的檔案資料並未對外開放，所以就算有關伊朗的背景資料，著作內容寫得詳盡，各個學派對於無論大事或小事都仍是各執一詞（柯梅尼所搭乘的車輛到底是綠色還是黑色的金龜車？克爾米特・羅斯福到底帶了多少錢前往伊朗？中產階級參與的革命到底是否只是煙幕彈？真正策動整個行動的幕後主使者，會不會其實就是柯梅尼？）有關伊朗革命的正史還沒有人著手撰寫，可是仍然有許多優秀的第一手稿可以選閱。

因為伊朗與美國有段錯綜複雜的歷史，我對有些字的遺詞用字可能有點不尋常，比如說，我用的是「什葉派神職人員」（Shia Clergy），而不是常用的阿拉伯字彙。我這麼做主要是讓西方讀者閱讀起來會更方便，我也避免太過於政治化的字眼。在第三章中所提及革命的歷史，我主要是參照下列資料（以及上述有關美國與伊朗的關係）：Ervand Abrahamian, Iran Between Two Revolutions, Princeton, Princeton University Press, 1982. 這是一本學術著作，對伊朗國王政府的政策有詳盡解釋，在描寫柯梅尼與阿里亞提時，我也多半是參照這本著作。

Michael Axworthy, Revolutionary Iran: A History of the Islamic Republic, Oxford, Oxford University Press, 2013. 這本書和下面的這篇著作都是以新聞報導風格，詳實紀載伊朗革命，兩本都流暢好讀。

James Buchan, Days of God: The Revolution in Iran and Its Consequences, New York, Simon & Schuster, 2012. Together with Axworthy, 2013, Milani, 1994, and Abrahamian, 1982, 是我描述歷史背景的主要參考文獻。

Mohsen M. Milani, The Making of Iran's Islamic Revolution, Boulder, Westview Press, 1994.

Mansoor Moaddel, Class, Politics, and Ideology in the Iranian Revolution, New York, Columbia University Press, 1993. 主要參照此文獻中的人口資訊。

Roy Mottahedeh, The Mantle of the Prophet, Oxford, Oneworld, 2000. 有時候在做研究的時候，我會找到讓我想仔細閱讀的書，而不是只是隨便翻閱。這就是一本讓人想細細品嚐的好書。書中穿插著人們的經歷，這些人都是作者認識的。也因此讓伊朗大革命看起來更有人性一些。我主要是參照用來撰寫什葉派神職人員的部分，以及柯梅尼崛起掌權的片段。

John D. Stempel, Inside the Iranian Revolution, Lexington, Kentucky, Clark Publishing, 2009.

Zonis, Lefkovitz, Wilkin & Yackley, 2011, 我的第三個篇章有引用此著作。這本書其中的一個章節，是有關伊朗革命，也解釋為何施政的無能，讓伊朗國王——世上最有權力的男人失去政權。

有關柯梅尼的生平事蹟：

Arshin Adib-Moghaddam, 'Ayatollah Ruhollah Khomeini: A Clerical Revolutionary?', introduction to A Critical Introduction to Khomeini, Cambridge, Cambridge University Press, 2014, pp. 1–18. 這本著作是少數用英文介紹柯梅尼的權威作品。

Mojtaba Mahdavi, 'The Rise of Khomeinism', in A Critical Introduction to Khomeini, Cambridge, Cambridge University Press, 2014, pp. 43–68. 作者宣稱柯梅尼採用不少沙里亞提的想法。

Amir Taheri, The Spirit of Allah: Khomeini and the Islamic Revolution, Bethesda, Adler & Adler, 1986. 我以新聞寫作手法介紹柯梅尼的生平，主要就是參照這本著作。這是一本引人入勝的好書。話雖如此，也是有不少錯誤，像是：柯梅尼妻子的年紀、遭到殺害的游擊隊人數，以及柯梅尼主要著作出版的日期。所以，建議在閱讀此著作的時候，要抱著保留的態度。

柯梅尼對詩作的熱愛，也是參照上面塔黑里（Taheri 1986）的著作，以及《紐約時報》的一篇文章〈神秘的穆斯林宗教領袖毛拉〉。有關沙里亞提的生平著作，所參照的文獻是：

Ali Rahnema, An Islamic Utopian: A Political Biography of Ali Shariati, London, I.B. Tauris, 2014. 在有關革命成功與否的決定因素這個部份，我提到了一些有關革命的經典理論：

Samuel P. Huntington, Political Order in Changing Societies, New Haven, Yale University Press, 1968.

Theda Skocpol, States and Social Revolutions: A Comparative Analysis, Cambridge, Cambridge University Press, 1979.

Charles Tilly, From Mobilization to Revolution, Reading, Massachusetts, Addison- Wesley, 1978. 接下來這本也是經典的著作，探討的是革命發生的歷史模式：Crane Brinton, The Anatomy of Revolution, New York, Vintage Books, 1952.

有關革命的研究現狀，請參照郭史德（Goldstone, 2003），第二章也有引用。較短的版本請參照：

Jack A. Goldstone, Revolutions: A Very Short Introduction, Oxford, Oxford University Press, 2014. 我所列舉的革命成功常見的因素，也是參照這本書（我將原本的五個因素減為四個）。

有關現今「無所不包」的革命模式請參照：

Jack A. Goldstone, 'A Global Model for Forecasting Political Instability', American Journal of Political Science, 2010, pp. 190–208.

以及洛馬公司的官網，見 http://www.lockheedmartin.com/us/products/W-ICEWS.html （accessed 30/10/2017）.

本章節的另外一個重點是傾右派暴動如何成功。我特別把重心放在激進反民主右派，這一派在歷史上最成功的運動，就是法西斯主義。有關法西斯主義的部份，請參照下列資料：

Morgan, 2003, 有引用於這本書的第二章

Robert O. Paxton, The Anatomy of Fascism, New York, Penguin, 2004. 這是一本流暢易讀的絕佳好書，其中提到在法西斯主義的概念正式提出之前，就已有的類似意識形態，例如三 K 黨。如果柯梅尼了解這一點的話，他也許可以思考一下，羅馬尼亞右派民粹主義份子的運動，其中的「加百利福音天使軍團」（the Legion of the Archangel Gabriel），是一個基督教基本教義派的組織，專門吸引羅馬尼亞的農民。這個組織的成員會身著亮綠色制服、帶著愛國與反猶太人的基督教布條。但是這個軍團的號召力還不夠大到足以發動基督教革命。一九三〇年代末期，羅馬尼亞國王遭到軍團領袖的逮捕予殺害。當納粹一九四〇年代初期佔領羅馬尼亞的時候，軍團（當時有著許多法西斯主義的想法）捲土重來。但是，在納粹的同意下，羅馬尼亞的獨裁統治者，試著削弱兵團所發起的運動勢力，但當時起不了作用的時候，就採取血腥鎮壓。

Nicos Poulantzas, Fascism and Dictatorship: The Third International and the Problem of Fascism, London, Verso, 1979. 這是一本有關法西斯主義的馬克斯主義論調。

最後，對於情緒在政治上所扮演的角色。我也有加入自己的意見。我無法找到一篇優秀的評論性文章，因此就算只是一個小篇幅，我必須引用許多文獻，在此跟大家表達歉意。

Antoine J. Banks, 'The Public's Anger: White Racial Attitudes and Opinions Toward Health Care Reform', Political Behaviour, 2014, pp. 493–514. 此文獻討論憤怒與偏見之間的關係。

James N. Druckman & Rosie McDermott, 'Emotion and the Framing of Risky Choice', Political Behaviour, 2008, pp. 297–321. 此文獻討論憤怒與危險選擇之間的關係。

John Garry, 'Emotions and Voting in EU Referendums', European Union Politics, 2014, pp. 235–254. 此文獻探討當選民在情緒的影響下進行投票，而造成的經濟後果（不是只適用於英國脫歐）。

Barbara A. Gault & John Sabini, 'The Roles of Empathy, Anger, and Gender in Predicting Attitudes Toward Punitive, Reparative, and Preventative Public Policies', Cognition and Emotion, 2000, pp. 495–520. 有關憤怒的時候做政治上的選擇，藉以懲罰他人。

Leonie Huddy, Stanley Feldman & Erin Cassese, 'On the Distinct Political Effects of Anger and Anxiety', in The Affect Effect, Cambridge: Cambridge University Press, 2007. 此文獻討論憤怒與危險選擇之間的關係。

George E. Marcus, W. Russell Neuman & Michael MacKuen, Affective Intelligence and Political Judgment, Chicago, University of Chicago Press, 2000. 此文獻討論憤怒與搜尋資訊（與其他議題之間）的關係。

Nicholas A. Valentino, Ted Brader, Erik W. Groenendyk, Krysha Gregorowicz & Vincent L. Hutchings, 'Election Night's Alright for Fighting: The Role of Emotions in Political Participation', Journal of Politics, 2010, pp. 156–170. 此文獻討論憤怒與投票率之間的關係。

下面兩篇文章的論述與一般主流學術意見不一樣——情緒是參與政治最主要的原因：

Erik W. Groenendyk, 'Current Emotion Research in Political Science: How Emotions Help Democracy

Overcome its Collective Action Problem', Emotion Review, 2011, pp. 455–463.

Nicholas A. Valentino, Krysha Gregorowicz & Erik W. Groenendyk, 'Efficacy, Emotions and the Habit of Participation', Political Behaviour, 2009, pp. 307–330.

我也引用丹尼爾・卡恩曼著名的著作：

Daniel Kahneman, Thinking Fast and Slow, New York, Farrar, Straus and Giroux, 2011.

Van Stekelenburg & Klandermans, 2010 and 2013, 引用於第二章，在這第三章也有引用到。

有關伊朗國王如何失去他的奮鬥意志：

Marvin Zonis, Majestic Failure: The Fall of the Shah of Iran, Chicago, University of Chicago Press, 1991.

第四章

從本章節開始，財富不均的議題成為重點。想先針對分配不均做幾點說明。首先，在現代，沒有哪個國家是完全公平的。就算是地球上最平等的國家也是，最頂端百分之十的人口卻占了國民收入的百分之二十，而財富的分配比這還來得更不公平。對於為何會發生這種情況的介紹，我推薦下列這本好書：

Carles Boix, Political Order and Inequality: Their Foundations and their Consequences for Human Welfare, New York, Cambridge University Press, 2015. 原始那種狩獵採集的社會是公平的，可是方法讓人很不舒服。

有關分配不均的第二點，我在這本書所提到的分配不均（甲國家比乙國家更不公平……），指的是用來判斷收入分配公平程度的吉尼係數（Gini coefficient），而相關的資料，除非我有特別加註，都是引用自：

UNU-WIDER, World Income Inequality Database （WIID3.4）, 2017. 我選擇每個國家中品質最優秀的調查。這個資料庫在 2010 年之後，全球約有九十個國家的資料都查得到。

我曾提到為何經濟學家總是想要找出阿根廷經濟急速衰退的原因。如果你對這個議題有興趣，我會建議你從這本 Argentine Exceptionalism 著手。其中一篇文章則提及相關的概要：

Rafael Di Tella, Edward Gleaser & Lucas Lach, 'Exceptional Argentina', in Argentine Exceptionalism, Cambridge, Harvard University Press, 2014.

無論你信還是不信，美國也企圖介入阿根廷的政治。外表福態的史布魯勒·布列登（Spruille Braden），他的家族在智利的銅礦持有很大的持股占比。而他就是裴隆在政壇竄起時，美國駐阿根廷的大使。布列登決定以個人的名義宣傳造勢反對裴隆。他在阿根廷的主要城市巡迴演講，內容多是譴責裴隆。在布宜諾艾利斯，布列登吸引了約五千名衣著體面的群眾，大家手中揮舞著手帕，呼喊著他的名字。現場氣氛肯定非常高昂，跟美國處理伊朗的手法相較下，對待阿根廷的方式顯然是民主的作法。

至少在當時是可以這麼說的。當選舉愈來愈近，布列登發動主要攻勢，發放一本小冊子，名為《與美國共和黨員商討有關阿根廷局勢》，還另外有個《藍色小書》的名稱。內容宣稱裴隆是納粹份子而且是反猶太人的。（一直到今天，這本小冊子對裴隆的政局解釋讓人非常困惑）。整本小冊子幾乎都是捏造的。支持裴隆的有錢人中有一位的確是流亡海外的德國人，據稱他與納粹黨有關聯。這個指控是有調查的必要，但是《藍色小書》並未對此加以著墨，反而毀謗裴隆。這本小冊子也帶來完全的反效果。裴隆因此修正他的競選口號為「布列登或裴隆，你選誰？」這樣的口號讓人沒什麼選擇的餘地。大部分的阿根廷人不想給美國管。儘管整個政治圈是炮口一致反對裴隆的，但他還是贏得選戰。也許如果布列登沒有介入，裴隆就有可能輸掉選舉，而阿根廷的歷史就會迥然不同。有關我對阿根廷歷史的陳述以及上面的意見，資料來源是：

Jill Hedges, Argentina: A Modern History, London, I.B. Tauris, 2011. 此書作者為這個章節的初稿提供建議，特此表達感謝之意。

Joseph A. Page, 1983. Perón: A Biography. New York: Random House.

David Rock, Argentina, 1516–1987: From Spanish Colonization to Alfonsin, Berkeley, University of California Press, 1985.

這三本書是非常棒的好書，且就某種程度說來，跟裴隆相關的探討，很多都半已經是大量討論過的（畢竟談到阿根廷的近代史，很難不提到裴隆）。Hedge 書的內容當然算是最新的。作者也剛出版了一本傳記，內容對艾薇塔有詳盡的描述，是英文出版品中之最：

Jill Hedges, Evita: The Life of Eva Perón, London, I.B. Tauris, 2016.

我在這個章節中有關歷史背景的描述也參照下列這篇精簡有利的文章：

Michael Greenberg, 'A Descamisada Diva', Boston Review, 1 December 1996, pp. 33–37.

還有這下列這篇文章：

Natalia Milanesio, 'A Man Like You: Juan Domingo Perón and the Politics of Attraction in Mid-Twentieth-Century Argentina', Gender & History, 2014, pp. 84–104. 某種程度上裴隆顯然也是性象徵，1946 年一群阿根廷婦女參加他一九四六年總統大選的集會，齊聲大喊：「我們想要生裴隆的兒子。」

本章節的重點是回到民粹主義這個議題，在第一章一開始就有提到。想要對拉丁美洲民粹主義有初步的認識，可以先參考這本 Populism in Latin America. 裴隆主張的民粹主義我有提出我的觀點（例如，他是最純正的民粹主義者），也都是參照這本書中的兩個章節：

Michael L. Conniff, introduction to Populism in Latin America（Second Edition）, Tuscaloosa, University of Alabama Press, 2012.

Joel Horowitz, 'Populism and Its Legacies in Argentina', in Populism in Latin America（Second Edition）, Tuscaloosa, University of Alabama Press, 2012, pp. 23–47.

許多研究顯示財富分配不均與個人經濟困頓，並不會影響民粹主義的選民。相反地，民粹主義的投票是與價值觀的議題有關係。我也是任意挑選參照下列的文獻：

Ronald F. Ingelhart & Pippa Norris, 'Trump, Brexit and the Rise of Populism: Economic Have-Nots and Cultural Backlash,' Harvard Kennedy School Faculty Research Working Paper Series, 2016. 這篇文章極具影響力，內容指出二〇一六年的政治局勢震撼比較與價值和政策有關係，而非個人經濟困頓。

Eric Kaufmann, 'Trump and Brexit: Why it's Again NOT the Economy, Stupid', British Politics and Policy Blog, 2016. http://blogs.lse.ac.uk/politicsandpolicy/trump- and-brexit-why-its-again-not-the-economy-stupid/（accessed 31/10/2017）.

Chi-Mei Luo, 'The Rise of Populist Right-wing Parties in the 2014 European Parliament: Election and Implications for European Integration', European Review, 2017, pp. 406–422. 雖然這篇文章著眼於二〇一四年的選舉，但是就最近的研究現況做出很棒的概述，包括學者們努力想找出經濟困頓與歐洲民粹主義投票的關聯性（結果並不盡人意）。

我曾提到許多研究指出群體所經歷的苦難，確實會導致選民就票投給民粹主義者。以下是一系列有關這個新興的研究議題：

Yann Algan, Sergei Guriev, Elias Papaioannou & Evgenia Passari, 'The European Trust Crisis and the Rise of Populism', Brookings Papers on Economic Activity, 2017.

David H. Autor, David Dorn & Gordon H. Hanson, 'The China Syndrome: Local Labor Market Effects of Import Competition in the United States', American Economic Review, 2013, pp. 2121–2168. 據我所知，這篇文章是開啟這個研究議題的先鋒。這是第一篇研究論文指出，群體困境與投票給民粹主義者之間的關聯性。這篇文章發表後，證實這個論述的證據並如潮水般湧現。

David H. Autor, David Dorn, Gordon H. Hanson & Kaveh Majlesi, 'Importing Political Polarization? The

Electoral Consequences of Rising Trade Exposure', MIT Working Papers, 2016, pp. 1–62. 這篇與上篇文章採取同樣的研究方式，探討二〇一六年美國總統選舉。

Sascha O. Becker, Thiemo Fetzer & Dennis Novy, 'Who Voted for Brexit? A Comprehensive District-Level Analysis', Warwick University Working Paper, 2016.

Italo Colantone & Piero Stanig, 'Global Competition and Brexit', Bocconi University Working Paper, 2016.

Italo Colantone & Piero Stanig, 'The Trade Origins of Economic Nationalism: Import Competition and Voting Behavior in Western Europe', Bocconi University Working Paper, 2017.

Christian Dippel, Robert Gold & Stephan Heblich, 'Globalization and its（Dis-）Content: Trade Shocks and Voting Behavior', National Bureau of Economic Research Working Paper, 2015.

Jeff Guo, 'Death Predicts Whether People Vote for Donald Trump', Washington Post Wonkblog, 4 March 2016.

也請參照：538.com by Ben Casselman（'Stop Saying Trump's Win Had Nothing to Do With Economics'）and Jed Kolko（'Trump Was Stronger Where the Economy Is Weaker'）.

我參照這篇文章，用來了解民粹主義架構下的供需關係，許多文獻都有探討：

Luigi Guiso, Helios Herrera, Massimo Morelli & Tommaso Sonno, 'Demand and Supply of Populism', Center for Economic Policy Research Discussion Papers, 2017, pp. 1–65. 這篇絕佳的文章解釋民粹主義者的供需框架，同時進行統計分析，這是極具野心的研究方法，而就我所知，之前並沒有這樣類型的研究。這篇文章的作者發現，在歐洲幾乎所有投給民粹主義者的選票，都是來自經過動員的民眾。若不是受到動員，他們是不會投票的，這現象與針對拉丁美洲民粹主義的文獻不謀而合。作者也宣稱他們有證據顯示，個人經濟壓力會為選民是否支持民粹主義者的投票意向，帶來很大影響。就這一點，我保持懷疑的態度。他們的經濟壓力指標包括群體認同。這項長年研究包含許多國家，這樣的分析結果有可能會涵蓋群體壓力。儘管如此，如果能獲得證實，那會是很有趣的研究成果。

Wouter van der Brug & Meindert Fennema, 'What Causes People to Vote for a Radical-Right Party? A Review of Recent Work', International Journal of Public Opinion Research, 2007, pp. 474–487. 這篇論文對近期有關歐洲民粹主義右派投票行為的研究與爭論，有很扼要的概述。

有關民粹主義者不按遊戲規則走的政治行為論述，是參照下列文獻：

J. Eric Oliver & Wendy M. Rahn, 'Rise of the Trumpenvolk: Populism in the 2016 Election', Annals of the American Academy of Political and Social Science, 2016, pp. 189–206.

我也討論到「民粹主義經濟」，這事實上與民粹主義沒有太大的關係。探討民粹主義經濟的原始文章為：

Rudiger Dornbusch & Sebastian Edwards, 'Macroeconomic Populism', Journal of Development Economics, 1990, pp. 247–277.

Jeffrey D. Sachs, 'Social Conflict and Populist Policies in Latin America', International Center for Economic Growth Occasional Papers, 1990, pp. 1–39.

我有提到財富分配不均與民粹主義經濟之間的關聯。請參照下列文獻：

Stefania Albanesi, 'Inflation and Inequality', Journal of Monetary Economics, 2007, pp. 1088–1114.

Fahim A. Al-Marhubi, 'Income Inequality and Inflation: The Cross-Country Evidence', Contemporary Economic Policy, 2000, pp. 428–439.

Roel M. W. J. Beetsma & Frederick van der Ploeg, 'Does Inequality Cause Inflation? The Political Economy of Inflation, Taxation, and Government Debt', Public Choice, 1996, pp. 143–162. 這篇文章探討財富分配不均與通膨的關係，也討論財富分配不均與高額政府債務之間的關係。

Andrew Berg & Jeffrey Sachs, 'The Debt Crisis: Structural Explanations of Country Performance', Journal of Development Economics, 1988, pp. 271–306. 這篇文章討論財富分配不均與債務違約之間的關係。.

Raj M. Desai, Anders Olofsgård & Tarik M. Yousef, 'Democracy, Inequality, and Inflation', American Political Science Review, 2003, pp. 391–406.

Jaejoon Woo, 'Social Polarisation, Industrialisation, and Fiscal Instability: Theory and Evidence', Journal of Development Economics, 2003, pp. 223–252. 這篇文章討論財富分配不均與高額赤字之間的關係。

我也解釋過為何政府會讓經濟陷入赤字，相關文獻請參照：

Brian Snowdon, 'The Influence of Political Distortions on Macroeconomic Performance: The Contributions of Alberto Alesina', World Economics, 2004, pp. 91–136.

Brian Snowdon & Howard R. Vane, 'The New Political Macroeconomics: An Interview with Alberto Alesina', The American Economist, 1999, pp. 19–33.

比較阿根廷與歐洲財富分配不均、賦稅與政府開銷的數據，來自：

Edwin Goñi, J. Humberto López & Luis Servén, 'Fiscal Redistribution and Income Inequality in Latin America', World Development, 2011, pp. 1558–1569.

有關為何有些國家會出現赤字的新說法：

Alberto Alesina & Allan Drazen, 'Why are Stabilizations Delayed?', The American Economic Review, 1991, pp. 1170–1188.

Alberto Alesina & Roberto Perotti, 'The Political Economy of Budget Deficits', Staff Papers （International Monetary Fund）, 1995, pp. 1–31.

César Martinelli & Raúl Escorza, 'When are Stabilisations Delayed? Alesina-Drazen Revisited', European

Economic Review, 2007, pp. 1223–1245. 作者為本章初稿提供意見，在此特表感謝。

有時選民對政策並不了解（這是我在文中並未強調的）。但這不是因為這些選民是笨蛋，而是因為如果他們真的關心政治，那就不合理了。請參照：

César Martinelli, 'Would Rational Voters Acquire Costly Information?', Journal of Economic Theory, 2006, pp. 225–251.

1980 年代與 1990 年代早期阿根廷的形勢慘淡，相關資料是來自稍早提到的 Hedges 2011 與 Rock 1985 的著作，也請查照：

Jennifer Adair, 'Democratic Utopias: The Argentine Transition to Democracy Through Letters, 1983–1989', The Americas, 2015, pp. 221–247.

Sarah Muir, 'On Historical Exhaustion: Argentine Critique in an Era of "Total Corruption" ', Comparative Studies in Society and History, 2016, pp. 129–158.

Osvaldo Soriano, 'Living with Inflation', in The Argentina Reader: History, Culture, Politics, Durham, Duke University Press, 2002, pp. 481–487.

不過第四章的重點是阿根廷式恐怖平衡。這個理論自十五年前推出後，就極具爭議（一個有趣的實驗就是，在晚宴中跟你的有錢朋友解釋這個理論，然後看他們如何反應）。這個理論在推出之際，其實是想解釋民主——為何有些國家能成為民主體制，有的則不然。原因是獨裁者和皇室因害怕革命，會把民主當作是替代方案。但是先決條件是他們的國家要夠平等，如此一來，國家才不會對獨裁者和皇室課重稅。所以在俄國和伊朗這兩個財富分配極度不公平的國家，沙皇和伊朗國王一直硬撐到革命來襲才放棄。在那之前，他絕對不會允許實行民主制度。相反的，美國的國父並不畏懼民主，因為當時的國民收入是平均分配的。

恐怖平衡的理論是達隆・艾斯莫葛路（Daron Acemoglu）和詹姆士・羅賓森（James Robinson）所提出的，兩位曾撰寫過著名的《國家為何衰敗》。他們所提出的概念吸引外界的目光與爭議。歷史上的案例，尤其是英國的歷史似乎證實了這個理論。不過，眾多的政治科學文獻都探討過民主形成的原因。艾斯莫葛路和羅賓森的新理論一出現，就將先前各方所有詳盡的討論，用簡化的說法一蓋而論——那就是，將民主建構在簡單的經濟基礎上。卡斯・波伊克（Carles Boix）也趁勢在同時推出他自己的理論，將財富分配不均與民主連結在一起，並以廣泛的統計數據來支持他的論點。

過去十年多來的各方研究，已經開始質疑恐怖平衡，是否適合做為解釋民主化的理論。這個理論須在非常特別的條件下，才可以站得住腳，那就是必須要有一定程度的收入，或者是所謂的財富前提是指擁有固定不動的土地。不過整體而言，國家是否會民主化，這一點似乎不太會受到財富分配不均的影響。舉例來說，南非這個可能是世界上最不公平的國家（根據所能取得的資料顯示），就是採取民主體制。話雖如此，恐怖平衡這個理論，更適合用來解釋民主體制為何會失敗。如同我在本文中所提的，已經可以確定財富分配所引發的衝突，是造成許多民主體制失靈的主要導因。不過，大家必須銘記在心的重點是，財富分配不均所造成的影響並不如表面上看來那麼嚴重。與財富分配不均相比之下，政治因素才是導致民主失敗更重要的原因。也就是說，財富分配不均有讓民主體制失敗的可能，但力道其實並沒有那麼嚴重。

有關恐怖平衡理論的原始書籍，以及來自同作者最近的更新，請參照：

Daron Acemoglu & James A. Robinson, Economic Origins of Dictatorship and Democracy, Cambridge, Cambridge University Press, 2006.

Daron Acemoglu, Suresh Naidu, Pascual Restrepo & James A. Robinson, 'Democracy, Redistribution, and Inequality', in Handbook of Income Distribution, Volume 2B, Amsterdam, Elsevier, 2015, pp. 1886–1960.

Carles Boix, Democracy and Redistribution, Cambridge, Cambridge University Press, 2003.

Carles Boix, 'RMDs', Comparative Democratization, 2013, pp. 12–15.

測試恐怖平衡理論最完善的研究是Haggard與Kaufman 2016的研究，兩人都採用數據分析與個案研究，我在第一章有特別標註。

下列許多文章與評論，都對恐怖平衡這一理論加以探討，我會選擇這些文章是因為它們比其他的討論更好：

Eduardo Alemán & Sebastián M. Saiegh, 'Political Realignment and Democratic Breakdown in Argentina, 1916–1930', Party Politics, 2014, pp. 849–863. 對恐怖平衡理論作出精闢的評論，也可用來解釋阿根廷的困難政治抉擇。

Christian Houle, 'Inequality and Democracy: Why Inequality Harms Consolidation but Does Not Affect Democratization', World Politics, 2009, pp. 589–622. 統計數據測試顯示，財富分配不均無法強化民主，但是也不會一開始就阻止一個國家成為民主政體。

Christopher Reenock, Michael Bernhard & David Sobek, 'Regressive Socioeconomic Distribution and Democratic Survival', International Studies Quarterly, 2007, pp. 677–699. 統計數據測試顯示，財富分配不均並無法最完善的預測引起分配衝突的原因。

Dan Slater, Benjamin Smith & Gautam Nair, 'Economic Origins of Democratic Breakdown? The Redistributive Model and the Postcolonial State', Perspectives on Politics, 2014, pp. 353–374. 統計數據測試顯示，財富分配不均政治因素是決定民主潰敗的最重要原因。

最近一本好書的作者加奈許・賽塔拉曼（Ganesh Sitaraman），是美國參議員伊莉莎白・華倫（Elizabeth Warren）的顧問。對這些有關財富分配不均的爭議，他顯然並不清楚（或者是刻意避免掉）。他提出一個非常相似的理論，這個理論乃是建構在美國民主歷史上。這本書中引用了美國國父的名言，也是我引用的

來源：還有歷史上美國財富分配不均的統計數據：

Ganesh Sitaraman, The Crisis of the Middle-Class Constitution: Why Economic Inequality Threatens our Republic, New York, Alfred A. Knopf, 2017.

下面這本書解釋，為何平民百姓不想要有太重的賦稅：

Alberto Alesina & Edward Glaeser, Fighting Poverty in the US and Europe: A World of Difference, Oxford, Oxford University Press, 2004.

Alessandro Lizzeri & Nicola Perisco, 'Why Did the Elites Extend the Suffrage? Democracy and the Scope of Government, with an Application to Britain's "Age of Reform" ', Quarterly Journal of Economics, 2004, pp. 707–765. 這篇文章提出另外一派的民主化理論。

第五章

如果你是脩義龍的粉絲，是很難不愛他的，他的傳奇故事是一本偉大小說的靈感來源，這本小說已兩次被翻拍成電影：

Robert Penn Warren, All the King's Men, San Diego, Harcourt, 2001（1946）.

上面這本作品，贏得了普立茲獎。二十年後由哈利．威廉斯（Harry Williams）所著作並帶有同情意味的自傳，也贏得同樣的獎項。脩義龍的個性和生平非常精彩，讓他獲得優秀作家的青睞成為筆下題材。這裡提及的兩本好書都非常有可看性。

YouTube 上也有不少有關脩義龍的影片資料，例如他的演講片段以及他在一場記者會，酒醉上陣。有關脩義龍豪飲的軼事，資料來源有：記者會的影片和大眾傳媒中的幾則報導（像是紐約時報的文章，就詳述如何製造紐奧良經典調酒 Ramos Gin Fizz）；而我書中有關脩義龍如何崛起的簡短敘述，主要參考的文獻如下：

Alan Brinkley, Voices of Protest: Huey Long, Father Coughlin and the Great Depression, New York, Vintage Books, 1982. 這本書將脩義龍與他同期的民粹主義者相提並論。是一本好書，雖然我主要參照的是，其他我列在以下的文獻。

William Ivy Hair, The Kingfish and His Realm: The Life and Times of Huey P. Long, Baton Rouge, Louisiana State University Press, 1991. 比其他資料都更枯燥，但是在解釋路易斯安那州讓脩義龍崛起的背景上，是目前最棒的一本書。

Richard D. White Jr, Kingfish: The Reign of Huey P. Long, New York, Random House, 2006. 這是最近代的一本有關脩義龍生平的作品，根據新獲得的資訊，此書作者已更新部份細節。

T. Harry Williams, Huey Long, New York, Alfred A. Knopf, 1969. The classic.

「封建的路易斯安那州」這個章節的背景，我仰賴上述以及下列文獻：

William Ivy Hair, Bourbonism and Agrarian Protest: Louisiana Politics 1877–1900, Baton Rouge, Louisiana State University Press, 1969.

在我這本書的尾聲，我曾提到經濟並沒有全然的影響力。沒錯，經濟因素對政治確實會帶來影響，例如，選民以經濟為考量而決定投票意向，這對哪位候選人會勝出確實有一定的作用。但是這類的經濟因素，其實幾乎都是受制於政治。例如，在決定誰會贏得選舉的眾多原因裡，跟經濟考量相較下，下列的原因其實比較重要：像是候選人的政治手腕、反對黨執政的時間長短，以及眼前的關鍵議題等。

不過當經濟是主導一個國家政治命運的唯一關鍵時，還是會有顯著的例外，那就是以產石油而富裕的國家與其缺乏民主制度兩者之間的關係。就算是最有錢也最穩定的產油國家，幾乎都沒有轉移為民主制度的跡象，像是卡達、阿拉伯聯合大公國以及科威特皆是如此。在最近數十年中，只要是經濟專門仰賴產油的國家，政體轉化為民主的可能性，幾乎是零。話雖如此，也並非完全不可能。歷史上至少有三個國家就發生過這樣的事情（在美國入侵伊拉克後帶來了民主，因此也可以說至少有四個國家是這樣）。挪威也盛產石油，但是同時也是個穩定、繁榮的民主國家。不過有人也會說挪威在發現石油的時候，早就是個穩定的民主國家。委內瑞拉是另外一個民主國家，但可能又是一個可以拿來作為證明產油國與缺乏民主制度之間的關聯性，因為委內瑞拉最近充斥著蠱惑扇動民心的政客，所以政局一片混亂（我們大概可把伊拉克列為同一個類別）。其他因為盛產石油而轉變成民主制度的國家，還包括千里達及托巴哥共和國，基本上這個國家沒出什差錯。它並不富有但也不貧窮。讓這個國家著名的有：美麗的海灘、禽鳥生態、熱鬧非凡的嘉年華，以及多元化的宗教與種族（這個國家的人口中有百分之三十五的南亞族群、百分之三十五的非洲族群，其他大部分則是不同種族間的混血）。千里達及托巴哥共和國可算是不適用於石油與民主關係準則的奇蹟國度。

為什麼一開始會有這種準則的存在？文獻也是眾說紛紜，但其中最有影響力的理論是，如同地主一樣，石油大亨也容易製造最極端的恐怖平衡。因產油而得來的財富當然是以土地為主，所以政府想要對這些有錢人課稅是易如反掌的事情。因此靠石油致富的人們，通常很不信任民主制度。

更多有關「石油詛咒」的文獻：

Jeff D. Colgan, Petro-Aggression: When Oil Causes War, Cambridge, Cambridge University Press, 2013.

Ellis Goldberg, Erik Wibbels & Eric Mvukiyehe, 'Lessons from Strange Cases: Democracy, Development, and the Resource Curse in the U.S. States', Comparative Political Studies, 2008, pp. 477–514. 這篇論文以資源詛咒的角度來解釋路易斯安那州的政治。這有點像是從鏡子反射中觀察事物。脩義龍自己是石油公司老闆，但是卻以畢生之力想辦法要向標準煉油公司（Standard Oil）課稅，但並沒有成功。整個過程還是非常有趣。

在我這本書的主要內文中，我提到地主長期以來厭惡民主制度。我所參照的經典著作有：

Samuel P. Huntington, The Third Wave: Democratization in the Late Twentieth Century, Norman, Oklahoma, University of Oklahoma Press, 1991.

Barrington Moore Jr, Social Origins of Dictatorship and Democracy: Lord and Peasant in the Making of the Modern World, Boston, Beacon Press, 1966.

本章節其他的討論都是參照 Acemoglu & Robinson, 2006, 與 Boix, 2003, 我在第四章的部份有引用到。另外：

Charles Tilly, Coercion, Capital and European States, A.D. 990–1992, Hoboken, New Jersey, Wiley-Blackwell, 1992.

我所引用的亞里斯多德名言，乃是參照下列經典著作：

Seymour Martin Lipset, Political Man: The Social Bases of Politics, Baltimore, Johns Hopkins University Press, 1981. 雖然這本書的立論是：「人們都受到蒙騙」的政治思維，卻是一本讓人思考激盪的好書。

有關進步主義運動的討論乃是參照：

Steven J. Diner, A Very Different Age: Americans of the Progressive Era, New York, Hill and Wang, 1998.

Thomas C. Leonard, Illiberal Reformers: Race, Eugenics and American Economics in the Progressive Era, Princeton, Princeton University Press, 2016. 這本書著眼於進步主義如何過度行事。

Michael McGerr, A Fierce Discontent: The Rise and Fall of the Progressive Movement in America, 1870–1920, Oxford, Oxford University Press, 2003. 這個章節主要是參照這本書與上一條 Leonard 的著作。

Shelton Stromquist, Re-inventing 'The People': The Progressive Movement, the Class Problem, and the Origins of Modern Liberalism, Urbana, Illinois, University of Illinois Press, 2006. 這本書的論述是，進步主義運動的原罪是，其無法意識到他們是為了自己的（中產階級）的利益而行動。這也是我在最終章所提到的重

點。

Charles Tilly & Lesley J. Wood, Social Movements, 1768–2012（Third Edition）, Boulder, Colorado, Paradigm, 2013. 有關社會運動的常見策略之探討，主要是參照這本著作。

為了避免造成混淆，有關中產階級承受壓力的那個段落，是我自己的創作，特此澄清。

我在本章節的最後幾個篇幅提及羅斯福，有關他的細節是參照上述與下列文獻：

H. W. Brands, Traitor to His Class: The Privileged Life and Radical Presidency of Franklin Delano Roosevelt, New York, Doubleday, 2008.

分享財富到底有多麼困難，這個議題則參考了大量的文獻，其中較具代表性的有：

Walter Korpi, 'Power Resources and Employer-centred Approaches in Explanations of Welfare', World Politics, 2006, pp. 167–206. 這篇著作宣稱比例代表制會形成勢力更強大的工會，這樣會讓國家更為平等。

Torsten Persson & Guido Tabellini, Political Economics: Explaining Economic Policy, Cambridge, MIT Press, 2000. 這本教科書包含許多題材，也就多數決制與比例代表制的各家討論，做出很精簡的概論。

Ronald Rogowski & Mark Andreas Kayser, 'Majoritarian Electoral Systems and Consumer Power: Price-Level Evidence from the OECD Countries', American Journal of Political Science, 2002, pp. 526–539. 這篇著作的論述是比例代表制的國家會比較平等，因為窮人有更多的話語權。

Ronald Rogowski & Duncan C. MacRae, 'Inequality and Institutions: What Theory, History, and（Some）Data Tell Us', in Democracy, Inequality, and Representation: A Comparative Perspective, New York, Russell Sage Foundation, 2008, pp. 354–386. 這篇文章提供了精彩的概論。如果讀者對這個議題有興趣，那可以從這本集結各方著作的專書開始。

第二章有引用 Scheidel（2017）的著作，作者認為想要實質改變收入的分配，只能透過政治暴力。不過歷史經驗顯示——像是那樣裴隆的民粹主義者——事實並非如此。但是我想這跟如何定義「實質」有關。如果裴隆希望堅持他所做出的改變，那麼則有必要採取暴力手段。

David Soskice & Torben Iversen, 'Electoral Institutions, Parties, and the Politics of Class: Explaining the Formation of Redistributive Coalitions', in Democracy, Inequality, and Representation: A Comparative Perspective, New York, Russell Sage Foundation, 2008, pp. 93–126. 針對美國與瑞典的比較，我主要是參照這篇著作。作者認為比例代表制的國家會比較平等，因為窮人有更多的話語權（不過他的理由與 Rogowski 和 Kayser 2002 的論述並不一樣）。

有關美國的財富分配不均的世代，是如何結束的相關討論，是參照：

Anthony B. Atkinson, Inequality: What Can be Done?, Cambridge, Harvard University Press, 2015.

Thomas Piketty, Capital in the Twenty-First Century, Cambridge, Belknap Press, 2014. Sam Pizzigati, The Rich Don't Always Win: The Forgotten Triumph Over Plutocracy that Created the American Middle Class, 1900–1970, New York, Seven Stories Press, 2012.

Kenneth Scheve & David Stasavage, Taxing the Rich: A History of Fiscal Fairness in the United States and Europe, Princeton, Princeton University Press, 2016.

下列這篇文章分析，脩義龍在終結財富分配不均中所扮演的角色：

Edwin Amenta, Kathleen Dunleavy & Mary Bernstein, 'Stolen Thunder? Huey Long's "Share our Wealth", Political Mediation, and the Second New Deal', American Sociological Review, 1994, pp. 678–702.

我在書中提到，民主國家如何採取民粹主義政黨所使用幫助自己取得政治權力的政策，這點是參考一位全球經濟分析公司「牛津經濟」的客戶筆記，筆記者鳴叫蓋博瑞·史坦（Gabriel Stein）。我也提到有關「代表性空缺」的研究，羅致美（音譯）於二〇一七年發表的文章就歐洲的案例做了概述。奧利佛與蘭恩（Oliver

& Rahn）二〇一六年提出了，適用於美國的相似理論。我在第四章都有引用這些研究。

有許多陰謀論圍繞著脩義龍之死。有人說兇手懷斯是造林業者計畫的陰謀，有一位證人宣稱，曾偷聽到懷斯與密謀者的密會，大家指派懷斯進行這項暗殺任務。有人則表示，懷斯其實只是想跟脩義龍說話，但脩義龍的保鑣與懷斯發生扭打時，不小心誤殺脩義龍，接著在一片混亂中，懷斯也中槍，保鑣想辦法掩蓋一切。還有一派的說法是，脩義龍其實是被自己的保鑣殺的，懷斯不過是代罪羔羊。我所引用的脩義龍傳記作品，都不太相信上述的說法，但是有誰知道呢？如果讀者想要深入了解陰謀理論，可參照下列：

Eric Hodge, Phoebe Judge & Louise Schlemmer, Criminal: Kingfish, North Carolina Public Radio. http://wunc.org/post/criminal-kingfish/ （accessed 30/10/2017）.

第六章

瑪媞德（化名）住在布宜諾艾利斯市郊的貧民窟。她深受鄰居喜愛，大家非常喜歡她。有位鄰居說：「她簡直棒極了。」另一位說：「瑪媞德心思細膩，只要你有任何問題去找她，或有需要什麼藥品，她都能理解你的需求。」一位鄰居也說自己從瑪媞德那裡，拿到避孕藥。大家可以隨時敲她的門，問大大小小的事，像是駕照的事、在土地分一小塊地蓋屋棚、水車（貧民窟沒有自來水）、避免被警察開單、或者是在當地政府找一份工作。一名感激不盡的女士說：「這也是為什麼如果瑪媞德有任何需要幫忙的地方，我母親一定會到場幫忙。」社會學家雅維爾．歐葉羅（Javier Auyero）問說：「幫什麼忙？」這位社會學家當時正在研究瑪媞德所居住的貧民窟。那位女士回說：「參加遊行啊，因為瑪媞德總需要人手，或者當她舉辦慶祝活動的時候，她總是需要有人幫忙。」

瑪媞德其實是裴隆政黨的主辦人之一。在一九八〇年代，她擔任過當地裴隆黨的新聞秘書，也當過婦女事務祕書，最後獲選為市議會的成員之一。瑪媞德說：「人民就是我的熱情所在，我會像照顧孩子一樣地照顧他們。」

一九八〇年代，裴隆黨轉型。在裴隆執政時期，再加上他後來再度捲土重來，裴隆政黨的組織核心已經成為勞工工會。不過，隨著工業勞力的式微，尋求工會的支持，不再是贏得選舉的唯一方式。一九八〇年代，當阿根廷重新恢復民主制度，裴隆派政黨輸給中產階級勢力的激進黨。他們因此需要重新尋找支持者。他們找上了都市中的窮人。不過這一次，他們放棄以破碎體制作為贏得人民支持的論調，取而代之的，是利用機器政治來吸引大家。一九八三年的選舉，縱使裴隆派政黨輸掉全國的選舉，他們仍舊在區域和地方政府取得上千個職位。然後，他們開始利用這些職權，把工作做為獎勵分配給黨內的激進份子。沒多久，像瑪媞德這樣的激進份子，就開始向民眾提供類似政府所提供的社會福利。一份針對布宜諾艾利斯中一百一十二個裴隆黨黨部辦公室的調查顯示，有百分之九十六的黨內人士都有參與類似社會協助的事務，像是糧食分配、醫療法律服務，以及兒童照護。

從事類似政府在做的工作項目，的確有政治上的效果。有好幾年，裴隆黨在瑪媞德社區的得票率都將近百分之六十，這個社區所在的城市，向來是反對黨的鐵票區。這需要耗費很大的心力：在阿根廷，跟大多數的民主國家一樣，投票是匿名制的。因此瑪媞德對於誰會把票投給裴隆黨，必須要很有把握，而且要確保只有這些會支持他們的選民，才能出門投票。要讓如此繁雜的政治機器網絡完全運作，需要一段時間才能達成。不過到了一九八七年的期中國會選舉，這樣的政治機器網絡已經在全國各地運作。一九八九年的總統大選，裴隆黨的候選人勝出入主政府。後來，裴隆黨連續五年贏得國家選舉。這種政治機器機當然也有其缺點。裴隆政黨變得以腐敗著稱，人們很快就了解這個政黨贏得選戰的原因，來自中產階級的支持驟降。到了一九九九年，在阿根廷最富裕的區域，裴隆黨只獲得百分之九的得票率。但是，如同巴龐德羅主政時期的希臘，就算失去中產階級的支持，裴隆黨的候選人仍舊贏得選戰。

窮人和沒受過教育的階層通常比較不會出門投票，但在阿根廷，他們不但會投票，而且還成為兼職的政治活動主辦人。工會曾是背後主要支持勢力的裴隆黨，已經完全改變。許多黨內的人士樂見這樣的轉變。有位黨員就表示：「裴隆主義現在旨在幫助窮人，那也正是我們現在正在做的事情……也是裴隆主義的精神。」當然，裴隆主義對不同的人可以具有不同的意義，這就是民粹主義者機靈的地方。

瑪媞德也歡迎新裴隆主義。她表示：「在我初來乍到帕拉索村莊（Paraiso）時，我留著一頭細緻的金髮，根本與當地格格不入。」但是因為看到有孩子生活極為貧窮，她立刻感同身受。她說道：「我幫孩子們洗澡，我甚至幫他們抓頭髮上的頭蝨，因為我對孩子很有熱情。」聽著瑪媞德的敘述，社會學家奧葉羅馬上聯想到某人。對窮人無私的愛，工作到筋疲力盡，又留著一頭金髮（結果根本是染的）。一位在位於寇斯皮托（Cospito）政府部門工作的女性社工，確認了她的懷疑。她指出一位裴隆黨的激進黨員就是艾薇塔那種金髮類型。之後，她更直接點明說：「他們都想當艾薇塔。」

以上有關政治機器的軼事資料來源如下：

Javier Auyero, Poor People's Politics: Peronist Survival Networks and the Legacy of Evita, Durham, Duke University Press, 2000.

Steven Levitsky, 'From Labor Politics to Machine Politics: The Transformation of Party-Union Linkages in Argentine Peronism, 1983–1999', Latin American Research Review, 2003, pp. 3–36.

伊利諾州的機器政治傳奇是參照：

Thomas J. Gradel & Dick Simpson, Corrupt Illinois: Patronage, Cronyism, and Criminality, Springfield, University of Illinois Press, 2015.

如果你用谷歌搜尋「黃金布拉戈耶維奇」（the golden Blagojevich），也是伊利諾州第四十屆州長，你就可以找到他所做出的評論。

有關美國各州財富分配不均的資料是參照：

Estelle Sommeiller, Mark Price and Ellis Wazeter, 'Income Inequality in the U.S. by State, Metropolitan Area, and County', Economic Policy Institute, 2016. http://www. epi.org/publication/income-inequality-in-the-us/（accessed 30/10/2017）.

United Health Foundation. America's Health Rankings. http://www. americashealthrankings.org/explore/2015-annual-report/measure/gini/state/ ALL/（accessed 30/10/2017）.

有關希臘的敘述，我是參照：

Richard Clogg, Preface to Greece in the 1980s, London, Macmillan, 1983, pp. vii–xii.

David H. Close, Greece Since 1945: Politics, Economy and Society, London, Longman, 2002.

Stan Draenos, Andreas Papandreou: The Making of a Greek Democrat and Political Maverick, London, I.B. Tauris, 2012.

Stathis N. Kalyvas, Modern Greece: What Everyone Needs to Know, Oxford, Oxford University Press, 2015.

Vasilis Kapetanyannis, 'The Left in the 1980s: Too Little, Too Late', in Greece, 1981–1989: The Populist Decade, London, Macmillan Press, 1993, pp. 78–93.

Christos Lyrintzis, 'Greek Politics in the Era of Economic Crisis: Reassessing Causes and Effects', Hellenic Observatory Papers on Greece and Southeast Europe, 2011, pp. 1–25.

George Mavrogordatos, 'Civil Society Under Populism', in Greece, 1981–1989: The Populist Decade, London, Macmillan Press, 1993, pp. 47–64.

James Edward Miller, The United States and the Making of Modern Greece: History and Power, 1950–1974, Chapel Hill, University of North Carolina Press, 2009.

Yannis Palaiologos, The 13th Labour of Hercules: Inside the Greek Crisis, London, Portobello, 2014.

Takis S. Pappas, Populism and Crisis Politics in Greece, Basingstoke, Palgrave Macmillan, 2014.

Dimitri A. Sotiropoulos, Populism and Bureaucracy: The Case of Greece Under Pasok, 1981–1989, South Bend, University of Notre Dame Press, 1996.

Stavros B. Thomadakis, 'The Greek Economy: Performance, Expectations, and Paradoxes', in Greek Paradox: Promise vs. Performance, Cambridge, MIT Press, 1997, pp. 39–60.

我在這麼小的篇幅中，卻引用了這麼大量的資料來源，在此再度跟讀者說聲抱歉。跟阿根廷、伊朗、俄國和泰國相比之下，尚未有人用英文撰寫完整的希臘現代史。所以我找不到單一的文獻資料能讓我廣泛引用。有關巴龐德羅的生平資料大多是引用自 Draenos 出版於二〇一二年的著作。有關一般歷史的主要文獻資料是 Close 出版於二〇〇二年、Kalyvas 出版於二〇一五年以及 Miller 出版於二〇〇九年的著作。有關機器政治的主要文獻內容，是引用 Sotiropoulos 出版於一九九六年的著作，少部分則引用自 Mavrogordatos 出版於一九九三年的著作。有關船舶業者的經濟與角色，則參考 Palaiologos 出版於二〇一四、Thomadakis 出版於一九九七年的著作。我也提到德國在歐元危機的時候，在最糟糕的時機強制要求希臘賠償債務，對此我有提出相關觀點，而這個觀點則引用下列文獻：

Erik Jones, 'Getting the Story Right: How You Should Choose between Different Interpretations of the European Crisis（and Why You Should Care）', Journal of European Integration, 2015, pp. 817–832.

有關機器政治如何運作的章節是參照 Auyero,2000 年的著作，稍早已註明出處，另外參照的著作還有：

Valeria Brusco, Marcelo Nazareno & Susan Carol Stokes, 'Vote Buying in Argentina', Latin American Research Review, 2004, pp. 66–88.

Susan Carol Stokes, Thad Dunning, Marcelo Nazareno & Valeria Brusco, Brokers, Voters and Clientelism: The Puzzle of Distributive Politics, Cambridge, Cambridge University Press, 2013.

Rodrigo Zarazaga, 'Brokers Beyond Clientelism: A New Perspective Through the Argentinian Case', Latin American Politics and Society, 2014, pp. 23–45.

有關機器政治與財富分配不均的關係，除了參照上述著作，也包括：

Alberto Alesina, Reza Baqir & William Easterly, 'Redistributive Public Employment', Journal of Urban Economics, 2000, pp. 219–241.

Thomas Markussen, 'Inequality and Political Clientelism: Evidence from South India', Journal of Development Studies, 2011, pp. 1721–1738.

希臘圈套是我自己創造的新詞。透過大多數統計數據關係的探討，而創出這個詞彙，我在這本書一開頭就已經討論過了。機器政治與缺乏信賴之間的關係，以及缺乏信賴與民粹主義投票行為之間的關係，在下列文獻中皆有探討：

Lenka Bustikova & Cristina Corduneanu-Huci, 'Patronage, Trust and State Capacity: The Historical Trajectories of Clientelism', World Politics, 2017, pp. 277–326.

Francis Fukuyama, 'Democracy and the Quality of the State', Journal of Democracy, 2013, pp. 5–16.

這個章節最後的幾個篇幅，大多都是我以分析師的角度所提出的個人想法。而勞工階層中，處境相對比較好的人，比較容易投給民粹主義者的論述是參照：

Kai Arzheimer & Elisabeth Carter, 'Political Opportunity Structures and Right- wing Extremist Party Success', European Journal of Political Research, 2006, pp. 419–443.

Emma Green, 'It Was Cultural Anxiety that Drove White, Working Class Voters to Trump', The Atlantic, 9 May 2017.

我對歐巴馬健保的分配本質所做出的評論是參照：Anon., 'Democracy in America', Economist, 29 January

2014. Mayer's exposé of the Koch brothers is:

Jane Mayer, Dark Money: How a Secretive Group of Billionaires is Trying to Buy Political Control in the US, Melbourne, Scribe, 2016.

義大利前總理貝魯尼如何踏入政壇是參照：

Alexander Stille, The Sack of Rome: How a Beautiful Country with a Fabled History and Storied Culture Was Taken Over by a Man Named Silvio Berlusconi, New York, Penguin Press, 2006.

下述作者提出意見表示，他不認識有哪位學者是支持民粹主義份子所提倡的政治理念：

Cas Mudde, 'The Study of Populist Radical Right Parties: Towards a Fourth Wave', C-REX Working Paper Series, 2016.

有關性愛的場面，所參照的文獻有：

Hervé Bourges & Daniel Cohn-Bendit, The French Student Revolt: The Leaders Speak, New York, Hill and Wang, 1968

Mattei Dogan, 'How Civil War Was Avoided in France', International Political Science Review, 1984, pp. 245–277. Civil war? Seriously?

A. Belden Fields, 'The Revolution Betrayed: The French Student Revolt of May-June 1968', in Students in Revolt, Boston, Houghton Mifflin, 1969, pp. 127–166.

Mark Kurlansky, 1968: The Year that Rocked the World, New York, Random House, 2005.

Patrick Seale & Maureen McConville, French Revolution 1968, New York, Penguin Books, 1968.

而本章節最後的結尾，提到大家對這個事件的印象全是學生的性事，主要是參照：

Chris Reynolds, Memories of May '68: France's Convenient Consensus, Cardiff, University of Wales Press,

2011.

Kristin Ross, May '68 and Its Afterlives, Chicago, University of Chicago Press, 2002. Lawrence Jones, 'May '68 and Its Afterlives'（review）, Common Knowledge, p. 361.

國家圖書館出版品預行編目資料

民粹與政權的覆亡：如何擺脫重蹈覆轍的歷史 / 山姆・魏爾金（Sam Wilkin）著; 孔思文譯. -- 初版. -- 臺北市 : 遠流, 2019.10
面； 公分
譯自 History Repeating: Why Populists Rise and Governments Fall
ISBN 978-957-32-8637-0(平裝)

1.民粹主義 2.社會運動

570.11 108013416

民粹與政權的覆亡：如何擺脫重蹈覆轍的歷史

History Repeating: Why Populists Rise and Governments Fall

作者 山姆・魏爾金（Sam Wilkin）／譯者 孔思文／責任編輯 陳希林／行銷企畫 高芸珮／封面設計 兒日／內文構成 6宅貓／發行人 王榮文／出版發行 遠流出版事業股份有限公司／地址 臺北市南昌路2段81號6樓／客服電話 02-2392-6899／傳真 02-2392-6658／郵撥 0189456-1／E-mail: ylib@ylib.com／著作權顧問 蕭雄淋律師／2019年11月01日 初版一刷／定價 平裝新台幣450元（如有缺頁或破損，請寄回更換）／有著作權・侵害必究 Printed in Taiwan／ISBN 978-957-32-8637-0／ylib 遠流博識網 http://www.ylib.com